Manfred F. R. Kets de Vries
Leben und Sterben im Business

Manfred F. R. Kets de Vries

Leben und Sterben im Business

Übersetzung aus dem Englischen
Barbara Sabel

ECON

Titel der amerikanischen Originalausgabe: LIFE AND DEATH IN THE EXECUTIVE FAST LINE. Originalverlag: Jossey-Bass Publishers, San Francisco. Übersetzt von Barbara Sabel. © 1995 by Jossey-Bass Inc., Publishers, San Francisco.

Die Deutsche Bibliothek – CIP-Einheitsaufnahme

Kets DeVries, Manfred F. R.:
Leben und sterben im Buisiness / Manfred F. R. Kets de Vries.
Übers. aus dem Engl. Barbara Sabel. – Düsseldorf : ECON, 1996
   Einheitssacht.: Life and death in the executive fast line ‹dt.›
ISBN 3-430-15395-6

© 1996 der deutschen Ausgabe by ECON Verlag GmbH, Düsseldorf.
Lektorat: Wolfgang Drescher. Gesetzt aus der Century und Frutiger, Linotype. Satz: Graphische Werkstätten Lehne, Grevenbroich. Papier: Papierfabrik Schleipen GmbH, Bad Dürkheim. Druck und Bindearbeiten: Bercker Graphischer Betrieb GmbH, Kevelaer. Printed in Germany. ISBN 3-430-15395-6.

Für meine Kinder Eva, Fredrik und Oriane
und unsere *smultronställen*
(unsere wilden Erdbeeren)

Inhalt

Vorwort

Er (der Geschäftsmann) ist der einzige, der sich ständig für seinen Beruf entschuldigt.
H. L. Mencken

Das Schwierigste in der Welt ist nicht etwa, daß Menschen keine neuen Ideen annehmen, sondern daß sie ihre alten nicht vergessen.
John Maynard Keynes

Jeder kann das Steuer halten, wenn die See ruhig ist.
Publius Syrus

Meine Arbeit – das Lehren an einer großen europäischen Managementschule und das Schreiben, Beraten und Arbeiten als Psychoanalytiker – ließe sich etwa so beschreiben: Es ist der Versuch, die »unerfreuliche Wissenschaft« (John Maynard Keynes über Volkswirtschaft) mit dem »unmöglichen Beruf« (Sigmund Freud über die Psychoanalyse) zu verbinden. Meiner Ansicht nach läßt sich diese Zweigleisigkeit mit großem Erfolg auf Unternehmen anwenden. Zusammen können beide Disziplinen – so ungewöhnlich dies auf den ersten Blick erscheinen mag – sehr aufschlußreiche Erkenntnisse darüber liefern, welche Kraft ein Unternehmen treibt und warum Unternehmen oder die Menschen, die dort arbeiten, letztendlich Erfolg haben oder scheitern.
Es gibt viele gute Gründe, warum Psychoanalytiker ihre Patienten auf die Couch bitten. In der Entspannung fällt es leichter, frei zu assoziieren, das heißt alles auszusprechen, was einem gerade in

den Sinn kommt, ohne Rücksicht auf die Höflichkeiten des Alltags. Es ist eine Methode, in die Konflikte, Wünsche und Beweggründe eines Menschen Einsicht zu nehmen. Obwohl man unmöglich ein ganzes Unternehmen auf die Couch bitten kann, ist dies ein gutes Bild für die Methode zur Untersuchung von Unternehmen und ihrer Funktionsweise.

An dieser Stelle sollte ich vielleicht die Grundzüge meines klinischen Ansatzes im Managementbereich erklären. Er basiert auf einer Reihe von Prämissen: 1. Alles Verhalten ist irgendwie determiniert. Was auf den ersten Blick völlig irrational erscheinen mag, läßt sich bei näherer Betrachtung vielleicht erklären und tiefer begründen. Zudem (und dies kann als die eigentliche narzißtische Verletzung empfunden werden) sind wir uns vieler unserer Wünsche und Phantasien nicht bewußt; ein Großteil unseres Verhaltens und unserer Aktionen scheint unbewußt begründet zu sein.

In den vergangenen zehn Jahren hat sich die Einsicht verbreitet, daß klinische Ansätze (insbesondere aus der Psychoanalyse, der Entwicklungs- und Kognitionspsychologie, der Familiensystemtheorie und der dynamischen Psychiatrie) gut auf die Unternehmensebene übertragbar sind. Pioniere auf diesem Gebiet waren hier vor allem Abraham Zaleznik, Harry Levinson und Elliott Jaques. Bei diesem Ansatz geht es nicht nur um das *Wie*, sondern auch um das *Warum*; man versucht zu verstehen, was hinter dem unmittelbar Beobachtbaren liegt. Dieser Ansatz trägt der Tatsache Rechnung, daß wir es im Geschäftsleben immer noch vorrangig mit Menschen zu tun haben als mit endlosen Systemen, Abläufen und Modellen, wie sie so oft in betriebswirtschaftlichen Lehrbüchern zu finden sind.

Die Hauptfrage ist, ob die *typische* Führungskraft wirklich ein logisch denkendes, verantwortungsbewußtes Wesen ist. Ist Management tatsächlich eine rationale Aufgabe, die von rationalen Menschen nach vernünftigen Zielvorgaben ausgeführt wird? Wir wissen, daß es nicht so ist, und dennoch ist das Märchen von der Rationalität nicht auszurotten. Trotz aller gegenteiliger Beweise hat die Vorstellung vom Menschen als ein rational entscheidendes Wesen nie seine Attraktivität verloren. Diese Vorstellung galt seit jeher in der Wirtschaftstheorie und wurde auch vom Vertreter des wissenschaftlichen Managements, Frederick Taylor, verfochten, welcher diese Bewegung vorantrieb, die Management und Unternehmen eher anhand von Formeln, Kontrollen und Systemen beschrieb. Diese Bewegung kann als Vorläufer dessen gelten, was heute das »professionelle« Management genannt wird.

Obwohl sicherlich einiges für das »professionelle« Management spricht, so nimmt es jedoch zuweilen Formen an, bei denen Stil Substanz und Abläufe Ideen und Phantasie ersetzen. Befürworter einer solchen Weltanschauung errichten starre Strukturen und Systeme, die dafür sorgen, daß das Verhalten der Menschen vorhersehbar wird. Sie sind sehr empfänglich für Zahlen, während sie Menschen als anonyme Einheiten behandeln. Die größte Bedrohung für sie ist Kreativität, denn Kreativität birgt das Risiko von Chaos und Unordnung in einem systematischen Unternehmen. In ihrem verzweifelten Versuch, alles in eine Ordnung zu pressen, haben die Verfechter des professionellen Managements den menschlichen Faktor aus der Gleichung gestrichen. Und außerdem wurde der menschliche Spieltrieb völlig vergessen. Was die Vertreter einer solchen Managementlehre dann wirklich erschrecken muß, ist die Entdeckung, daß ein immens großer Anteil unseres Verhaltens unbewußt ist.

Viele dieser eher rigiden Unternehmenstheorien wurden in den akademischen Elfenbeintürmen ausgebrütet, weit abgehoben vom Unternehmensalltag. Vielleicht würde ein direkterer Kontakt mit den wirklichen Praktikern im Management und ein vertieftes Wissen über deren größten persönliche und berufliche Sorgen diesen Theoretikern einmal ein adäquateres Bild über das Leben im Unternehmen vermitteln. Wettbewerbsanalysen sind sicherlich sehr wichtig, und auch Strukturen und Systeme haben natürlich genauso wie Stellenbeschreibungen ihren Sinn und Zweck – aber die Menschen eben auch.

Diejenigen unter uns, die lange Jahre in Unternehmen verbracht haben, wissen, daß eine Führungspersönlichkeit einen enormen Einfluß auf das Unternehmen haben kann. Die Vorstandsvorsitzenden und Geschäftsführer sind es, die ihr Unternehmen von den Mitbewerbern abheben. Sie beeinflussen entstehende Visionen und den Unternehmensauftrag; sie definieren die Unternehmenskultur, sie schaffen Strukturen und stellen Strategien auf. Viele mußten es am eigenen Leib erfahren, daß ein Vorstandsvorsitzender und sein dysfunktionales Verhalten nicht nur seinen Mitarbeitern das Leben schwermachen, sondern die gesamte Unternehmensführung beeinträchtigen kann – was ausreicht, um wesentlich zum Untergang des Unternehmens beizutragen. In diesem Zusammenhang sollte erwähnt werden, daß Freuds oft zitiertes Wort vom Traum als »Königsweg zum Unbewußten« viel häufiger zutrifft, als er selbst es vielleicht dachte. Der Weg zum Verständnis der Lebensdynamik eines Unternehmens führt oft durch das sogenannte »innere Theater« der hauptverantwortlichen Führungskräfte: ihr Verhaltensmuster.

Was steckt nun hinter diesem inneren Theater? Wie beeinflussen die zentralen Hauptthemen eines Menschen sein Verhalten? Welches sind seine universalen Themen, die unabhängig von der aktuellen Situation grundsätzlich konstant bleiben? Einige dieser Fragen versuche ich in den folgenden Aufsätzen zu beantworten. Umsichtige Führungskräfte werden sich die.gleichen Fragen stellen, obwohl auch ihnen schnell klar sein wird, daß die Antworten darauf nicht leicht zu finden sind. Zu erkunden, was hinter der Fassade steckt, kann sich als sehr schwierig erweisen, aber – es ist möglich, und die Mühe lohnt sich!

Und wie ist es möglich? Bei meiner Lehr-, Beratungs- und Therapietätigkeit mache ich die Führungskräfte zu »Unternehmensdetektiven«. Dabei ist es mein Ziel, daß sie das Offensichtliche durchschauen, um den tieferen Grund für ein bestimmtes Handeln zu erkennen. Ich möchte, daß sie verstehen, daß sie manchmal wegen unbewußter Prozesse Probleme bekommen, die sie weder sehen, verstehen noch akzeptieren können.

Eine Methode, um zu einem Verständnis des eigenen inneren Theaters zu gelangen, ist das Studieren anderer Unternehmenschefs und ihrer Firmen. Dazu verwende ich oft Fallstudien, die manchmal von Filmmaterial unterstützt werden. Unternehmensführer wie *Jack Welch, Percy Barnevik, Carlo de Benedetti, Richard Branson, André Citroën, Coco Chanel, Walt Disney, Roberto Calvi, Refaad El-Sayed* und *Ernest Saunders* stehen im Mittelpunkt meiner Fallstudien.

Um die Detektivarbeit in Gang zu setzen, stelle ich den Teilnehmern ein paar einleitende Fragen. Zum Beispiel: Warum hielt *Henry Ford* neunzehn Jahre lang an seinem T-Modell fest, statt auf die veränderten Marktbedingungen einzugehen und dem krassen Schrumpfen der Marktanteile entgegenzuwirken? Warum verhielt er sich so unberechenbar? Als seine Ingenieure ihm eine leicht abgeänderte Version des T-Modells präsentierten, bekam er einen Wutanfall und zertrat das Auto. Warum? Warum war er so wenig bereit, an dem Auto Veränderungen vorzunehmen? Was für eine symbolische Bedeutung hatte es für ihn? Warum baute er in seinem Unternehmen eine Schreckensherrschaft auf und heuerte Gefolgsleute wie *Harry Bennett* an, der enge Verbindungen zur Detroiter Unterwelt hatte? Was lag hinter Fords seltsamen politischen Aktivitäten, seinem Isolationismus und seinem Antisemitismus? Warum verweigerte er seinem Sohn Edsel, der versuchte, das Unternehmen wieder auf Kurs zu bringen, jede Anerkennung? Und was machte ihn trotz all dieser Macken zu solch einem Visionär? Schließlich erkannte er als erster den Vorteil der Fließbandmontage zur Massenproduktion von Autos zu einer Zeit, als die Konsumtrends in die entgegengesetzte Richtung wiesen. Was waren seine innersten psychischen Bedürfnisse und Konflikte, seine Hoffnungen und Wünsche, welche Kräfte trieben ihn an? Was unterschied ihn von anderen? Was machte ihn zum Erneuerer?[1]

Solche Fragen stelle ich nicht nur meinen BWL-Studenten, sondern auch den Führungskräften. Nach und nach wird Studenten und Seminarteilnehmern klarer, was für ein Mensch *Ford* war, wie seine zwischenmenschlichen Beziehungen aussahen und wie sein Stil das Unternehmen prägte. Sie sehen, inwieweit sein Verhalten in der Ford Motor Company von seiner eigenen Geschichte geprägt war und inwieweit er ein Gefangener seiner Vergangenheit war.

Interessanterweise erkennen die Kursteilnehmer allmählich ähnliche Verhaltensmuster bei sich selbst. Das mag manchmal erschreckend sein, aber das Erkennen führt zur Selbstreflektion und schließlich Verstehen. Als zukünftige »*Masters of the Universe*«, um *Thomas Wolfe* aus dem »Fegefeuer der Eitelkeit« zu zitieren, können die angehenden Berater, Unternehmer, Investmentbanker und Industriebosse von diesem Ansatz im nachhinein profitieren. Sie lernen die Prozesse von Macht, Autorität und Einfluß verstehen und warum wir uns damit befassen sollten. Mit etwas Glück erkennen die Seminarteilnehmer auch, wie leicht sie selbst in einen Teufelskreis geraten und Gefangene ihrer eigenen Vergangenheit werden können. Die Einsicht in solche Prozesse kann jungen Führungskräften dabei helfen zu erkennen, inwieweit ein Unternehmen ihre geistige und sogar körperliche Gesundheit beeinträchtigen kann.

Theaterstücke wie *Arthur Millers Tod des Handlungsreisenden* und Filme wie *Orson Welles' Citizen Kane, Sidney Lumets Die zwölf Geschworenen, Ingmar Bergmans Wilde Erdbeeren* und *Woody Allens Eine andere Frau* sind Anschauungsmaterial für Studenten, um zu erkennen, was Menschen und Unternehmen antreibt. Dieser Lernstoff unterscheidet sich doch erheblich von der üblichen Erbsenzählerei in anderen Hochschulen, wo die für intuitive Prozesse verantwortliche rechte Gehirnhälfte nicht gefördert wird. Die Fähigkeit der *ehrlichen Selbstbefragung* kann dort nicht entwickelt werden.

In den folgenden Aufsätzen beziehe ich mich auch auf ein Führungsseminar, das ich seit einigen Jahren bei INSEAD abhalte. Es ist ein sehr ungewöhnliches Seminar, das auf *praxisnahen* Fallstudien beruht. Die wochenlange und intensive Arbeit mit zwanzig hochrangigen Topführungskräften (auf sechs Monate verteilt), in denen sie ihr Leben besprechen und ihre Hauptsorgen, Ängste und ihre Bemühungen, ihr Leben zu ändern, zur Sprache bringen, ist für Lehrer und Teilnehmer gleichermaßen anstrengend. Gegenseitige Unterstützung bei Problemlösungen, Konfrontation mit dem Bild, das andere von ihnen haben, sind tiefgreifende, neue Erfahrungen für diese Führungskräfte. Die Erfahrung, daß man nicht allein mit einem bestimmten Problem ist und daß man sich gar nicht so sehr von anderen Menschen unterscheidet, heilt häufig intensive Gefühle des Isoliertseins und versöhnt mit der Menschheit.

In meiner klinischen Arbeit bin ich oft zutiefst erstaunt darüber, wie viele Menschen sich nicht darüber bewußt sind, wie groß die Kontinuität zwischen unserer Vergangenheit, Gegenwart und Zukunft ist. Diese Menschen begehen immer wieder den gleichen Fehler, weil sie unfähig sind, das sich wiederholende Verhaltensmuster zu erkennen, das seine einstige Aufgabe nicht mehr erfüllt. Sie sind in einem Teufelskreis gefangen und wissen nicht, wie sie aus ihm ausbrechen sollen. Der dänische Philosoph *Kierkegaard* verlieh der Traurigkeit und Bitterkeit dieser Situation Ausdruck, als er sagte, daß die Trägodie des Lebens darin bestehe, daß wir es nur rückwärts verstehen, es jedoch nur vorwärts leben können. *Freud* sagte einmal zu dem Dichter *Stefan Zweig*, daß er sein ganzes Leben mit dem Dämon gekämpft habe – dem Dämon der *Irrationalität*. Kluge Unternehmensanalytiker müssen das gleiche tun. Unternehmen, die auf diese Dämonen nicht achten, werden wichtige Schwächeanzeichen im System nicht erkennen und im globalen Wettbewerb verlieren.

Mit dieser Demonstration der praktischen Anwendung des klinisches Paradigmas wollte ich den Teilnehmern, die bereits im Unternehmensalltag gefangen sind, die Augen öffnen, damit sie erkennen, was möglich ist und was nicht, damit sie ihre Stärken und Schwächen erkennen, damit Führungskräfte nicht in einen Teufelskreis geraten und die Ursachen für Widerstand gegen Wandel verstehen. Meine Absicht ist es immer gewesen, ihnen mehr Spielraum in die Hand zu geben. Und bedeutet dies nicht letztendlich geistige Gesundheit?

In den Aufsätzen dieses Buchs geht es nicht vor allem um formale Aspekte wie Infra- und Superstruktur, Stellenbeschreibungen und Kontrollbereiche, sondern um die tiefer liegenden Strukturen: um Unternehmenskultur, Gruppendynamik, zwischenmenschliche Beziehungen, emotionale Erfahrungen und Motivation der einzelnen Mitarbeiter und Mitarbeiterinnen. Damit richtet sich das Buch an fünf Lesergruppen. Zunächst und vor allem wird es die *Praktiker* interessieren, die ihr Wissen über Unternehmenskultur, Führungsstil, Karriere, Streß und die Schnittstelle zwischen dem einzelnen Unternehmensmitglied und der Unternehmenspsychologie überhaupt vertiefen wollen.

Für den *akademischen Bereich* bietet das Buch eine neue Sicht auf menschliche Motivation und menschliches Handeln im Unternehmen. Es eignet sich als Ergänzung für Seminare im Bereich Organisationsverhalten, Betriebs- und Organisationspsychologie, Führungstheorie, Betriebswirtschaft und Personalführung sowohl im Grund- als auch im Hauptstudium. Des weiteren eignet es sich für Studenten der politischen Wissenschaften, Soziologie, Psychologie, Sozialpädagogik und Staatswissenschaft.

Personalleitern vermittelt dieses Buch ein tieferes Verständnis der menschlichen und zwischenmenschlichen Aspekte am Arbeitsplatz und erleichtert die Entwicklung effektiverer Verfahren zur Auswahl, Belohnung, Bewertung, Planung und Weiterbildung sowie eine engere Anpassung an die Realitäten des Unternehmens. *Unternehmensberatern* wird dieses Buch bei ihrer Diagnosenstellung und Beratung helfen. Zugleich werden die Informationen auch für die Beratungspraxis nützlich sein.

Auch *Organisationspsychologen*, betriebliche *Sozialarbeiter*, *Arbeitspsychiater* und *klinische Organisationspsychologen* können Gedanken aus diesem Buch auf ihre eigenen Klienten anwenden, um irrationales Verhalten und Streß im Unternehmen abzubauen.

Ich habe das Buch in zwei Teile gegliedert. Im ersten Teil liegt der Schwerpunkt auf Unternehmensthemen, während es im zweiten Teil eher um die einzelne Führungsperson selbst geht. Jedoch muß ich zugeben, daß die Trennlinie eher willkürlich ist, da Individual- und Unternehmensthemen im allgemeinen stets eng miteinander verwoben sind.

Nach diesen einleitenden Worten können wir das Unternehmen auf seine Reise schicken durch die vielen potentiellen Ereignisse und Krisen, die es prägen.

Danksagung

Zunächst möchte ich meinen Patienten, Studenten und Klienten dafür danken, daß sie mir bei der Entwicklung meiner Ideen halfen. Nichts ist für einen »Archäologen« des Geistes, der versucht, die scheinbaren Rätsel zu durchschauen, anregender als gute Fragen. Weiterhin gilt mein Dank Jurriaan Kamp, dem ehemaligen Herausgeber der holländischen Tageszeitung *NRC/Handelsblad*, dessen Bitte, ich möge doch eine Kolumne für seine Zeitung schreiben, den Anstoß für dieses Projekt gab. Für ein Massenpublikum statt für eine hochspezialisierte Leserschaft zu schreiben war eine äußerst interessante Lernerfahrung. Auch möchte ich Sophia Acland und Eva Svenstedt für ihre redaktionelle Mitarbeit danken. Meine besondere Anerkennung gilt dem redaktionellen Beitrag von Sally Simmons. Als Herausgeberin eines Herausgebers weiß sie wirklich, in welche Form sich Sprache gießen und in welche Klarheit ein ansonsten recht trüber Text überführt werden kann. Meine Forschungsassistentin Elizabeth Florent-Treacy verdient meine besondere Dankbarkeit. Ihre positive Einstellung zu meiner Arbeit half mir dabei, viele Tiefen zu überwinden. Sie war nicht nur unentbehrlich für die Organisation des Manuskripts, sondern leistete ebenfalls einen wertvollen redaktionellen Beitrag. Außerdem korrigierte sie mehr Entwürfe, als ich denken kann. Ich möchte meiner Sekretärin Sheila Loxham dafür danken, daß sie ein netter Zerberus war und mich vor den Anforderungen des »wirklichen Lebens« beschützte. Weiterhin danke ich dem außerordentlichen Dekan für Forschung und Entwicklung bei INSEAD, Yves Doz, für seine kontinuierliche Unterstützung für Projekte dieser Art. Gleicher Dank gilt den gegenwärtigen und ehemaligen Dekanen von INSEAD: Antonio Borges, Ludo Van der Heyden und Claude Rameau. Ganz besonderen Dank schulde ich William Hicks von Jossey-Bass, der meine Arbeit immer engagiert unterstützt hat. Schließlich, und nicht zu vergessen, möchte ich meiner Frau Elisabet danken dafür, daß sie eine konstruktive Kritikerin war und mich immer wieder ermutigte.

Paris, Juni 1995 Manfred F. R. Kets de Vries

Teil I

Führung
von
Unternehmen

n dieser ersten Aufsatzsammlung möchte ich Prinzipien vorstellen, mit deren Hilfe sich herausfinden läßt, was sich *wirklich* im Unternehmen abspielt. Die hier behandelten Themen tauchen in allen Unternehmen immer wieder auf und sollen hier gründlich untersucht werden. Ich möchte Hilfestellung geben zur Deutung bestimmter Verhaltensweisen, Geschichten, Mythen, Rituale, Witze und anderer Eigenheiten der Unternehmenskultur und Menschen dabei unterstützen, die Konflikte, Ängste, Verteidigungsstrategien und Spannungen im Unternehmensalltag zu verstehen.

Ich hoffe jedoch, daß die Leser und Leserinnen bei der praktischen Umsetzung der hier vorgestellten Prinzipien nicht in die Kausalitätsfalle tappen. Auch wenn es mein Anliegen ist, wieder Menschlichkeit in das Unternehmen zurückzubringen, bedeutet es nicht, daß alle Probleme im Unternehmen sich einfach von der Pathologie eines Vorstandsvorsitzenden ableiten lassen. Ein Unternehmen wird nicht allein dadurch wieder auf den rechten Weg gebracht, indem die Führungskräfte sich einer psychoanalytischen Behandlung unterziehen. Führungskräfte operieren nicht isoliert. Es gibt eine externe Umgebung, die mit einbezogen werden muß. Zwar können Führungskräfte ihr Unternehmen krank machen, aber auch äußere Kräfte wirken negativ auf die Mitglieder eines Unternehmens. Der Prozeß ist dabei äußerst komplex, und die Beteiligten beeinflussen sich gegenseitig.

Es entspricht den Regeln der Logik, in Kapitel eins eine Übersicht über Führung zu geben. Führungskräfte haben zwei Rollen auszufüllen – die *charismatische* und die *instrumentelle*. Die *charismatische* Rolle beinhaltet, wie sie ihrem Gefolge eine Vision verleihen können, wie sie ihre Mitarbeiter mit Macht ausstatten und ihnen Energie verleihen. Die *instrumentelle* Rolle verlangt von Führungskräften, daß sie Architekten des Unternehmens sind. Sie strukturieren, entwerfen und kontrollieren ihr Unternehmen, und sie belohnen das Verhalten ihres Gefolges. Diese beiden Rollen sind, wie wir sehen werden, die Grundlage für effektive Führung.

Die Rolle einer Führungskraft theoretisch zu beschreiben ist eine Sache; doch es ist eine andere Sache, diese Rolle in die Praxis umzusetzen. Kapitel zwei zeigt Führungskräfte, die in ihrem Unternehmen gerade frisch eine Führungsrolle übernommen haben, wobei sie entweder von außen kommen oder intern aufgestiegen sind. Sie müssen ihre charismatische und instrumentelle Rolle so schnell wie möglich in die Praxis umsetzen – und oft genug gegen Opposition aus allen Richtungen. Dieser Aufsatz behandelt viele widersprüchliche Themen und Interessen, denen sich der neue Vorstandsvorsitzende bewußt sein muß.

Anpassung an einen neuen Geschäftsführer ist nur ein wichtiger Aspekt im Leben des Unternehmens. Wer im Wettbewerb bestehen will, muß sich anpassen. Und das bedeutet oft flexibles Expandieren oder Zurückschrauben der Unternehmensstrukturen und der Arbeitsplätze. Doch jeder Wandel ist schmerzhaft. Selbst ein Wandel zum Positiven hin kann belastender sein, als vielen oft klar ist. Die Kapitel drei und vier untersuchen schwierige Veränderungen wie Personalabbau und positivere Veränderungen wie Fusion und Übernahme. Wie geht eine Führungskraft effektiv mit den negativen Reaktionen ihrer Mitarbeiter und Mitarbeiterinnen um? Wie kann eine hochrangige Führungskraft den durch die Veränderung entstandenen Wettbewerbsvorteil nutzen? Damit Wandel greift, muß der menschliche Aspekt des Prozesses unbedingt mit einbezogen werden.

In Umbruchzeiten kann die Unternehmenskultur, in der sich die menschliche Seite niederschlägt, die entscheidende Rolle spielen. Sie kann der Klebstoff sein, der das Unternehmen zusammenhält, und kann in global operierenden Unternehmen ein einflußreiches Kontrollinstrument darstellen. Kapitel fünf gibt hier Anhaltspunkte, wie man erkennt, was alles zur Unternehmenskultur gehört – Zeichen, Sprache, Verhalten – und wie man sie ändern kann.

Genauso wichtig wie die Unternehmenskultur ist die Anerkennung nationaler Kulturunterschiede. Insbesondere bei länderübergreifenden Fusionen und Übernahmen spielen nationale Kulturen eine entscheidende Rolle. In Kapitel sechs wird das Thema der kulturellen Vielfalt hinsichtlich der Arbeitseinstellung angesprochen.

Die heutige Globalisierung des Wettbewerbs bringt es mit sich, daß hochrangige Führungskräfte nicht nur mit Kollegen verschiedener Nationalitäten zusammenarbeiten, sondern auch in fremden Ländern eingesetzt werden. Leider kehren zwanzig bis dreißig Prozent von ihnen vorzeitig von ihrem Auslandseinsatz wieder zurück. Internationale Führungskräfte benötigen offensichtlich Sensibilität sowohl gegenüber den jeweiligen Unternehmenskulturen als auch der Landeskultur. Nur wenigen Unternehmen scheint jedoch klar zu sein, daß sie ihre Führungskräfte und deren Ehepartnerinnen und Familien auf diesen Schritt adäquat vorbereiten müssen. Zudem wird für viele Führungskräfte die Wiedereingliederung zu Hause problematisch, wenn sie bei ihrer Rückkehr keine entsprechende Stelle vorfinden. In Kapitel sieben werden Möglichkeiten erörtert, wie Auslandseinsatz und Wiedereinstieg für Führungskräfte und Unternehmen zu einer konstruktiveren Erfahrung werden kann.

Ein neues Zukunftsmodell bieten hier etwa supranationale Unternehmen. Firmen wie *ASEA Brown Boveri (ABB)* operieren global und handeln lokal. Mit einer steigenden Zahl globaler Unternehmen wächst gleichzeitig der Bedarf an wirklich globalen Führungskräften. Werden solche Menschen geboren oder gemacht? Anhand von Persönlichkeiten wie dem *Dalai-Lama* und *Percy Barnevik* werden in Kapitel acht Faktoren untersucht, die bei der Entwicklung einer globalen Führungskraft von Kindheit an eine Rolle spielen.

Bei alledem gilt es zu beachten, daß die in Kapitel eins bis acht diskutierten Geschäftspraktiken nur *momentan* als besonders geeignet gelten können, daß selbst die beste Geschäftspolitik unbrauchbar wird, wenn sie sich nicht ständig erneuert, um Trends vorwegzunehmen. Was sind also die neuesten Trends im Managementbereich? Oder noch wichtiger - was sind echte Trends, und welche sind nur der Hit des Monats? Wie Geschäfte in der Zukunft abgewickelt werden und auf welchen Gebieten Unternehmen sich profilieren müssen, wird in Kapitel neun gesagt, welches damit Teil I beschließt.

In diesen Aufsätzen ist es mein Bestreben, der Vorstellung entgegenzutreten, es gebe ein schnellwirkendes Wundermittel. Den Verantwortlichen muß deutlich werden, daß bestimmte Probleme im

Unternehmen tief mit ihm verwurzelt und extrem widerstandsfähig gegen jeglichen Wandel sind – egal was viele als Unternehmensberater getarnte Quacksalber ihren Klienten erzählen. Auch wenn die Einsicht, daß es starken Widerstand gegen Veränderungen gibt, sehr schmerzhaft und desillusionierend sein kann, so wird solches Denken jedoch einen größeren Realitätssinn bewirken und somit den Schmerz wert sein.

1 Wenn ich führe, wird mir jemand folgen?

Eine Definition von Führung

Führung ist die Fähigkeit, Menschen dazu zu bringen, das zu tun, was sie nicht mögen, und es trotzdem zu mögen.
Harry Truman

Zu herrschen in der Hölle (. . .) ist mir Lieber, als in dem Himmel nur zu dienen.
John Milton

Wir sind alle Würmer, aber ich glaube, ich bin ein Glühwurm.
Winston Churchill

Was bedeutet es eigentlich, eine Führungskraft zu sein? Was sind die wichtigsten Merkmale einer solchen Aufgabe? Momentan herrscht großes Interesse an einem besseren Verständnis von Führung. Denn viele wissenschaftliche Untersuchungen großer Unternehmen zeigen, daß allzuoft ein Zuwenig an Führung und ein Zuviel an Management herrscht. Notwendig sei dagegen mehr Führung.

Bei näherer Auseinandersetzung mit der Literatur zum Thema Betriebsführung verlieren wir uns schnell in einem Labyrinth endloser Definitionen, zahlloser Artikel und endloser Polemik. Die Informationsschwemme zum Thema läßt sich anhand der Zunahme von Artikeln in der Bibel der Branche, dem *Handbook of Leadership*, deutlich belegen. Während das alte, 1974 erschienene Handbuch nur 3 000 Untersuchungen aufführte, stieg diese Zahl innerhalb von sieben Jahren auf 5 000 an und hat jetzt bereits die Schwelle von 7 000 überschritten. Jedoch bedeutet diese erhöhte Popularität leider nicht ebenso große Relevanz. Die Titel dieser

Theorien, ob alt oder neu, stehen für eine mühevolle und abgehobene Forschung, die sich weit von der Alltagswirklichkeit entfernt hat. Wie viele Jahre der Untersuchung von Motiven gegenüber Strukturen sind für die geistige Gesundheit eines Menschen gut? Ist es nicht eine Beleidigung meiner Intelligenz, Führungsverhalten auf nur zwei Größen zu reduzieren? Wer braucht überhaupt Führungstheorien über eine »vertikale Diade«? Wird ein weiterer Laborversuch mit Studenten als Versuchskaninchen endlich die Erkenntnis darüber bringen, was Führungskräfte wirklich tun? Und schließlich – was wissen denn Studenten über die Komplexität von Führung?

Es sieht so aus, als habe es in diesem Bereich immer mehr Untersuchungen über immer weniger Inhalte gegeben. Ein heller Kopf hat dazu vor kurzem gesagt, daß sich das Lesen der Weltliteratur zum Thema Führung durchaus mit dem Durchblättern des Pariser Telefonbuchs auf chinesisch vergleichen lasse.

Kurz gesagt sieht es jedoch so aus, als hätten sich die meisten Wissenschaftler auf einige wenige naheliegende Charakterzüge geeinigt, die für Führungskräfte wichtig sein sollen. Darunter sind *Gewissenhaftigkeit, Energie, Intelligenz, Führungsstreben, Selbstsicherheit, soziale Kompetenz, Offenheit gegenüber neuen Erfahrungen, aufgabenrelevantes Wissen und emotionale Stabilität.* Doch jenseits dieser gemeinsamen Forderungen gehen Myriaden von Theorien in die unterschiedlichsten Richtungen. Dabei ist es dann ein leichtes, sich in akademische Haarspaltereien zu verlieren.

Aber die Dinge sind hier im Fluß, und vollkommen neue Entwicklungen tun sich auf. So ist eine neue Gruppe von Wissenschaftlern auf den Plan getreten – Wissenschaftler, die ihr Labor verlassen haben und erstaunlicherweise wissen, wie eine Führungskraft aussieht. Sie wollen *wirkliche* Führungskräfte untersuchen.

Unzweifelhaft wurde diese Entwicklung durch die Veröffentlichungen der Autobiographien einiger bekannter Unternehmenslenker unterstützt (auch wenn sie zugegeben meistens von einem Ghostwriter geschrieben wurden). Nachdem die Autobiographie des Chrysler-Chefs *Lee Iacocca* ein Bestseller wurde, schien es, als fühle sich jeder Vorstandsvorsitzende (und jeder geldgierige Verleger) dazu berufen, sich ebenfalls in das Kampfgetümmel zu stürzen.

Die neuen Wissenschaftler sind hier anders. Nicht nur, daß sie in die wirkliche Welt hinausgegangen sind. Ihr Untersuchungsgegenstand sind charismatische und lernfähige Führungskräfte. Und sie legen großen Wert darauf, diese vom »Bauern« der Unternehmensliteratur zu unterscheiden: dem Manager. Wer will schon ein Manager sein bei der schlechten Presse zur Zeit? Das Wort *Manager* ist beinahe zum Schimpfwort geworden.

Der emeritierte Harvard-Professor für Unternehmensführung, *Abraham Zaleznik* schrieb in der Mai/Juni-Ausgabe von 1977 der *Harvard Business Review* einen aufsehenerregenden Artikel mit dem Titel »Managers and Leaders: Are They Different?« Zaleznik zufolge lautet die Antwort auf diese Frage: Ja. Er argumentiert, daß für Manager Stil wichtiger als Substanz und Ablauf wichtiger als die Realität sei. Daraus leitet sich ab, daß diese Art Mensch nicht die ist, die wir brauchen. Offensichtlich benötigen wir in der schönen neuen Welt der globalen Geschäftsolympiade Führungskräfte, welche mit Veränderungen umgehen und die Angreifer des Wettbewerbs in Schach halten können.

Natürlich dient das Hervorheben bestimmter Unterschiede dazu, scharf zwischen Führungspersönlichkeiten und Managern zu trennen. Es ist eine Vereinfachung einer ansonsten sehr komplexen Welt und kann als solche nützlich sein. So ließe sich zum Beispiel zwischen Managern und Führungskräften mittels einer Skala von eins bis zehn unterscheiden.

Aber welche Kategorien können zur Unterscheidung angeführt werden? Welche Themen sind im einzelnen wichtig? Zuerst einmal ließe sich argumentieren, daß Führungskräfte eher an der Zukunft interessiert sind, während Manager in der Gegenwart verharren. Führungskräfte sind bereit, Veränderungen anzunehmen und voranzutreiben, während Manager mehr um Stabilität bemüht sind. Führungspersönlichkeiten legen das Hauptaugenmerk auf die langfristige Entwicklung, während Manager mit den kurzfristigen Entwicklungen beschäftigt sind. Und Führungskräfte haben Visionen und inspirieren andere, während Managern Visionen fehlen und sie angeleitet werden müssen. (Überspitzt läßt sich auch sagen, daß Führungskräfte das Richtige tun, während Manager die Dinge richtig tun.)

Eine weitere Unterscheidung könnte darin liegen, daß wirkliche Führungskräfte von einer inneren Kraft getrieben werden. Ihre Visionen werden von einem lebhaften inneren Theater gespeist. Führungskräfte bringen persönliche Motive eher nach außen und stellen sie öffentlich dar. Wie effektiv sie dabei sind, hängt vom Zeitpunkt ab – ob ihre Umwelt reif für ihre Ideen ist oder nicht. Ihnen wird Charisma nachgesagt, weil sie Menschen auf spezielle Weise beeinflussen können. Die Machtgrundlage eines Managers dagegen ergibt sich aus seiner Autorität innerhalb der Hierarchie. Führungspersönlichkeiten fragen nach dem *Warum*, während Manager nach dem *Wie* fragen. Führungspersönlichkeiten erkennen die Bedeutung einer Unternehmensphilosophie, von Werten und Zielen, während für Manager Taktik, Struktur und Systeme wichtiger sind. Wenn es um Unternehmensauftrag und Vision geht, wählen Führungspersönlichkeiten eine einfache Sprache. Sie haben eine gute Übersicht und können sowohl den Wald als auch die einzelnen Bäume sehen. Im Gegensatz dazu wursteln sich Manager eher durch und verkomplizieren die Dinge. Führungspersönlichkeiten geben Macht, Manager kontrollieren. Führungskräfte sprechen häufig die Intuition an, während es Managern eher um Logik geht. Und schließlich interessieren sich Führer für vieles mehr als die reinen Unternehmensbelange, während das Unternehmen für Manager alles ist.

Wo ordnen Sie sich ein? Sind Sie ein starker oder schwacher Führer? Haben Sie das Zeug zur Führungskraft?

Im Grunde stilisieren wir mit dieser Unterscheidung den Manager zu unserem neuen Sündenbock. Dabei benötigen wir beide Qualitäten: Ein Manager ohne Führungsqualitäten ist ein reiner Bürokrat, während ein Visionär, der nicht weiß, wie eine Vision Realität werden kann, ein Unternehmen ins Abseits führt.

Wenn wir uns also effektive Führungskräfte ansehen, können wir zwischen diesen beiden gleichermaßen notwendigen Rollen unterscheiden. Die eine ist charismatisch, die andere instrumentell. Führer müssen in der Lage sein, sich die Zukunft vorzustellen und anderen Autorität zu verleihen, sie zu begeistern und zu motivieren. Gleichzeitig müssen sie aber auch strukturieren, planen, kontrollieren und belohnen können.

Mit *Zukunft vorstellen* meine ich, daß Führer in der Lage sein müssen, effektiv eine Richtung vorzugeben und alle darauf einzuschwören. Führungskräfte sagen:»Ich will, daß du *diesen* Berg hinaufsteigst – und nicht jenen oder einen anderen.« Diese Vision ist dann eine Wegkarte für ihren gesamten Einflußbereich. Dazu gehören auch Werte und Glaubenseinstellungen, mit deren Hilfe Führungskräfte die Leitphilosophie des Unternehmens definieren können: den Unternehmensauftrag – die Mission.

Zur Umsetzung von Vision und Unternehmensauftrag benötigen Führungskräfte ein Gespür für Trends. Sie müssen die unterschiedlichsten Informationsquellen zur Verfügung haben und brauchen eine glückliche Hand, um die persönliche Einschätzung mit den Marktkräften in Einklang zu bringen.

Im Grunde benötigen Führungskräfte überdurchschnittliche Fähigkeiten zum Umgang mit kognitiver Komplexität. Effektive Führungskräfte können sehr gut zwischen nützlicher und überflüssiger Information unterscheiden. Ihre Stärke liegt darin, eine immer komplexere Welt zu verstehen und diese Daten zur Problemlösung einzusetzen. Dieses Talent zeigt sich in ihrer Gabe zur Vereinfachung, zur anschaulichen Darstellung hochkomplexer Zusammenhänge. Der italienische Geschäftsmann *Carlo de Benedetti* ist hierfür ein gutes Beispiel. In Konferenzen, in denen andere Führungskräfte sich im Kreise drehen, gelangt er stets klarsichtig zum Kern des Problems.

Wer Menschen motivieren will, muß den Unternehmensauftrag inspirierend formulieren. Dabei reicht es nicht, sich über die bloße Renditenerhöhung der Aktienbesitzer zu unterhalten.

Auch Ziele wie »Wir wollen andere Unternehmen schnell imitieren« lassen einiges zu wünschen übrig. Der Unternehmensauftrag sollte einfach formuliert sein und dennoch den Führungskräften des Unternehmens Raum für Ambitionen geben.

In der Politik gibt es besonders gute Verfasser inspirierender Visionen. Solche Leute treten vor allem dann auf, wenn Unzufriedenheit mit dem Status quo herrscht. Sie repräsentieren eine akzeptable Alternative zu den Mißständen und scharen andere zur Realisierung um sich. Denken Sie an *Mahatma Gandhis* Vision eines unabhängigen Indiens, wo Moslems und Hindus in Frieden zusammenleben würden. *Martin Luther Kings* Vision war die eines harmonischen Zusammenlebens von Schwarzen und Weißen. *John F. Kennedy* hatte zur Zeit seiner Präsidentschaft eine ganz besondere Vision: Bis zum Ende der sechziger Jahre sollte ein Mensch den Mond betreten.

Im geschäftlichen Bereich finden wir *Ingvar Kamprad* von *IKEA*, der Möbel herstellen will, die sich die Allgemeinheit leisten kann. Natürlich sind nicht alle Visionen beispielhaft: Hitlers Vision vom Tausendjährigen Reich war bekanntlich katastrophal.

Bei der Umsetzung des Unternehmensauftrags hilft ein Feindbild. Die erfolgreichen Unternehmen nehmen dazu ihre Mitbewerber ins Visier. Sie versuchen soviel wie möglich über sie zu erfahren, um eine Angriffsbasis aufzubauen. Man denke hier u. a. an die Kriege zwischen *Pepsi* und *Coca-Cola* oder *Nike*, *Adidas* und *Reebok*. Auch *Compaq* und *Dell* scheinen Freude daran gefunden zu haben, sich in ihren Werbekampagnen gegenseitig zu vernichten. Kluge Unternehmensführer bereiten jedoch keinen Frontalangriff vor, sondern versuchen, ihren Konkurrenten etwas außerhalb seines Marktsegments anzugreifen. Jeder, der sich ein wenig in der Kunst der Kriegsführung auskennt, weiß, wie dumm ein Direktangriff sein kann. Schlaue Gegner ändern die Regeln. Die Japaner – als alte Meister im Judo – wissen alles über indirekten Kampf.

Schauen wir uns zum Beispiel an, wie *Canon* ins Fotokopierer-Geschäft einstieg. Die Hauptstrategen bei *Canon* hatten eine spezielle Vision, die sie formulierten, nachdem sie ihren Hauptgegner über längere Zeit analysiert hatten. Sie wußten, daß sie einen Gegner wie *Xerox* nicht frontal angreifen konnten, also gingen sie in die Flanke; sie änderten die Regeln. Statt eine große Produktpalette anzubieten, entschieden sie sich für eine begrenzte Zahl standardisierter Produkte. Statt auf ein landesweites Vertriebsteam setzten sie auf Händler für Büroausstattung. Statt eines landesweiten Kundendienstnetzes bauten sie ihre Produkte so zuverlässig und wartungsfreundlich wie möglich. Vor allem aber, sie verkauften ihre Produkte, im Gegensatz zu *Xerox*, der sie leaste. Schließlich wurde es viel einfacher, einen *Canon*-Kopierer zu kaufen, als mit *Xerox* ins Geschäft zu kommen, wozu in jedem Kundenunternehmen der Leiter der Vervielfältigungsabteilung einbezogen werden mußte. Bei *Canon* konnten Abteilungsmanager oder auch Sekretärinnen den Kauf selbständig tätigen.

Was ist die Quelle für Visionen und den Unternehmensauftrag? Was passiert im innerpsychischen Theater der Führungskraft, und in welchem Maß wird ihr »inneres Theater« nach außen getragen? Wollte *Henry Ford I* billige Autos für Farmer herstellen als Wiedergutmachung gegenüber seinem Vater, der selbst Farmer war? Was hatte *Walt Disneys* Drang, Menschen glücklich zu machen, mit seiner eigenen unglücklichen Kindheit zu tun? Und was hatte es mit *Steven Jobs* auf sich, dem ehemaligen *Apple*-Chef, der *IBM* herausfordern und die Arbeit der Menschen verändern wollte, indem er einen Computer in jedes Haus zu stellen plante? Es gibt tiefe Gründe dafür, warum jeder von ihnen – und jeder andere Unternehmenschef – ein besonderes Ziel hat.

Eine andere Fähigkeit, die Führungspersönlichkeiten von normalen Sterblichen unterscheidet, ist die, anderen Menschen dabei zu helfen, ihr Potential freizusetzen. Sie wissen den Pygmalioneffekt im Management zu nutzen und verstehen sich darauf, das Beste aus ihren Leuten herausholen.

Doch wie setzt man das Potential eines Menschen frei? Die Antwort ist sehr einfach. Wenn Sie hohe Leistungserwartungen stellen, zeigen Sie, daß Sie in die Fähigkeiten Ihrer Leute Vertrauen haben. Wenn Sie für die entsprechende Umgebung sorgen, werden die Angestellten alles daransetzen, den Anforderungen zu entsprechen. Das ist der natürliche Weg, um Engagement und Motivation zu schaffen. Wenn Sie Menschen Verantwortung übertragen, erhöhen Sie ihr Selbstwertgefühl und ihr Selbstvertrauen, was oft dazu führt, daß sie die in sie gesetzten Erwartungen sogar noch übertreffen. *Katharina die Große* kannte offenbar auch bereits den Pygmalioneffekt. War nicht sie es, die sagte: »Lobe laut, doch tadle leise.«? Und *Napoleon* sagte, daß jeder französische Soldat den Marschallstab in seinem Rucksack trage. Leider kann dies auch andersherum funktionieren: Wenn Sie einem Menschen immer wieder sagen, er sei ein Idiot, benimmt er sich eines Tages auch so.

Die Kunst der Führung besteht darin, eine Umgebung zu schaffen, in der Menschen außerordentliche Erfahrungen machen können, wo sie sich in ihrer Aufregung völlig in ihre Aufgabe vertiefen und die Zeit vergessen. Dazu muß ihnen eine Führungskraft das Gefühl geben, daß sie selbstbestimmt in ihrer Arbeit sind. Wie *General Patton* immer sagte: »Wenn Sie Menschen sagen, wohin sie gehen sollen, jedoch nicht, wie sie dort hinkommen, werden Sie über die Ergebnisse erstaunt sein.«

Ein anderes Phänomen im Zusammenhang mit Führung heißt: *mit Energien jonglieren.* In jedem Unternehmen gibt es ein ungeheures Potential an *aggressiver* und *positiver* Energie. Die Kunst der Führung besteht darin, diese Energien richtig zu kanalisieren. Aggressive Energie muß nach außen gerichtet werden; die Unternehmensangehörigen sollen sich schließlich nicht gegenseitig, sondern den Wettbewerber bekämpfen. Wie *Jack Welch* von *General Electric* immer sagte: »Ich will nicht, daß Sie Ihren Kollegen am Nachbarschreibtisch bekämpfen. Wenn Sie in der Kunststoffbranche arbeiten, dann sollen Sie *DuPont* bekämpfen; wenn Sie in der Elektronikbranche arbeiten, dann sollen Sie *Westinghouse* bekämpfen.«

Gleiches gilt für positive Energie. Jede Führungskraft, egal auf welcher Ebene, ist auch eine Art Sozialarbeiter, ein »Auffangbecken« für die Gefühle seiner Mitarbeiter. Auf diesem Gebiet unterscheidet sich eine effektive von einer ineffektiven Führungskraft. Schließlich stürzt ein Vorstandsvorsitzender selten über fehlendes Wissen in den neuesten Marketings-, Finanzierungs- oder Produktionstechniken, sondern eher über mangelnde zwischenmenschliche Fähigkeiten, weil er nicht weiß, wie er aus den Menschen, die über die notwendige Information verfügen, das Beste herausholt.

So kommt es vor allem immer wieder darauf an, ob Sie es schaffen, die Leute hinter sich zu bringen. Sie müssen Ihre Vision teilen. Wenn Sie es nicht schaffen, die Unterstützung Ihrer Leute zu gewinnen, können Sie einpacken. Ich erinnere mich sehr deutlich an eines meiner Führungsseminare, in dem ein Teilnehmer dem Vorstandsvorsitzenden eines Unternehmens unmißverständlich sagte (nachdem er sich einige Zeit dessen Hauptproblem angehört hatte): »Sie sind ein Rennpferd. Sie rennen allen davon, aber Sie schauen sich nie um, ob Ihnen überhaupt jemand folgt!« Doch ohne Menschen, die folgen, gibt es nun einmal auch keine Führung.

Obwohl ich mich auf die charismatische Seite der Führung konzentriert habe, will ich hier die instrumentelle Rolle nicht ausschließen, die auch wichtig ist. Planen, strukturieren, kontrollieren und belohnen gehören dazu. Führungskräfte sind die Architekten des Unternehmens. Sie schaffen die Grundlagen und Strukturen für die Umsetzung der Führungsaufgaben: Visionen verbreiten, andere ermächtigen und begeistern. Soll das Unternehmen zentralisiert oder dezentralisiert sein? Sollen die Hierarchien hoch oder flach sein?

Gleichzeitig ist es Aufgabe der Führung, ein Kontroll- und Belohnungssystem aufzubauen, das die Ausübung der charismatischen Rolle erleichtert. Es ist einsichtig, daß ausgeklügelte politische Systeme Ermächtigung nicht fördern. Gleiches gilt für das Belohnungssystem. Gewinnbeteiligung und Aktienoptionen stärken den Unternehmergeist der Führungskräfte. Ein Unternehmensmuster, das Bürokratie und politische Ränke auf ein Minimum beschränkt, hat ein faires Belohnungssystem und bietet Raum für konträres Denken und hat damit schon viel für effektives Management getan.

Struktur, Kontrolle und Belohnung machen den charismatischen Aspekt der Führung konkreter und akzentuierter. So müssen beide Rollen zusammen gesehen werden. Eine wird ohne die andere nicht zum Erfolg führen. Doch zusammen bilden die charismatische und die instrumentelle Rolle ein sehr schlagkräftiges Gespann.

Nachdem wir uns Führung unter diesen Gesichtspunkten angesehen haben – ist es nun notwendig, den Manager zum neuen Sündenbock der Geschäftswelt zu machen? Eigentlich ist es nicht fair – oder? Es ist klar, daß eine effektive Führungskraft schwerlich ohne Managementfähigkeiten auskommt. Und die Rolle eines glorreichen Führers paßt nicht jedem Menschen. Schließlich können wir eine Armee, in der es nur Generäle gibt, auch nicht gebrauchen. Wir brauchen auch diejenigen, die konkret anfassen.

Das gegenwärtig große Interesse am Thema Führung sollte als Zeiterscheinung angesehen werden, ein Zeichen für den Bedarf, daß in Zeiten des Wandels nach Orientierung gesucht wird. Aber es bedeutet nicht, daß wir das Kind mit dem Badewasser ausschütten und vergessen sollten, wie man managt.

2 Willkommen in der Schlangengrube

Der neue Chef

Heldentum ist eine der kurzlebigsten Professionen überhaupt.
Will Rogers

Die Sache ist, daß der stärkste Mann der Welt auch der einsamste ist.
Henrik Ibsen

Sie haben also den Verheißungen des Headhunters nicht widerstanden und den Sprung gewagt. Sie haben Ihre sichere Stellung in ihrem alten Unternehmen aufgegeben und bereiten sich auf eine neue vor. Sie haben Ihr Ziel erreicht, das Sie sich zu Beginn Ihrer Karriere selbst gesteckt hatten: einmal gerufen werden, um den Laden zu schmeißen. Ihr Vorgänger in dem neuen Unternehmen hat sich trotz seines Sturm und Drangs dazu entschlossen (oder wurde gezwungen) zu gehen. Sie werden jetzt das Ruder übernehmen. Aufregend, aber (geben Sie es zu) auch ein bißchen beängstigend. Was werden Sie als nächstes tun? Was werden Ihre ersten Schritte sein? Was halten Sie für das Dringlichste? *Kurz: Was hat zu geschehen?*

Zuerst einmal muß betont werden, daß es ein Unterschied ist, eine Führungsaufgabe als Insider oder als Outsider zu übernehmen. Jede Form von Beförderung bringt spezielle Probleme mit sich. Die Anforderungen an einen neuen Vorstandsvorsitzenden hängen davon ab, was die betroffenen Risikoträger (Aktionäre, Vorstands- und Aufsichtsratsmitglieder, Banken, Zulieferer) von ihm oder ihr wollen. Im allgemeinen wählt das Unternehmen einen Insider, wenn es auf *Evolution* setzt, und einen Outsider, wenn es *Revolution* will. Wird ein Insider ausgewählt, signalisieren die Entscheider eines Unternehmens, daß sie sich für eine Bewahrungsstrategie entschieden haben und nicht zuviel Unruhe in das Unternehmen tragen wollen. Wahrscheinlich herrscht bei ihnen die Einstellung vor, daß sich das Unternehmen auf dem richtigen Kurs befindet und kein Bedarf an großen Veränderungen besteht. Im Gegensatz dazu bedeutet das Engagieren eines Außenseiters, daß die Entscheidungsträger jemanden wünschen, der das Ruder herumreißen kann.

Es ist klar, daß jemand von außen freier ist als jemand, der im Haus seinen Weg gemacht hat, und härter durchgreifen kann. Ein Außenseiter kann leichter die Rolle eines Kriegstreibers spielen. Er oder sie wird viel weniger sentimental sein, weil auf langjährige zwischenmenschliche Verpflichtungen keine Rücksicht genommen werden braucht. Ist eine Änderung der Unternehmenspolitik gefordert, kann er oder sie viel ungehemmter durchgreifen.

Der Einstieg als Außenseiter birgt aber gleichzeitig seine ganz speziellen Probleme. Im Vergleich zu einem Insider ist es für einen Außenseiter schwieriger, die internen Machtstrukturen zu durchschauen. Er ist benachteiligt, wenn es um gründliche Kenntnisse bestimmter Unternehmensprozesse geht, und wird zunächst Probleme haben zu verstehen, was für ein erfolgreiches Ausfüllen seiner Rolle notwendig ist. Der Außenseiter muß die Unternehmensangehörigen erst noch kennenlernen und Organisationsabläufe und -prozesse erst verstehen und Kontakte aufbauen. (Natürlich haben Führungskräfte, die aus einer ähnlichen Position und Branche kommen, eine weniger unvorteilhafte Ausgangsposition als solche, die in eine völlig neue Position und neue Branche kommen.)

Was sollten Sie also tun, wenn Sie von außen kommen? Was sollten Ihre ersten Schritte sein? Nach welchen Fallen sollten Sie Ausschau halten?

Sehen wir uns das Beispiel von *Louis Gerstner* an, dem ehemaligen ersten Mann bei *RJR Nabisco*, der den Chefposten bei *IBM* übernahm. Offensichtlich hatten Vorstand und Aufsichtsrat seinem Vorgänger *John Akers* das Vertrauen entzogen und machten sich

Sorgen über das Tempo der Veränderungen bei *IBM* und über die anhaltenden finanziellen Verluste. Wahrscheinlich war der Vorstand der Ansicht, daß die Umstrukturierung mit einem Außenseiter schneller vonstatten gehen könne. Interessanterweise holten sie jemanden aus einer völlig anderen Branche, obwohl jemand, der die Branche kennt, in einem solchen Fall wahrscheinlich effektiver sein würde. Ein Außenseiter ist sowohl für das Unternehmen als auch für die Branche eine echte Herausforderung!

In einem Artikel im amerikanischen Magazin *Fortune* konnte man erfahren, was *Gerstner* während der ersten dreißig Tage in seinem neuen Amt tat. Verständlicherweise redete er zuerst mit der Führungsspitze und bat *John Akers*, die Vorstellung zu übernehmen. Auf die Frage, was er im ersten Monat tue, antwortete er, daß er die meiste Zeit mit Mitarbeitern spreche, durch das Unternehmen streife und seine E-Mail-Nachrichten lese.

Doch er änderte auch einiges sehr schnell. Zum Beispiel schaffte er rasch die sehr formalisierte Form der internen Berichterstattung ab, die sich bis dato in Präsentationen mittels Unmengen von Folien niedergeschlagen hatte. Er bat seine Führungskräfte darum, eine spontanere Form der Berichterstattung zu finden (was sie auch taten). Seine oberste Priorität bestand darin, möglichst schnell herauszufinden, wo das Unternehmen im Wettbewerb stand. Mit dieser Information konnte er dann die neuen Unternehmensziele formulieren.

Aus dem Artikel geht hervor, daß *Gerstner* mit allgemeinen Aussagen anfing (schließlich war er noch dabei, die Arbeitsweise des Unternehmens kennenzulernen) – etwa über die Notwendigkeit von Kunden- und Marktorientierung sowie der Reorganisation des Unternehmens mit dem Ziel, mit minimalem Verwaltungsaufwand effektiver zu arbeiten.[2] Bald nach diesem Interview ging er jedoch einen Schritt weiter und begann mit der völligen Neustrukturierung der 40 000 Mitarbeiter starken *IBM*-Marketingorganisation in den Vereinigten Staaten. Anstatt die Verkäufer nach geographischen Regionen zu organisieren und jeden Verkäufer vom PC bis zum Großrechner alles verkaufen zu lassen, führte er eine Produkt- und Branchenspezialisierung des Vertriebs ein. Um besser auf die Kunden eingehen zu können, sollte das Verkaufsheer so aufgeteilt werden, daß jeder Verkäufer Spezialist für bestimmte Branchen und Rechner wurde, anstatt daß, wie bisher, jede/r alles verkaufte.

Das Beispiel von Louis Gerstner vermittelt eine Vorstellung davon, welchen Aufgaben der neue Vorstandsvorsitzende gegenübersteht, was er herausfinden, welche Fragen er stellen muß. Zuerst einmal ist es wichtig, von Beginn an den eigenen Auftrag genau zu kennen. Wie sieht Ihre neue Aufgabe aus? Was erwarten diejenigen, die Sie gerufen haben, von Ihnen? Wurden Sie angeworben, weil Sie in einem bestimmten Bereich besonders gut sind? Ist es, weil Sie gut darin sind, die Kosten zu drücken? Weil Sie kreativ sind? Gehören Sie zu der raren Spezies von Führungskräften, die ihr Unternehmen international ausrichten können? Verfügen Sie über bestimmte funktionale Fähigkeiten (in Produktion, Marketing, Finanzen, Rechtswesen), die für das Unternehmen von Nutzen sind? Die Antworten auf diese Fragen werden für Ihre Anfangsaufgabe lebenswichtig sein.

Abgesehen davon wird Ihre Situation ganz anders sein, wenn Sie in ein erfolgreiches Unternehmen eintreten statt in eines, das in Schwierigkeiten steckt. Doch wird jemand von außen angeworben, deutet dies eher auf den zweiten Fall hin. Dann ist eher ein klarer Bruch mit den bisherigen Herrschaftsverhältnissen gefragt. Bei einem erfolgreichen Unternehmen ist es dagegen im allgemeinen viel schwieriger, größere Veränderungen durchzusetzen.

Um auf die Frage des nahtlosen Einstiegs zurückzukommen, so ist es unabdingbar, sich zunächst mit den Vorstandsmitgliedern zusammenzusetzen. Außerdem ist es von größtem Vorteil, wenn Sie mit Ihrem Vorgänger zusammenkommen (wenn möglich). Natürlich wird das von den Umständen abhängen, unter denen dieser das Unternehmen verläßt. Geht er von selbst, oder wurde er dazu gezwungen? (Ehrlich gesagt, hoffe ich, daß Sie sich mit diesen Leuten unterhalten, *bevor* Sie Ihre Entscheidung fällen, schon um den süßen Versprechungen des Headhunters zu begegnen.)

Folgende Fragen sollten Sie sich selbst stellen: Welches Problem hält Ihr Vorgänger für das größte? Denkt der Vorstand genauso? Was sagt er zu der Leistung Ihres Vorgängers? Warum hat man sich für Sie entschieden? Was wird von Ihnen erwartet? In Ihrem eigenen Interesse sollten Sie mit dem Vorstand eine Art Koalition eingehen. Tun Sie dies nicht, kann das sehr kostspielig für Sie werden.

Wischen Sie diese Tatsache nicht einfach vom Tisch! Vorstandsvorsitzende können ersetzt werden. Zwar gibt es unterschiedliche Schätzungen darüber, wie viele der frisch eingestellten Vorstandsvorsitzenden gleich wieder entlassen werden, doch begründete Schätzungen deuten auf zehn Prozent.[3] Weitere fünf Prozent werden in den ersten drei Jahren entlassen. Sie sind also gut beraten, Vorsorge zu treffen, um nicht zu diesen Verlierern zu gehören.

Eine andere wichtige Aufgabe des Vorstands ist die Richtungsvorgabe. Ich rede hier nicht von operativen Entscheidungen, sondern von großen strategischen Umorientierungen. Schließlich ist es nicht zuletzt die Aufgabe des Vorstandsvorsitzenden, die ethische und rechtliche Führung des Unternehmens und seiner Angehörigen zu gewährleisten.

Als Hinweis sei hier noch angemerkt, daß eine entscheidende Umorientierung der Geschäftspolitik erschwert werden kann, wenn, wie in vielen Firmen, die Tradition besteht, den ehemaligen CEO in den Aufsichtsrat zu berufen. Ist dies der Fall, kann die Neuausrichtung des Geschäftes im Negativfall vom Exchef als Affront gegen seine Verdienste empfunden und von ihm blockiert werden.

Sie sind also gut beraten, wenn Sie zunächst die Praxis Ihres zukünftigen Unternehmens in dieser Sache eruieren, bevor Sie sich Ihrer neuen Position verschreiben.

Nachdem Sie nun ihre neue Position angetreten haben – wieviel Zeit haben Sie, bis man Taten von Ihnen erwartet? Sollten Sie abwarten oder gleich loslegen? Es gibt die Meinung, man solle dem neuen Vorsitzenden auch neunzig Tage gewähren (je nach Dringlichkeit der Sachlage), wie jene berühmten neunzig Tage Schonzeit für amerikanische Präsidenten. Diese neunzig Tage könnten in zwei Abschnitte geteilt werden: eine *Phase des Zuhörens* (dreißig Tage) und eine *Testphase* (sechzig Tage). In den ersten drei Monaten in Ihrem neuen Amt evaluieren Sie Hindernisse und probieren neue Möglichkeiten aus, um auf die folgende Realisierungsphase vorbereitet zu sein.

Was Ihre Angst hinsichtlich des richtigen Einstiegs betrifft, so sollten Sie sich in Erinnerung rufen, daß Sie nicht allein sind. Denken Sie daran, wie sich die anderen Menschen im Unternehmen fühlen. Diese werden sich unruhig fragen, was der Neuling tun wird, was Sie ändern werden und was nicht; was Sie für ein Mensch sind, ob sie mit Ihnen leben können, ob Sie die bestehende Unternehmenskultur respektieren oder ob Sie einen gänzlich anderen Kurs einschlagen werden. Sie werden Angst um ihren Arbeitsplatz haben. Sie haben Angst, die anderen haben Angst – überall liegt Angst in der Luft. Dieses emotionale Problem muß angesprochen werden. Eine weitverbreitete, aber gefährliche Reaktion von Neulingen ist die Flucht in die Arbeit. Schließlich ist Aktion eine menschliche Reaktion auf Angst. Dieses Verhalten ist aber äußerst gefährlich, weil wir in streßbehafteten Situationen dazu neigen, in alte, wohlvertraute Verhaltensmuster zurückzufallen. Das mag sicherlich dann gut sein, wenn wir uns in der Materie gut auskennen, was jetzt jedoch nicht unbedingt der Fall sein muß. Aktionismus ohne wirklich zu wissen, was wirklich Priorität hat, ist sicherlich nicht die ratsamste Strategie. Und ein späterer Richtungswechsel ist keine besonders gute vertrauensbildende Maßnahme. (Natürlich ist es immer noch besser, die Richtung zu wechseln, statt sich immer weiter festzufahren und eine schlechte Entscheidung zu konstruieren.)

Ein mir bekannter Unternehmenschef, der sich einen guten Ruf durch erfolgreiche Firmensanierungen erworben hat, nannte mir einmal sein Erfolgsrezept. Sein Aktionsplan ist ziemlich einfach und braucht keine neunzig Tage. Seiner Ansicht nach ist es das wichtigste, die Qualen des Wandels zu verkürzen. Änderungen sollten nicht hinausgeschoben werden. Er nimmt das neue Unternehmen im Sturm – wie Attila, der Hunnenkönig. Zunächst entläßt er die gesamte zweite Managementebene. Daraufhin ersetzt er die Hälfte davon mit Führungskräften aus der dritten Ebene vor dem Hintergrund, daß diese Beförderung sie dankbar machen und alle Führungskräfte im Unternehmen dies als Zeichen von Beförderungsmöglichkeiten ansehen werden. Schließlich ersetzt er die andere Hälfte der zweiten Ebene mit Leuten von außen (einige davon kommen aus den Unternehmen, in denen er früher tätig war, was nicht überrascht). Seiner Ansicht nach garantiert diese Methode am ehesten Loyalität.

Das mag ein recht radikales Vorgehen sein, aber es gibt Situationen, in denen ein Neueinsteiger keine große Wahl hat. Wenn Sie wirklich engagiert wurden, um eine Revolution loszutreten, dann kann es sein, daß Sie sogar bis in die dritte Managementebene gehen *müssen*: Die Manager der zweiten Ebene sind womöglich allzu festgefahren. Denken Sie daran: Es kann Ihr Überleben sichern, mit potentiellen Veränderern im Unternehmen Allianzen zu schmieden.

Das ist natürlich eine sehr drakonische Maßnahme, um einen Wandel zu bewirken. Es gibt aber auch andere Methoden. So hat sich folgende oft als erfolgreich erwiesen. Nachdem der Neueinsteiger bei seinem Amtsantritt einige sehr allgemeine und vorläufige Kommentare abgegeben hat (vielleicht über seine Erfahrung, wobei er über seine Pläne noch nichts Näheres sagt), sollte er einfach durch das Unternehmen streifen und zuhören – ich meine, *wirklich* zuhören. Der Trick ist der, in kürzester Zeit so viele Informationen wie möglich zu sammeln. Dabei sollten Sie sich als Neuling nicht nur auf interne Informationen verlassen, sondern auch mit Kunden und Zulieferern sprechen. Was sagen diese über das Unternehmen? Was mögen sie an ihm? Was für Beschwerden haben sie? Ihre Unterstützung ist äußerst wichtig. Die Beziehungen zu Kunden und Zulieferern verraten viel über die internen Mechanismen des Unternehmens. Banken und Beratungsfirmen sind ebenfalls äußerst wertvolle Informationsquellen. Diese Form der Informationssammlung war auch Teil von Gerstners Strategie bei *IBM*.

Als nächsten wichtigen Schritt muß der neue Vorstandsvorsitzende seine »Hauptkollaborateure« finden – Menschen, die ihm bei der Umsetzung seiner Pläne behilflich sind. Wer wird in die Mannschaft aufgenommen, wer nicht? Gibt es Leute, deren Loyalität zweifelhaft ist? Diese Fragen müssen schnell geklärt werden, wobei sich der Neuling auf seine soziale Kompetenz verlassen muß.

Ihr erster Eindruck im neuen Unternehmen wird extrem wichtig sein. Denken Sie daran, daß alle Sie sehr genau beobachten werden. Die Gerüchteküche wird brodeln. Sind Sie kooperativ? Respektieren Sie die Meinung anderer? Tun Sie das, was Sie predigen? Sind Sie glaubwürdig? An diesem Punkt ist es notwendig, das Vertrauen der Menschen zu gewinnen, mit denen Sie zusammenarbeiten wollen. Sie müssen Koalitionen schmieden und funktionierende Beziehungen herausfiltern.

Was das alles so schwierig macht, ist die Tatsache, daß Sie sich vielleicht genau der Leute entledigen müssen, die dachten, daß sie Ihren Posten übernehmen könnten, und jetzt eventuell zur Sabotage ansetzen. Ein Haufen verwundeter Hamlets, die überall auf eine Gelegenheit lauern, ist das letzte, was Sie brauchen.

Nachdem Sie nun Informationen gesammelt und eine Gruppe Gleichgesinnter um sich geschart haben, stehen Sie als nächstes vor einer Aufgabe, die nahezu ebenso unlösbar erscheint wie die Sache mit dem Huhn und dem Ei: der Formulierung einer Vision und einer strategischen Zielvorgabe. Menschen benötigen eine Landkarte, etwas, an das sie sich halten können, etwas, auf dem realistische Leistungserwartungen gebaut werden können. Eine solche Richtungsvorgabe senkt gleichzeitig die allgegenwärtige Angst. Dennoch wissen Sie wahrscheinlich nicht genug über Ihr neues Unternehmen, um in der Zielformulierung sehr spezifisch zu sein. In der Zwischenzeit ist die Ihnen zur Verfügung stehende Zeit, vor allem in Krisensituationen, sehr begrenzt. Unter dieser Voraussetzung ist es am besten, erst einmal einfache und allgemeine Anfangsziele zu stecken (dabei werden Sie unter Umständen von denjenigen Vorstandsmitgliedern unterstützt, die mit etwas Glück immer sehr klare Vorstellungen von ihren Erwartungen hatten). Sie können diese Formulierungen dann später verfeinern. Damit auch alle verstehen, in welche Richtung es geht, sollten Sie diese Ziele laut und deutlich und immer wieder wiederholen. Die Leute müssen ständig daran erinnert werden.

Ebenso müssen Sie der Psychologie Rechnung tragen und mit ihr umzugehen lernen. Die Mitarbeiter werden in Ihnen wahrscheinlich den lang ersehnten Messias sehen, vor allem dann, wenn vorher nicht alles zum Besten stand. Wenn vor Ihrem Eintritt in das Unternehmen einiges schiefflief, wird man nun von Ihnen erwarten, daß Sie alles wieder ins Lot bringen. Am Anfang werden Sie als der neue Held gefeiert. Doch bedenken Sie, daß Helden nicht lang leben! Die Menschen haben mit ihnen nicht viel Geduld. Helden werden sehr schnell zum Sündenbock, wenn sie die in sie gesetzten Hoffnungen nicht erfüllen. In diesem Geschäft sind Gefühle sehr unbeständig.

Die Schauspielerin Ingrid Bergman sagte einmal sinngemäß, glücklich zu sein bedeute, gesund zu sein und schnell vergessen zu können. Gleiches gilt für das Verhalten von Unternehmensangehörigen. In Unternehmen gibt es so etwas wie den »Rebecca-Mythos« – die Tendenz, die Vergangenheit zu verklären. Der Roman *Rebecca* von *Daphne du Maurier* ist die Geschichte einer jungen Frau, die einen Witwer heiratet und von der verklärten Erinnerung ihrer Umgebung an die erste Frau dieses Mannes verfolgt wird. Deren große Tugenden werden beständig in den Himmel gehoben. Alle anfänglich schlechten Seiten scheinen vergessen. Genauso wird auch in Unternehmen die vorangehende Amtszeit, wie schlecht sie auch gewesen sein mag, schnell idealisiert. Wenn die neuen Amtsinhaber nicht schnell die erhofften Segnungen bringen, kann eine solche Entwicklung einsetzen. Bevor Ihnen das überhaupt klar ist, wird alles, was Sie tun, in einem negativen Licht gesehen – ungeachtet der positiven Dinge, die Sie bis dahin bewirkt haben.

Sind Sie also immer noch interessiert an dieser Position? Oder meinen Sie, daß es etwas Besseres im Leben gibt? Natürlich lebt ein neuer Vorstandsvorsitzender riskant, natürlich wird er Fehler machen. Aber wir leben nun mal nicht auf Probe. Nur wer nichts tut, macht auch keine Fehler. Veränderungen sind sicher eine Belastung, aber sie machen auch lebendiger. Und die Übernahme einer Position an der Spitze ist nur der Anfang. Wie wir in den weiteren Aufsätzen sehen werden, ist die Veränderung, der stete Wandel eines der Hauptthemen im Leben einer Unternehmensorganisation.

3 Gekochte Frösche und tanzende Elefanten

Unternehmensentwicklung und Schrumpfungsprozesse

Chaos erzeugt Leben, Ordnung dagegen Gewohnheit.
Henry Adams

Das Pferd, dessen Reiter sich vor dem Sprung fürchtet, wird stürzen;
Schützen verfehlen ihr Ziel, ist der Befehl nicht klar;
Nur die sind sicher, die sicher scheinen;
Wer die Stimme verliert, verliert alles.
Kingsley Amis

Veränderungen sind nicht einfach. Von dem ehemaligen US-Präsidenten *Woodrow Wilson* stammt der Satz, daß, wer sich Feinde machen wolle, solle einfach versuchen, etwas zu ändern. Veränderung ruft Widerstand auf unterschiedlichster Ebene wach, auf persönlicher, kultureller und der Unternehmensebene. Dabei besteht das eigentliche Problem darin, daß die Menschen sich einfach nicht ändern lassen wollen: Sie mögen es nicht, wenn jemand mit ihnen etwas macht! Doch wenn sie selbst die Veränderung herbeiführen können, stehen sie ihr sofort positiver gegenüber. Leider geschieht das jedoch viel zu selten.

Wann haben Sie das letzte Mal einen Biologieversuch gemacht? Wahrscheinlich ist das länger her, als Sie denken können. Lassen Sie uns einmal folgendes Experiment machen: Nehmen Sie einen Topf mit heißem Wasser und einen Frosch. Dann werfen Sie den Frosch in den Topf. Was meinen Sie, was passiert? Ganz klar: Der Frosch springt aus dem Topf. Wer schwimmt schon gerne in heißem Wasser? Jetzt versuchen Sie etwas anderes. Nehmen

Sie einen Topf mit kaltem Wasser, setzen Sie den Frosch hinein, und stellen Sie den Topf auf die Herdplatte. Schalten Sie die Platte an. Dieses Mal geschieht etwas anderes. Der Frosch, der den allmählichen Temperaturanstieg nicht merkt, wird langsam gekocht. Leider verhalten sich viele Unternehmen in ihrem Wachstumsprozeß wie Frösche, die sich im immer heißer werdenden Wasser zu Tode kochen lassen. Auf dem Friedhof der Unternehmen finden sich unzählige Gräber von Firmen, welche die unaufhaltsamen Veränderungen um sie herum nicht wahrnahmen. Unternehmen werden schnell selbstgefällig. Sie hören auf, die sich ständig ändernden Marktbedingungen und Kundenbedürfnisse zu beobachten. Allzuoft lassen sie sich vom vergangenen Erfolg einlullen. Viel zu viele Führungskräfte merken zu spät, daß nichts so tödlich ist wie der Erfolg. Erfolg macht selbstgefällig und senkt die Lernbereitschaft. Wer aber aufhört zu lernen, kann tödlich enden. Einem arabischen Sprichwort zufolge lernen wir aus dem Erfolg wenig, dagegen viel aus dem Mißerfolg! Aber nicht nur Selbstgefälligkeit schadet der Lernbereitschaft – auch wer einmal Erfolg hatte, ist das nächste Mal nicht mehr so risikofreudig. Es ist sicher richtig, daß Menschen, die nie etwas ausprobieren, auch nie scheitern, aber Unternehmen, denen die Risikobereitschaft abhanden kommt, verfallen zunehmend in Lethargie. Sie werden immer größer und schwerfälliger – und bewegen sich am Ende wie Elefanten.

Was läßt sich dagegen tun? Wie läßt sich verhindern, daß ein Unternehmen in Selbstgefälligkeit verfällt? Wie läßt es sich verändern? Wie können wir einen Elefanten zum Tanzen bringen? In der Regel löst eine angeordnete Unternehmensentwicklung eine Reihe von Ängsten aus: Angst vor dem Unbekannten, vor dem Verlust persönlicher Freiheiten, des eigenen Status, der eigenen Autorität und Verantwortlichkeit oder vor der Aufgabe optimaler Arbeitsbedingungen und exorbitanter Entlohnung. Diese Ängste sind an der Spitze des Unternehmens, wo Machtbalance eine Rolle spielt, sicherlich am größten. Hier kann Unternehmensentwicklung als Anklage gegen die bestehende Führung mit drohender Machtumverteilung interpretiert werden. Dann hört man Killer-Sätze wie »Das haben vor Ihnen schon andere probiert, und es hat nicht funktioniert« oder »Wir haben zuviel Geld in dieses Projekt gesteckt und können jetzt nicht mitten im Fluß die Pferde wechseln«. Veränderungen sind nie schmerzlos. Und oft ist Schmerz das Hauptmotiv für einen Veränderungsprozeß: *pathemata mathemata* – »Lernen durch Leiden«, wie die alten Griechen sagten. Ich habe nur selten jemanden getroffen, der bereit war, sich zu ändern, wenn alles gut lief. Und leider gibt es nur wenige Unternehmen, in denen so etwas wie Prävention stattfindet, um den Siedepunkt des Wassers rechtzeitig herauszufinden. Meistens muß es erst zur Katastrophe kommen, bevor etwas geschieht. Doch ständige Veränderung ist unabdingbar für die menschliche Existenz. Ohne die Fähigkeit zur Anpassung stirbt der Organismus, denn: »Nichts im Leben ist so dauerhaft wie der Wandel« *(Heraklit)*.

Was jedoch oft nicht beachtet wird, ist die Tatsache, daß auf eine Veränderung eine Trauerphase folgt. Menschen müssen das betrauern, was sie hinter sich lassen. Die durch große Veränderungen ausgelösten Gefühle lassen sich mit denen eines Kindes vergleichen, das von seiner Mutter verlassen wurde. Dieses Trauern – das menschliche Verhaltensmuster beim Umgang mit belastenden Erfahrungen – beginnt in der Kindheit und wiederholt sich im Leben immer wieder.

Wandel bedeutet also eine Art Verlust. Tritt dieser Verlust ein, folgen in der Regel eine Reihe unterschiedlicher Stadien. Die erste Phase ist die der Verwirrung, in der eine Art Benommenheit vorherrscht, unterbrochen von Panik und Zorn. Sie bleibt niemandem erspart, jeder muß durch sie hindurch. Jeder Versuch, sich von den Problemen abzulenken, endet in noch größeren Verstrickungen. Die mit dem Verlust verbundenen Gefühle tauchen dann erst später auf – mit um so verheerenderer Wirkung. Meistens folgt auf diese Phase eine Zeit der Sehnsucht und des Suchens nach dem Verlorenen, unter Umständen verbunden mit Mißtrauen und Ablehnung gegenüber der neuen Realität. So nehmen beispielsweise Führungskräfte, die sich mit Unternehmensentwicklung auseinandersetzen müssen, eine reaktionäre Haltung ein. Sie klammern sich an die Vergangenheit und kümmern sich nicht um die Zukunft. Es kann zu Selbstvorwürfen und Anfällen von Traurigkeit kommen. Doch wenn ein Mensch die Möglichkeit hat, diese Phase der

Trauer und Unzufriedenheit zu durchleben, werden die Denkmuster und Verhaltensweisen der Vergangenheit schließlich über Bord geworfen. Die neue Situation, sowohl die des Unternehmens als auch die persönliche, wird nun bereitwilliger akzeptiert, und es entsteht die Bereitschaft, sich selbst zu überprüfen und neu zu definieren. Erste Gehversuche in Richtung eines neuen Gleichgewichts werden unternommen. In der letzten Phase eines solchen Veränderungsprozesses wird die innere Welt des betreffenden Menschen neu definiert. Hoffnung keimt auf, und neue Möglichkeiten eröffnen sich. Dieser Mensch zeigt sich initiativfreudiger und richtet sich auf die Zukunft aus. Die Führungskräfte im Unternehmen haben die neue Realität angenommen.

Zu den Unternehmen, die eine traumatische Umstrukturierung erfolgreich überstanden haben, gehört *Zeiss Jena*, das einstige Flaggschiff der ostdeutschen Industrie. Zu Zeiten der DDR war Zeiss das Zentrum des Kombinats VEB Carl Zeiss JENA, zu dem 25 Betriebe aus den verschiedensten Branchen gehörten und das 1989 mehr als 70 000 Menschen beschäftigte.

Seine urprüngliche Aufgabe – die Herstellung optischer, mechanischer und elektronischer Präzisionsinstrumente – war im Laufe der Zeit erweitert worden und schloß nun Mikroelektronik und Kameras ein. Der Hauptabnehmer war die Sowjetunion, deren Raketen und Satelliten mit Zeiss-Geräten gespickt waren.

Bei Zeiss war Zulieferung unbekannt. Das Unternehmen stellte alles selbst her – von der kleinsten Schraube bis zum fertigen Endprodukt. Die Regierung der DDR wußte, daß sie sich selbst bei schwierigsten Aufgaben auf Zeiss verlassen konnte. Die Zeiss-Beschäftigten galten als »Wunderarbeiter und -arbeiterinnen« – die Crème de la crème, die einfach alles zuwege brachte. Die westlichen Importbeschränkungen zwangen Zeiss jedoch dazu, sich auch in solche Industriezweige zu begeben (zum Beispiel die Computerindustrie), in denen das Unternehmen nach den Regeln des Marktes nichts zu suchen hatte. Der enge Austausch zwischen Zeiss und der Friedrich-Schiller-Universität in Leipzig machten Jena zum Zentrum der Rüstungsindustrie der DDR.

Dann jedoch schlug das Schicksal zu – jedenfalls für Zeiss Jena: Die Mauer ging auf, und die Westmark kam. Plötzlich fand das

Unternehmen für viele seiner Produkte, deren Nachfrage es vor dem November 1989 kaum befriedigen konnte, keine Abnehmer mehr. Seine ersten Gehversuche im Bereich Elektronik scheiterten sofort. Auf diesem Feld bestanden nicht die geringsten Hoffnungen, daß das Unternehmen mit dem Westen mithalten konnte. Ähnlich sah es auf dem Sektor Fotografie aus. Japanische Kameras waren nicht nur billiger, sondern auch viel besser. Das bedeutete für große Bereiche des Kombinats das Todesurteil. Wie auch viele Unternehmen im Westen schon erkannt hatten, war es nun auch für Zeiss an der Zeit, sich auf die urprünglichen Aufgaben zu konzentrieren. Was tun Sie, wenn Ihr gesamter osteuropäischer Markt zusammenbricht? Was tun Sie, wenn ein Großteil Ihres Marktes, nämlich die Rüstungsindustrie, gar nicht mehr existiert? Was tun Sie, wenn Ihre Produkte nicht mehr wettbewerbsfähig sind? Was tun Sie, wenn Sie nicht die geringste Ahnung haben, was Ihre Produkte kosten und wo Sie Gewinn machen können? Wie ändern Sie die Einstellung Ihrer Führungskräfte, die an eine Befehlsstruktur gewöhnt sind? Wie bringen Sie sie dazu, marktwirtschaftlich zu denken? Wie machen Sie ihnen klar, daß sich ihre Produkte nicht mehr automatisch verkaufen? (Diese letzte Revolution, die Revolution in den Köpfen, ist die schwierigste überhaupt.)

Bei alledem ist zu bedenken, daß die Infrastruktur der DDR sich bereits im Zusammenbruch befand, noch bevor sich die notwendig werdenden Veränderungen bei Zeiss Jena abzeichneten. Trotz großer Investitionen wird es aber noch Jahre dauern, bis Infrastruktur, Dienstleistungsangebot und Lebensbedingungen im Osten Deutschlands sich entscheidend verbessert haben.

Die dramatischste Reaktion von Zeiss Jena auf die wirtschaftliche und politische Wende war die Massenentlassung. Die Beschäftigtenzahl sank von 70 000 im Jahr 1989 zunächst auf 27 000 und konsolidierte sich schließlich auf 3 000 (obwohl diese Zahl davon abhängt, wie man die Teilung des Unternehmens in zwei neue Unternehmen rechnet – doch mehr dazu später).

Als sei dies noch nicht genug, mußte sich die Führungsriege einer Art »Reinigung« unterziehen. Ein Ausschuß zur Auswahl von Führungspersonal wurde gegründet, und über Jahre stand jede Position zur Disposition. Die Aufgabe dieses Ausschusses war es, alle Jobs in den obersten drei Führungsschichten zu überprüfen und über die Kompetenz der jeweiligen Kandidaten zu entscheiden. (Dazu gehörte auch die Überprüfung der Führungskräfte auf ehemalige Stasi-Zugehörigkeit oder SED-Mitgliedschaft.) Natürlich ist ein solcher Ausschuß, so notwendig er auch gewesen sein mag, nicht gerade zuträglich für den Frieden in einer ohnehin schon äußerst belasteten Führungsriege.

Ein weiteres Problem war das jüngere Schwesterunternehmen von Zeiss in Oberkochen, Baden-Württemberg. Zeiss steht für eine bemerkenswerte unternehmerische Überlebenskunst. Seine Geschichte spiegelt wider, wie stark der Klebstoff war und ist, der das Unternehmen zusammenhielt, eine Unternehmenskultur, welche die Zeissianer entschlossen dafür kämpfen ließ, daß ihr Unternehmen nicht starb.

Nach dem Ende des Zweiten Weltkriegs kamen zuerst die Amerikaner nach Jena. Sie erkannten schnell, was für ein Juwel ihnen in die Hände gefallen war. So verschwanden in die Vereinigten Staaten Patente, Dokumentationen, Werkzeugmaschinen und die besten Forscher, von denen viele für immer in den USA blieben. Drei Tage später marschierten die Russen in Jena ein. Sie besorgten den Rest. Stalin ließ das verbliebene wissenschaftliche Personal und die Maschinen mit Sack und Pack nach Leningrad abtransportieren.

Man sollte meinen, daß so etwas jedem Unternehmen das Genick brechen würde. Nicht jedoch Zeiss! Es gab immer noch Lebenszeichen von sich. Einige Wissenschaftler und Techniker hatten sich in die Westzone flüchten können. In Oberkochen fanden sie ein ähnliches Klima vor wie in Jena und gründeten das Unternehmen neu. Doch auch in Jena lebte der Geist von Zeiss weiter – und dies, obwohl das gesamte Unternehmen demontiert worden war. Ab 1949 begannen die verbliebenen Zeissianer mit dem Wiederaufbau ihres Unternehmens in ihrer Heimatstadt. Zeiss Jena und *Zeiss Oberkochen* wurden harte Konkurrenten. Beide beanspruchten den Namen des renommierten Hauses für sich. Von diesen Problemen zum Zeitpunkt des Mauerfalls abgesehen, stand die Unternehmensführung in Jena nach der deutschen Wiedervereinigung zusätzlich vor dem Problem einer möglichen Wiedervereinigung mit Zeiss Oberkochen, deren Folgen nicht abzuschätzen waren. Angesichts seines chaotischen inneren Zustands und seiner verzerrten Produktpalette befand sich Zeiss Jena in einer äußerst schlechten Verhandlungsposition.

Die Treuhandanstalt stand vor einer schwierigen, salomonischen Aufgabe. Um sie zu bewältigen, arbeitete sie eng mit dem Land Thüringen und Zeiss Oberkochen zusammen. Doch die Lösung ließ sich nicht so einfach finden. Auf allen Beteiligten lastete ein enormer Druck. Aufgrund der Massenentlassungen war der Arbeitsfriede ernsthaft gefährdet. Es kam zu zahlreichen Großdemonstrationen. Der Mord an Rohwedder, dem Präsidenten der Treuhandanstalt, heizte die Situation noch weiter an.

Als ich damals Jena besuchte – nach dem Mauerfall, jedoch bevor Zeiss sich neu aufbaute –, waren die Fernsehkameras, der Stacheldraht und die bewaffneten Wächter bereits verschwunden. Ich konnte problemlos ins innerste Heiligtum vordringen – dem Zeiss Jena Forschungszentrum. Die monströsen stalinistischen Gebäude standen leer. Die noch verbliebenen Führungskräfte und Wissenschaftler schienen unter Schock zu stehen, nicht wissend, welche Richtung sie jetzt einschlagen sollten und wie sie ihre Forschungsergebnisse in bare Münze umsetzen konnten.

Zu jener Zeit fragte ich mich selbst, was man hier um Himmels willen tun könne. Inzwischen sei man Spezialist darin geworden, sich an den eigenen Haaren aus dem Sumpf zu ziehen, hörte man von den Zeissianern. Aufgrund seiner Geschichte müsse Zeiss schließlich wissen, wie man mit dem wirtschaftlichen Auf und Ab umzugehen habe. Schließlich sei dies nach der Demontage des Unternehmens nach dem Zweiten Weltkrieg (in dem es wichtiger Zulieferer für die Rüstungsindustrie war) nicht das erste Mal, daß sich sein Schicksal wende. Schon nach dem Ersten Weltkrieg hatte es rauhe Zeiten erlebt und mußte drastisch schrumpfen: von 50 000 auf 7 000 Beschäftigte.

Die von der Geschichte erteilten Lektionen wurden nach dem Mauerfall durch einen wirtschaftlichen Spagat ergänzt. Man entschied sich für eine Teilintegration mit Zeiss Oberkochen (durch eine entsprechende Anpassung der Produktpalette) und die Gründung eines eigenständigen Unternehmens, die *Jenoptik*. Diese hat mit der Ausgründung wettbewerbsfähiger Unternehmenszweige und der Schaffung von Gemeinschaftsunternehmen im High-Tech-Bereich den Raum Jena inzwischen zu einem Technologiezentrum gemacht.

Die schwierigste Aufgabe war es, den Weggang der Intellektuellen zu stoppen. Wie wird man mit solchen Brüchen fertig? Wie geht man mit Schrumpfungsprozessen um und erhält dennoch die Arbeitsmoral? Das ist natürlich nicht nur ein Problem bei Zeiss Jena allein. Kürzungen sind zur Zeit für viele Unternehmensführungen in vielen Ländern ein hochaktuelles Thema. Wie geht man am besten bei Kündigungen vor? Mit Zermürbungstaktik? Durch Frühpensionierung mit dicken Abfindungen? Was, wenn das Unternehmen durch die Abfindungen riesige Geldsummen verliert? Sie könnten sein Überleben ernsthaft gefährden. Sollte man die Mitarbeiter mit sofortiger Wirkung entlassen – oder ihnen Zeit geben, sich auf die neue Situation einzustellen? Wäre es nach all den Jahren, die sie in das Unternehmen investiert haben, nicht fair, ihnen Zeit zu geben, um diesen Schlag zu verarbeiten? Andererseits kann es die Arbeitsmoral untergraben, wenn die gekündigten Mitarbeiter noch lange im Unternehmen verbleiben. Zorn, Trauer und Selbstwertverlust sind unweigerliche Begleiterscheinungen jedes Schrumpfungsprozesses. Von der Führungsseite her mit diesen Nebenwirkungen umzugehen ist schwierig und von Fall zu Fall anders. Das bedeutet zusätzliche Belastung und weitere Beanspruchung der ohnehin knappen Zeit und Energie.

Was immer das Unternehmen entscheidet, es ist ratsam, bei Kündigungen so ehrlich wie möglich mit den Leuten umzugehen. Selbst bei Zeiss, ein Beispiel für extrem hohe Entlassungszahlen, wurde ernsthafte Aufklärung über die Gründe der Entlassungen betrieben. Information ist immer eine Verpflichtung, versäumen Sie dies, tauchen die unterschiedlichsten Formen von Paranoia auf. Und paranoides Denken hat einen hohen Preis.

Bei Zeiss tat man alles, damit die Mitarbeiter und Mitarbeiterinnen wenigstens teilzeitweiterbeschäftigt werden konnten. Da das nicht immer möglich war, konnten sie Ausgründungen vornehmen und an Umschulungsmaßnahmen teilnehmen. Die Führung des Unternehmens bemühte sich, die Mitarbeiterinnen und Mitarbeiter über den Gang der Dinge auf dem laufenden zu halten. Trotzdem ließ sich Paranoia nicht völlig umgehen, und einige der fähigsten Leute – von denen die Unternehmensspitze gehofft hatte, daß sie bleiben würden – verließen die Firma und gingen in den Westen.

In solchen schmerzhaften Situationen ist es extrem wichtig, den Mitarbeiterinnen und Mitarbeitern das Gefühl zu geben, fair behandelt zu werden – so schwierig das auch sein mag. Bedenken Sie, daß diejenigen, die bleiben, sehr genau beobachten, wie diejenigen behandelt werden, die gehen müssen. Wenn Gefahr besteht, daß die Loyalität den Bach hinuntergeht, ist demonstrativ faire Behandlung des gekündigten Personals eine sehr gute Investition in die Zukunft.

Geschieht das nicht, werden die Mitarbeiter und Mitarbeiterinnen sich vom Unternehmen entfremden, Kreativität und effektive Teamarbeit ersticken – und das zu einer Zeit, in der gerade dies am dringendsten benötigt wird. Natürlich leidet dann die Leistung. Schlechte Presse beeinträchtigt die Beziehung zu anderen Geschäftspartnern, Banken und Zulieferern. Ein Unternehmen tut gut daran, Outplacement-Berater für diese Übergangszeit heranzuziehen, um den Gekündigten dabei zu helfen, wieder eine neue Stelle zu finden. Doch mit welchen Reaktionen ist bei den Überlebenden des Schrumpfungsprozesses zu rechnen? Leider ist die erste Reaktion: »Wir gegen die anderen.« Plötzlich werden die Gekündigten geächtet, vielleicht in dem Glauben, sie seien für das Chaos, in dem sich das Unternehmen gegenwärtig befindet, verantwortlich. Die Suche nach einem Sündenbock ist eine sehr menschliche Reaktion, die zwar den Betroffenen in ihrer Verzweiflung nicht weiterhilft, aber üblich ist. Solches Verhalten ist eine Möglichkeit, mit dem schlechten Gewissen umzugehen. Doch ein derartiger Umgang mit dem Schuldgefühl, überlebt zu haben, ist keine Lösung. Es war vorherzusehen, daß es bei Zeiss nicht anders laufen würde, wo einige der offensichtlich geeigneteren Mitarbeiter sich von den früher sehr nahestehenden Kollegen und Kolleginnen zurückzogen.

Es kann sehr schwierig sein, die Schuld an der Unternehmensmisere irgendwo festzumachen. Trägt die Führungsspitze die alleinige Verantwortung? Sind unrealistische Gewerkschaftsforderungen schuld? Lassen sich »außen« Gründe finden? Wenn sich ein sichtbarer externer Sündenbock finden läßt, kann der Zorn sich auf diesen richten. Das scheint eine bessere Möglichkeit, Aggressionen umzuwandeln. Natürlich war Zeiss ein ganz besonders schwieriger Fall. Hier waren die Hauptgründe die deutsche Wiedervereinigung, der Zusammenbruch des Kommunismus und die schlecht geplante Währungsunion. Dennoch entging das Topmanagement nicht völlig dem Zorn vieler Angestellten.[4] In anderen Unternehmen lagen die Gründe direkter beim Unternehmen selbst, zum Beispiel in schlecht durchdachten Managemententscheidungen. So ist zum Beispiel die strategische Fehlentscheidung des ehemaligen *IBM*-Chefs *John Akers*, auf Großrechner statt auf PCs zu setzen, hauptsächlich für die gegenwärtige Entlassungswelle verantwortlich.

Gute Informationspolitik ist also ein wichtiger Faktor beim Management von Entlassungen. Dabei reicht es jedoch nicht, die Gründe zu nennen: Die verbleibenden Beschäftigten müssen über die neue Strategie informiert werden. Wenn nur schlechte Neuigkeiten durchgegeben werden, führt dies zu Depressivität. Statt dessen sollte es Hoffnung auf eine bessere Zukunft geben. Alle sollten eine Vorstellung davon haben, worauf dieser Schrumpfungsprozeß hinausläuft. Gegen Hilflosigkeit hilft Beteiligung an den Entscheidungen. Es muß den Mitarbeitern und Mitarbeiterinnen klargemacht werden, daß der Grund für die Veränderungen die neuen Realitäten auf dem Markt sind. Kürzungen sollten als Herausforderung angesehen werden, als eine Möglichkeit für größere organisatorische Effektivität und Effizienz und damit als Chance, das Unternehmen quasi neu zu erfinden. Das ist genau das, was *IBM* unter *Louis Gerstner* jetzt tut. Die verbliebenen Führungskräfte haben jetzt die Möglichkeit, das neu aufzubauen, was einmal eines der weltweit innovativsten Unternehmen war.

Bedenken Sie auch, daß Entlassungen die Gerüchteküche zum Brodeln bringen. Gerade weil sich Gerüchte wie ein Buschfeuer ausbreiten, sollte die Gefahr der Paranoia nie unterschätzt werden. Der durch Gerüchte angerichtete Schaden läßt sich jedoch durch richtige Information begrenzen. Eine klare Vorstellung von der neuen Richtung hilft den verbleibenden Führungskräften, sich auf die unmittelbaren Aufgaben zu konzentrieren. Für die Dauer des Schrumpfungsprozesses und längere Zeit danach sollten so viele Informationen wie möglich publik gemacht werden. Jetzt ist Schweigen beileibe fehl am Platz. Selbst wenn eine Führungskraft nicht die genauen Gründe für bestimmte Entscheidungen kennt, ist es besser, dies ehrlich zu sagen. Bedenken Sie auch, daß finanzielle Anreize für die besten Führungskräfte bei weitem nicht ausreichen. Ohne Hoffnung auf eine bessere Zukunft und ohne eine klare Vorstellung von ihrer wichtigen Rolle werden diese Leute nicht lange bleiben. Weil der psychologische Vertrag zwischen jedem einzelnen und dem Unternehmen zerbrochen ist, muß Vertrauen erst wiederhergestellt werden. Ein mir bekanntes Unternehmen hat im Schrumpfungsprozeß Mißmanagement mit falschen Versprechungen und falschen Informationen betrieben und die entlassenen Führungskräfte ziemlich kalt behandelt. Gleichzeitig verhieß man den potentiellen Überfliegern, die man gebeten hatte zu bleiben, Positionen mit mehr Verantwortung und Geld. Dieser Trick scheiterte jedoch bald, als nämlich diese Führungskräfte sehr schnell nicht mehr bereit waren, die neue Politik mitzutragen. Die meisten verließen das Unternehmen freiwillig und schlossen sich einigen ihrer ehemaligen Kollegen in einer neuen Firma der gleichen Branche an. Durch den Weggang wichtigen Personals und dem Auftauchen eines aggressiven neuen Wettbewerbers mußte das ursprüngliche Unternehmen innerhalb von zwei Jahren Bankrott anmelden.

Für das Problem des Schrumpfens gibt es keine einfache Lösung. Es ist eines der schwierigsten und schmerzhaftesten Herausforderungen für die Unternehmensführung. Das Zeiss-Management stand vor einer schwierigen und belastenden Aufgabe, doch zumindest scheinen die drastischen Maßnahmen Erfolge zu bringen: Das neue Zeiss geht seinen Weg. Es ist nicht leicht, Katalysator für solche Prozesse zu sein. Ein lethargisches Unternehmen reanimieren erfordert ein hohes Maß an Antriebskraft und Energie sowie eine große Portion politischen Verstand. Jemand, der es schaffte, einem solchen Elefanten neues Leben einzuhauchen, ist der Chef des amerikanischen Unternehmens *General Electric, Jack Welch.*

Als er 1981 den Posten von seinem Vorgänger übernahm, litt das Unternehmen an »bürokratischer Arteriosklerose«. Die Führungskräfte waren dabei, in einer Flut von Papier zu versinken.

Wie ändern Sie ein Unternehmen von der Größe *General Electrics*? *Welch* war klar, daß er keinen Pfannkuchen backen könne, ohne Eier zu zerschlagen. Und – er plante ein gigantisches Omelett! Folglich mußten viele Führungskräfte durch die bereits beschriebene Trauerphase gehen. Doch erleichtert wurde ihnen die Sache dadurch, daß *Welch* ihnen nicht nur schmerzhafte Veränderungen bescherte, sondern auch eine Vision, eine Vorstellung davon, wohin er wollte.

Welch ließ eine einfache Botschaft im Unternehmen verbreiten, die lautete: Unternehmensbereiche, die bis dahin noch nicht an erster oder zweiter Stelle in ihrer Branche standen, sollten schnellstmöglich dorthin kommen. Und wenn sie dazu zusätzliches Kapital benötigten, sollten sie es anfordern. Gelänge es ihnen nicht, würden sie »entbunden« – seine Vokabel für »entlassen«. *Welch* wurde nicht umsonst die »Neutronenbombe« genannt. Bei *General Electric* kursierte der sarkastische Witz, daß nach jedem seiner Besuche in einer Werksniederlassung das Gebäude zwar noch stehe, aber überall Leichen herumlägen. Jahr für Jahr stand *Welch* im amerikanischen Magazin *Forbes* an erster Stelle der härtesten Firmenbosse Nordamerikas. Er meinte es ernst. Gleich zu Anfang »entband« er ein Viertel der Beschäftigten bei *General Electric*; er verkaufte etwa 200 Unternehmensbereiche und schloß 73 Werke und Anlagen. Insgesamt reduzierte er die Zahl der Beschäftigten um 100 000. Aber er kaufte auch Firmen in Bereichen auf, die er als aussichtsreiche Ergänzungen für den Konzern einschätzte.

Im Unternehmen grassierte ein neuer Virus, die »Welchitis«; er sollte die Unternehmenskultur ändern. *Welch* ging nicht gerade mit Samthandschuhen vor, um seine Vision zu verbreiten. Er ist ein Mensch, der an den konstruktiven Konflikt glaubt. Er streitet und schreit, wenn ihm danach zumute ist – wobei zuweilen auch seine Vergangenheit als Straßenkind durchkommt. Und er hat vor denjenigen den meisten Respekt, die sich behaupten und zurückschießen. Seine Philosophie läßt sich am besten mit den Spielregeln des Eishockeys vergleichen: Der Gegner wird gerammt und umgestoßen, solange das Spiel läuft – aber danach geht man zusammen ein Bier trinken.

Seine Spezialität beim Umbau von *General Electric* war das »Einebnen« – das Herausschneiden überflüssiger Unternehmensebenen. Für ihn schienen traditionelle Konzepte von Kontrolle und Hierarchie bedeutungslos zu sein. Er sorgt gern für beständige Unruhe und spricht von dem »Unternehmen ohne Grenzen«. Seiner Ansicht nach sollte der überarbeitete Manager Firmensport betreiben. Und Faktoren, die den Fortschritt behindern und Probleme verursachen (hinsichtlich Konferenzen, Berichte, Dienstwege, Genehmigungen und Bemessungssysteme), werden auf der Stelle aus dem Weg geräumt. Die Führungskräfte verpflichten sich persönlich, die Arbeit umzuorganisieren und so effektiv wie irgend möglich mit der Arbeitszeit umzugehen.

Welch will Leute mit Unternehmergeist, die sich verantwortlich für ihren Bereich fühlen. Er will Leute, die handeln. Wer in diesem Unternehmen untätig herumsteht, wird mit Sicherheit überrannt. Ihm ist nur allzu bewußt, daß Organisationsplanung und Ablaufgeschwindigkeit in unserem globalen Dorf Wettbewerbsvorteile geworden sind.

Welch mag rauh und unorthodox sein, aber er ist sehr erfolgreich in der Durchsetzung seiner Pläne. *General Electric* ist in fast allen seiner vierzehn Unternehmensbereiche Marktführer geworden. Die Umgestaltung war jedoch für die Beschäftigten in den alten Stammbereichen eine traumatische Erfahrung. Loyalität galt immer nur für einen Tag. T-Shirts mit der Aufschrift »*Schluck Jacks Werte oder . . .*« sprechen für sich und die Stimmung im Unternehmen zu der Zeit, als die Entlassungswelle ihren Höhepunkt erreichte.

Doch *Jack Welch* ist kein Narr. Er weiß, daß nach einer Zeit der Wiederbelebung eine Phase der Konsolidierung folgen muß. Dazu wählte er die Methode der Managemententwicklung. So besucht auch er regelmäßig die unternehmenseigene Fortbildungsstätte. Trotz seines engen Terminkalenders – die Führung eines 60-Milliarden-Dollar-Imperiums verlangt großen Einsatz – nimmt er an fast jedem Seminar für hochrangige Führungskräfte teil, um seine Philosophie zu erläutern und zur Diskussion zu stellen.[5]

Die Frage ist, ob andere Großunternehmen wie *Philips*, *IBM* und *General Motors* oder die *Deutsche Telekom* in der Lage sind, die gleiche Herausforderung anzunehmen und wettbewerbsfähig werden können. Sind sie Elefanten, die tanzen lernen, oder werden sie das gleiche unwürdige Ende finden wie der Frosch?

Die Zeiten sind längst vorbei, als der Satz galt: »Was gut ist für *General Motors*, ist gut für Amerika«, wie es ein ehemaliger Chef des Unternehmens einmal formulierte. Es ist nicht lange her, daß es bei *General Motors* zu einer Palastrevolution durch die externen Vorstandsmitglieder kam, denen angesichts der schneckenhaften Umstrukturierung die Geduld ausging. Gleiches könnte für andere Großunternehmen gelten.

Die Firma *Philips* durchläuft gerade unter ihrem jüngsten Vorstandsvorsitzenden *Jan Timmer* die »Operation Centurion« zur Steigerung ihrer Wettbewerbsfähigkeit. Die Firma litt nicht nur an bürokratischer Arteriosklerose, sondern auch am sogenannten »Mr.-Magoo-Syndrom«. Mr. Magoo ist eine extrem kurzsichtige Zeichentrickfigur, welche die Dinge um sie herum ständig falsch interpretiert. Selbsttäuschung, das Syndrom, »das gibt's nicht bei uns«, Unfähigkeit, mit schlechten Nachrichten umzugehen, und falscher Optimismus sind in solchen Unternehmen nicht unüblich.

Wir haben gesehen, daß es niemals leicht ist, einen hohen Leistungsstandard auf Dauer zu halten. Aber haben wir tatsächlich eine andere Wahl? Untätigkeit kann fatal sein. Wenn Sie in Passivität verharren, kann dieses Verhalten des kochenden Frosches tödlich sein. Statt dessen sollte man sich von einer anderen Entwicklungsphase des Frosches inspirieren lassen: von seiner Entwicklung aus einer Kaulquappe! Tatsächlich ist es eine andere, ähnliche Unternehmensaktivität, die der Notwendigkeit von Wachstum und Anpassung Rechnung trägt: *Fusion und Aufkauf.*

4 Fusionsfieber

Die Übernahmemanager

Allianzen. In der internationalen Politik der Zusammenschluß zweier Diebe, die ihre Hände so tief in den Taschen des anderen haben, daß sie allein einen Dritten nicht mehr ausrauben können.
Ambrose Bierce

Die großen Fusionen von Unternehmen und Gewerkschaften sehen alle aus wie Dinosaurier, die sich paaren.
John Naisbitt

Es gibt Unternehmen, die schrumpfen, und andere, die wachsen. Vor die Wahl gestellt, werden sich die meisten wohl für Wachstum entscheiden. Eine Möglichkeit dazu bieten Fusionen und Übernahmen (im folgenden wird auch der Terminus Mergers and Acquisitions, M&A, dafür verwandt). Das Fusionsfieber ist kein so junges Phänomen, wie man glauben könnte. Nach der Fusionswelle der achtziger Jahre grassiert es nach Ansicht von Beobachtern zwar nicht mehr so schlimm wie damals, ist aber noch lange nicht gestoppt. Im Gegenteil.

Was sind die Gründe? Warum greift diese Epidemie so schnell um sich? Dient sie lediglich zur Befriedigung egoistischer Ziele, oder steckt mehr dahinter?

Die für Fusionen und Übernahmen angeführten Gründe haben in den meisten Fällen einen rationalen wirtschaftlichen Hintergrund: Größe und Wachstum, Größenvorteile, Rentabilität, Marktanteilsgewinne, Marktmacht.

Diese Art von Wachstumsstrategie soll einem Unternehmen dazu verhelfen, schnell eine bestimmte Marktposition zu erreichen. Sie ist gleichzeitig ein Mittel, neue Werte zu schaffen.

Ein großer Anreiz für Fusionen und Übernahmetransaktionen war in der jüngsten Zeit die sich verändernde geopolitische Lage. Japan, Südkorea, Taiwan und die südpazifischen Länder treten in den internationalen Wettbewerb ein.

Dazu kam der Fall der Mauer mit der sich anschließenden Öffnung Osteuropas. Und es gab 1992 – ein wichtiges Jahr, auch wenn das Datum an Glanz verloren hat – die Einführung des europäischen Binnenmarkts und des freien Verkehrs von Gütern, Dienstleistungen und Menschen in der Europäischen Union. All diese Entwicklungen haben zu großen Verunsicherungen geführt. Und mit der Unsicherheit kommt auch die Angst. Diese wiederum führt uns Motive für Fusionen und Übernahmen vor Augen, die über bloße wirtschaftliche Argumente hinausgehen.

Führungskräfte sind ein eher ängstliches Volk. Vor ihren Augen geschieht vieles, von dem sie glauben, wenig Kontrolle darüber zu haben. Wenn sie Angst haben, suchen Menschen nach Unterstützung. Ein Kind, das eingeschüchtert wird, versucht sich mit jemandem zu verbünden, am liebsten mit jemandem, der größer ist – ein Elternteil oder ein älterer Bruder. Erwachsene, die sich bedroht fühlen, kaufen oder organisieren eine strategische Partnerschaft. Ein anderer Grund für Fusionen und Übernahmen könnte eine gewisse Langeweile in der Führungsetage sein. Altgediente Unternehmenschefs kennen alle Tricks. Sie beginnen sich zu langweilen und suchen nach Abwechslung. Was eignet sich dann besser gegen Langeweile, als sich in einen modernen Wikinger zu verwandeln und plündernd und raubend durch die Gegend zu ziehen? Übernahmeschlachten treiben den Adrenalinspiegel in die Höhe. Doch neben diesem Effekt stellt sich die entscheidende Frage: Bringen die M&A-Aktionen die erwarteten Gewinne, oder setzen sie lediglich eine Unzahl von Übeln frei?

Bei all der Leidenschaft für Wachstum gibt es eine gewisse Ironie. Gerade als die meisten Unternehmensführungen realisierten, daß die Rettung nicht unbedingt in den Economies of sale liegt, daß gerade klein schön ist, stieg paradoxerweise die Zahl der Fusionen und Übernahmen aus Angst, im globalen Wettlauf überrannt zu werden. Und obwohl die Aussage des ehemaligen *Avis*-Chefs, *Peter Townsend*, hoher Leistungsstandard und Größe seien nicht miteinander vereinbar, allgemeine Zustimmung findet, geht die Wachstumswelle munter weiter.

Es findet sich häufig die irrige Vorstellung, daß nur Riesen Global Player sein können. Die Spalten der Finanzzeitungen sind gefüllt mit Fusionsspekulationen. Das Schweizer Unternehmen *Brown Boveri* fusioniert mit dem schwedischen Konzern *ASEA AB*, die niederländische *ABN Bank* schließt sich mit ihrem Erzrivalen, der *AMRO Bank*, zusammen, und *British Telecom* kauft einen Teil von *MCI*. Die Automobilhersteller *Renault* und *Mitsubishi* schmieden strategische Allianzen. *Big Blue* tut sich mit *Siemens* und *Toshiba* zusammen, um eine neue Generation von Computern zu entwickeln. Und *General Motors* übt den Schulterschluß mit *Toyota*.

Während eine Fusion eine *Hochzeit* ist, ist eine strategische Allianz eher eine *Affäre*. Wenn man sich einige dieser Allianzen näher anschaut, bekommt man deutlich den Eindruck, daß die anfänglichen Phantasien über ein gemeinsames »Bettvergnügen« in der Wirklichkeit doch enttäuscht werden. Eine von McKinsey 1993 erarbeitete Studie zeigte, daß ein Drittel der untersuchten 49 Allianzen nicht funktionierten.

Das bedeutet keineswegs, daß eine strategische Allianz (um im Bild zu bleiben) nicht in eine stabile Ehe münden kann. Vieles hängt dabei von der strategischen Bedeutung der Partnerschaft ab. Aber eine funktionierende Partnerschaft erfordert viel Aufmerksamkeit und Engagement, wobei Ergebnisse nicht sofort erwartet werden können. Man sollte in solch einer Allianz vielmehr den Beginn einer langen Beziehung sehen. Und normalerweise erfordert es viel Zeit und Energie, bevor man seinen Partner kennt und ihm vertraut. Ein weiterer wichtiger Punkt ist die Tatsache, daß strategische Partnerschaften eine neue Form des Wettbewerbs darstellen. Sie lassen sich als Methode zur Amortisierung der hohen Forschungs- und Entwicklungskosten interpretieren, indem man sich schnell Zugang zu weltweiten Produkten und Märkten verschaft.

Strategische Allianzen sind von ihrer Natur her instabil. Vertrauen ist flüchtig, und Paranoia breitet sich schnell aus. Um diese auf ein

Minimum zu beschränken, ist es wichtig, einen Partner zu wählen, dessen Produktpalette die eigene ergänzt, statt in Konkurrenz zu ihr zu stehen. Darüber hinaus sollten die Grenzen klar gezogen werden, damit jede Partei sich der gegenseitigen Verpflichtungen bewußt ist und weiß, wie weit sie gehen kann. Im Interesse des Machtgleichgewichts sollten die Partner sich als Gleichberechtigte behandeln, selbst wenn dies nicht wirklich der Fall ist.

Fusionen und Übernahmen sind intensivere Beziehungen als Allianzen. Untersuchungen zeigen, daß bei Fusionen die Wahrscheinlichkeit, wirklich erfolgreich zu sein, weniger als fünfzig Prozent beträgt. Und tatsächlich ist jede dritte Übernahme nicht richtig ausgegoren. Hinzu kommt, daß fünfzig bis fünfundsiebzig Prozent der Spitzenführungskräfte in dem aufgekauften Unternehmen dieses freiwillig innerhalb weniger Jahre verlassen, weil die meisten auf die Folgen psychologisch nicht vorbereitet waren.[6]

Um die verschiedenen Unternehmenskulturen nach einem M&A-Deal leichter zu integrieren, bieten sich eine Reihe von Möglichkeiten. Verständlicherweise sind die Chancen bei freundlichen Übernahmen größer als bei »unfriendly takeovers«. Wie alle Beziehungen funktionieren auch Fusionen und Übernahmen besser, wenn beide Parteien einer Meinung sind. Vorherige Erfahrungen mit Übernahmen sind hier ebenfalls von Vorteil. Es überrascht nicht, daß die Verbindung zweier Unternehmen aus der gleichen Branche wahrscheinlich erfolgreicher ist. Auch spielt Größe eine Rolle: Kleine Verkäufer sind eher weniger erfolgreich. Andere klare Vorteile sind finanzielle Gesundheit und adäquate Ressourcen bei Käufern und Verkäufern.

Untersuchungen zeigen, daß viele Fusionen nicht zu der erhofften Leistungssteigerung führen. In ihrer Maiausgabe 1985 machte die amerikanische Zeitschrift *Business Week* mit der Frage aufmerksam: »Funktionieren Fusionen wirklich?« Der Artikel kam zu dem Schluß: Nein, nicht sehr oft. Allzuoft werden die beteiligten Finanzgenies, welche die Fusion schönrechneten, das Opfer ihrer eigenen Begeisterung. Wenn so viele Fachleute an der Fusion arbeiten, kann der Prozeß eine Eigendynamik entwickeln und zum vorzeitigen Ende kommen, was eine Menge Unzufriedenheit nach sich zieht. Nicht immer haben Zahlenkünstler auch ein Gespür für die menschlichen Aspekte. Doch fehlende Sensibilität gegenüber den verschiedenen Unternehmenskulturen kann niederschmetternde Folgen haben.

Abgesehen von der Frage der Kompatibilität der Unternehmenskulturen, die wir in Kapitel fünf noch näher untersuchen werden, gibt es noch andere Aspekte, die auf ihre Kompatibilität hin überprüft werden müssen. Dazu gehören das Gehaltssystem, die Frage der Autonomie, die Unternehmensziele und die Arbeitsabläufe. Viele Firmenleitungen lassen sich dazu hinreißen, dem erworbenen Unternehmen bestimmte Abläufe ungestraft aufs Auge zu drücken. Ich habe mit vielen neu erworbenen Unternehmen zu tun gehabt, deren Personal von der Konzernleitung die Auflage bekam, Informationen bereitzustellen, die für keine Seite wirklich relevant war. Maßregeln werden den neuen Partnern allzuoft aus egohaften Gründen auferlegt – um zu zeigen, wer jetzt das Sagen hat – als aus gesundem Menschenverstand oder rationaler Geschäftslogik.

Das Aufeinanderprallen der Kulturen kann nach der Fusion zum Auseinanderdriften der neuen Unternehmensteile führen. Anzeichen dafür sind zum Beispiel eine gegenseitige Abgrenzung, die Einordnung der anderen Seite als unter- oder überlegen oder eine Gewinner-Verlierer-Mentalität mit allen vorhersagbaren Machtkämpfen. Andere Symptome für ein Auseinanderdriften sind Unzufriedenheit am Arbeitsplatz, viele Krankmeldungen, hohe Fluktuation talentierter Mitarbeiter und sinkende Leistungen.

Daraus ergibt sich die klare Lektion: Springen Sie nicht allzu schnell auf den Fusionszug auf! Sie könnten dabei Ihr Hemd (oder noch mehr) verlieren. Wenn Sie jedoch trotz aller Risiken eine solche Verbindung eingehen wollen, tun Sie gut daran, dabei den weniger handfesten Aspekten Ihre Aufmerksamkeit zu schenken. Sehen wir uns diese einmal näher an.

Es ist sehr wichtig, daß das Topmanagement beider Unternehmen in den Fusionsprozeß einbezogen wird, denn Fusionsmanagement ist sehr wichtig. Das Topmanagement des erworbenen Unternehmens sollte das Management der übernehmenden Firma während der Verhandlungsphase sowohl in geschäftlichem als auch privatem Rahmen kennenlernen. Gerade bei privaten Treffen lassen sich viele wertvolle Informationshäppchen zusammentragen. Gehen Sie gemeinsam zum Abendessen aus, treffen Sie sich privat zu Hause!

Bei näherer Betrachtung tut sich nämlich ein großer Widerspruch zwischen dem auf, was hochrangige Führungskräfte sagen, und was sie dann tatsächlich tun. In meiner Beratungsarbeit erlebe ich immer wieder, daß Führungskräfte auf meine Bitte, ihren Führungsstil zu beschreiben, das Bild eines wiedergeborenen Philosophenkönigs zeichnen. Wenn ich sie dann jedoch im Umgang mit ihren Mitarbeitern beobachte, erlebe ich, daß das Bild von Attila dem Hunnenkönig der Wahrheit doch viel näher kommt. Angesichts solcher Wahrnehmungsdivergenzen ist es wichtig, die potentiellen Mißverständnisse vorauszusehen und zu vermeiden. Dazu ist es notwendig, den tatsächlichen Führungsstil der Gegenseite auszumachen und im Vorfeld eventuelle Probleme zu besprechen.

Zu den vielen Komplikationsmöglichkeiten zählt zudem eine eventuelle Inkompatibilität der Gesamtziele beider Parteien. Was sind die prognostizierten Wachstumsziele? Worin bestehen die neuen Leistungskriterien? Wie autonom wird das aufgekaufte Unternehmen operieren?

All diese Fragen erfordern spezifische Antworten. Wenn die umworbene Partei sich mit den Signalen, die sie von der anderen Seite erhält, gar nicht zufriedengeben kann, sollte sie (wenn möglich) das Angebot ablehnen.

Ein mir bekanntes sehr erfolgreiches Unternehmen erwirbt seit Jahren andere Unternehmen, ohne daß es dabei zu Reibungen mit dem neuen Management kommt. Dieses Unternehmen macht es sich zur Regel, daß die Übernahmekandidaten Gespräche mit dem Management eines zuvor gekauften Unternehmens führen. So läßt sich die Paranoia über die möglichen Konsequenzen der Übernahme glätten. Zusätzlich geht das Topmanagement des kaufenden Unternehmens mit dem Management des übernommenen Unternehmens systematisch die zu erwartenden Forderungen durch. Das schützt vor Überraschungen und nützt letztlich allen Beteiligten.

Ich kann es nicht genug betonen, daß bei Fusionen, Übernahmen und strategischen Allianzen die menschliche Seite nicht außer acht gelassen werden darf. Viele der eingangs erwähnten Aspekte zu

Schrumpfungsprozessen treffen genauso auf Fusionen zu. Umorientierungen in Unternehmen führen grundsätzlich in eine Vertrauens- und Identitätskrise und flößen große Angst vor Veränderungen ein. Viele Beschäftigte erleben den Übergang als große Konfusion, als Bruch und Kontrollverlust. Andere sorgen sich um ihren Arbeitsplatz oder einen Arbeitsplatzwechsel, um Beschneidung ihrer Machtbefugnisse, ihres Prestiges und Rangs oder um die Kürzung ihres Gehalts und sonstiger Vergünstigungen. Angesichts solcher Unsicherheiten entscheiden sich nicht wenige der besten Führungskräfte für den Weggang.

Idealerweise wird das kaufende Unternehmen einen Plan zur Hand haben, der die einzelnen Konsequenzen des Abschlusses für die Angestellten aufzeigt. Detaillierte Planungen tragen hier wesentlich zur Beruhigung der Gemüter bei. Leider zeigen meine Untersuchungen, daß solche Pläne eher die Ausnahme als die Regel sind.

Wenn Angestellte dazu gezwungen werden, sich großen Veränderungen im Unternehmen zu unterwerfen, muß ihnen die Gelegenheit gegeben werden, den Verlust der alten Bindungen und Gewohnheiten zu betrauern. Die Unternehmensangehörigen müssen letztendlich lernen zu akzeptieren, daß alles anders sein wird, daß es ihr altes Unternehmen und ihre besondere Rolle darin nicht mehr gibt. In der ersten Phase nach der Fusion muß mit dieser Trauer effektiv und human umgegangen werden, um depressive Reaktionen oder andere Symptome zu vermeiden.

Ein mir bekanntes Unternehmen organisierte zum Beispiel so etwas wie eine »Trauerwache«, weil es seinen alten Namen in der Fusion verlieren würde. Vielen Führungskräften bedeutete der Namenswechsel weit mehr als nur der Austausch einiger Buchstaben: Er war ein großer Verlust, der Untergang des Ursprungsunternehmens, mit dem ihr Leben eng verknüpft war. Psychologisch könnte man den Namenswechsel fast als einen Angriff auf ihr Selbst ansehen. Schließlich hatten sich viele mit dem Unternehmen identifiziert und einen Großteil ihres Erwachsenenlebens für dieses Unternehmen geopfert. So fand ein Workshop statt, in dem dieses Gefühl des Bruchs besprochen werden konnte, was von allen Beteiligten sehr geschätzt wurde. Eine weitere Hilfe bestand darin, daß die Mitarbeiter und Mitarbeiterinnen bei der Wahl des neuen Namens mit einbezogen wurden und sogar die zukünftige Richtung des Unternehmens mit bestimmen konnten. All dies trug maßgeblich zu einem reibungslosen Übergang bei.

Damit Angst nicht zum Sprengstoff wird, ist es wichtig, daß das Topmanagement die Kommunikationskanäle offenhält. Fehlende Transparenz über die Erwartungen kann zu eskalierenden Konflikten führen, zu Mißtrauen und zur Polarisierung. Es mag durchaus sein, daß in bestimmten Verhandlungsphasen Geheimhaltung am Platze ist; doch diese sollte sobald wie möglich fallengelassen werden – bevor die Taktik überhandnimmt. Welche Folgen ein solches Fehlverhalten haben kann, belegt das Beispiel eines Unternehmens, in dem das Topmanagement alle wichtigen Informationen in dem falschen Glauben hortete, daß die Weitergabe von Halbinformationen das mittlere Management nur verwirren werde. Die Verantwortlichen sahen nicht, daß Nichtkommunikation ein negativer Faktor von Kommunikation selbst ist. Das Resultat war voraussehbar. Viele der mobileren Manager setzten sich mit Headhuntern in Verbindung, und einige verließen daraufhin das Unternehmen, was für dieses einen großen Verlust bedeutete. Dies hätte durch größere Sensibilität im Übergangsprozeß verhindert werden können.

Während der Übergangszeit ist es wichtig, daß die Angehörigen des Käuferunternehmens nicht wie die siegreichen Eroberer durch das neue Unternehmen stolzieren. Besonders wichtig ist hierbei, die Würde der Unternehmensangehörigen in der neuen Firma zu wahren und Verständnis für ihre Situation aufzubringen. Manchmal ist es sogar ratsam, eine Art »Verkehrslotsen« zu ernennen, dessen Aufgabe es ist, eine Invasion des übernommenen Unternehmens durch die Konzernleitung zu verhindern. Allzuoft erachten es Führungskräfte des Aufkäufers für notwendig, dem neuen Unternehmen einen Besuch abzustatten und wohlfeile Ratschläge zu geben. Das Ergebnis: Sie stiften nur noch mehr Verwirrung.

In der Übergangsphase sollten häufige Besprechungen anberaumt werden, um die Gründe für die Fusion zu besprechen und einen Dialog über mögliche Änderungen beim Unternehmensnamen, der Struktur und im Management zu eröffnen. Auf die Tagesordnung gehören Punkte wie Entlassungen, neue Aufgabenverteilung und

Veränderung in der Einkommensstruktur. Bei diesen Besprechungen sollte das Management weiterhin stets die psychologischen Aspekte des Wandels wachsam im Auge behalten.

In der Anfangsphase einer Fusion oder Übernahme ist es ratsam, die Axt für die Budgetkürzung so lang wie möglich an der Wand zu lassen. Wenn Entlassungen unvermeidlich sind, denken Sie an die bereits erwähnten Regeln für den Schrumpfungsprozeß: Er sollte in Würde und mit Großzügigkeit ablaufen. Die Menschen haben ein langes Gedächtnis, was unfaire Behandlung betrifft, und die Konzernmutter muß sich die Kooperation der verbleibenden Leute sichern und sie pflegen.

In dieser Zeit sollten unbedingt Arbeits- und Projektgruppen quer durch das Unternehmen gebildet werden. Hierzu müssen die neuen Spielregeln formuliert werden. Eine solche Art der Zusammenarbeit erleichtert Problemlösungen und bereitet den Boden für die zukünftige Zusammenarbeit.

Ein gutes Beispiel für eine sehr erfolgreiche Fusion liefert der Konzern *ABB*. Nachdem *Percy Barnevik* die Fusion zwischen dem schwedischen Unternehmen *ASEA* und der Schweizer Firma *Brown Boveri* bekanntgegeben hatte, wählte er aus jedem Unternehmen fünf Topmanager aus, die einen zehnköpfigen Topmanagementausschuß bilden sollten. Dieser Ausschuß wurde dann in Arbeitsgruppen untergliedert mit der Aufgabe, die beste Fusionsweise für die beiden Unternehmen herauszuarbeiten. Daraufhin wurden mit 500 hochrangigen Führungskräften in beiden Unternehmen Gespräche geführt, in denen es darum ging, die zukünftigen Schlüsselpersönlichkeiten zu identifizieren. Die Auswahlkriterien hierfür waren klar formuliert worden. Die Spitzenpositionen sollten an solche Leute gehen, die risikofreudig waren, Teamgeist besaßen und andere motivieren konnten.

Daraufhin wurden die Prioritäten des Unternehmens in einer großen Kampagne publik gemacht. *Barnevik* selbst legte seine neue Unternehmensvision vor den 300 Spitzenkräften des Konzerns dar. Diese sollten seine Nachricht weiter nach unten tragen. Innerhalb kürzester Zeit erreichte die Nachricht nicht weniger als 30 000 Führungskräfte weltweit. Wie die Ergebnisse schließlich zeigten, trug diese Methode wesentlich dazu bei, die unvermeidliche Angst abzubauen und den zukünftigen Erfolg des Unternehmens zu sichern.

Es ist demnach wichtig, daß sich hochrangige Führungskräfte der psychologischen Folgen von Fusionen und Fimenübernahmen bewußt sind und sich nicht von ihnen distanzieren. Vielmehr sollten sie persönliches Engagement zeigen und, dem Beispiel *Barneviks* folgend, klar und deutlich die Spielregeln erklären, wozu vor allem Themen wie Gehaltsstruktur, Wachstums- und Leistungziele gehören. Integration sollte oberste Priorität besitzen. Und, wie *Barnevik* es auch tat, ist die Unternehmensführung gut beraten, wenn sie die zuständigen Manager in den Entscheidungsprozeß einbezieht. Gleichzeitig sollte moralischen Aspekten und unternehmensübergreifender Teambildung größte Aufmerksamkeit zukommen. Regelmäßige Audits der Unternehmenskultur und des Arbeitsklimas sollten sich zur Aufgabe machen, mögliche Konfliktzonen auszuloten.

Leider schenken die Verantwortlichen im Rahmen eines Fusionsprozesses diesen eher *qualitativen* Faktoren nicht genügend Aufmerksamkeit. Eher werden die Unternehmensangehörigen wie Champignons behandelt: Man läßt sie einfach im dunkeln. Wer noch immer nicht der Versuchung widerstehen kann, sich an eine Fusion zu wagen, an den sei ein warnendes Wort gerichtet: Hüten Sie sich vor dem »Fusionsfieber«, es ist ansteckend und kann, wenn es nicht richtig behandelt wird, zu vorzeitigem Tod führen.

5 Singen sie gern das Unternehmenslied?

Die Unternehmenskultur

Die Kultur, in der wir leben, formt und begrenzt unsere Phantasie, und indem sie uns erlaubt, auf bestimmte Weise zu handeln, zu denken und zu fühlen, wird es immer unwahrscheinlicher oder unmöglich, daß wir so handeln, denken und fühlen, daß es der Kultur widerspricht oder von ihr abweicht.
Margaret Mead

Wenn ich jemanden von Kultur reden höre, greife ich zum Revolver.
Hermann Göring

Vor jeder Fusion oder jedem Joint-venture lohnt es sich, eine Prüfung der Unternehmenskultur vorzunehmen, das heißt eine Beurteilung der qualitativen Faktoren wie den Werten, Sichtweisen und Artefakten, die das Leben eines Unternehmens regulieren. Die zukünftigen Partner sollten sich die Zeit nehmen und darüber nachdenken, welche Art von »Ehe« ihnen vorschwebt. Passen beide sowohl in strategischer als auch organisatorischer Hinsicht zusammen? Was für ein Endergebnis schwebt beiden vor? Wird es eine Fusion zwischen Gleichberechtigten? Wünschen die Partner kulturellen Pluralismus und damit größtmögliche Flexibilität und Autonomie für das erworbene Unternehmen? Oder gibt es vielleicht den ausdrücklichen Wunsch nach einer Vermischung der Unternehmenskulturen mit allen damit verbundenen Unwägbarkeiten? Oder wird es auch eine kulturelle Übernahme, bei der die Kultur der Käuferfirma dem übernommenen Unternehmen übergestülpt wird? Es kann nicht oft genug gesagt werden: Das Durchspielen solcher Szenarien kann lebenswichtig sein!

Vielleicht haben Sie ja schon einmal von *Schulliedern* gehört, aber ist Ihnen jemals ein *Firmenlied* zu Ohren gekommen? Solche Lieder sind *ein* Ausdruck der Unternehmenskultur. Vielleicht heben Sie jetzt ungläubig die Augenbrauen und murmeln: »Vielleicht in Japan?« Aber tatsächlich haben auch einige westliche Firmen ein eigenes Lied. *IBM* hat sogar ein ganzes Büchlein davon! Der verstorbene Vorstandsvorsitzende *Thomas Watson Sr.* glaubte vielleicht zu Recht, daß »Menschen, die zusammen singen, auch zusammen stehen«. Und er hatte recht, betrachtet man sich den unglaublichen Erfolg, den *IBM* so lange Jahre hatte. Wenn Menschen Lieder wie das folgende gemeinsam singen (zur Melodie von »Singing in the Rain«), wird sicherlich einiges in ihnen bewegt:

Selling IBM, we're selling IBM,
What a glorious feeling, the world is our friend.
We're Watson's great crew, we're loyal and true;
We're proud of our job and we never feel blue.
We sell our whole line, we're there every time,
To chase away gloom with our product so fine.
We're always in trim, we work with a vim,
We're selling, just selling, IBM.

Wenn man natürlich die jüngsten Probleme des Unternehmens betrachtet, sieht es so aus, als seien die *IBM*-Angestellten zu sehr damit beschäftigt gewesen, ihr Lied zu singen, daß sie nicht bemerkten, wie sich die Welt um sie herum veränderte.

Corporate Culture war vor fünfzehn Jahren noch ein fast unbekanntes Wort. Aber die Zeiten haben sich geändert, und heutzutage fällt dieses Wort in fast jeder Unterhaltung mit Führungskräften. Wie läßt sich dieser Sinneswandel erklären? Warum ist das Thema auf einmal so beliebt? Schließlich hat jedes Unternehmen schon per definitionem eine »Unternehmenskultur«.

Nach einer Erklärung muß man nicht lange suchen. Sie brauchen nur in die Finanzblätter zu schauen und sich dort die Kriegsberichte aus der Unternehmenswelt anzusehen. Mit einiger Wahrscheinlichkeit stoßen Sie hier sehr bald auf einen Artikel über Japan. Der Grund für das plötzliche Interesse an Unternehmenskultur ist wahrscheinlich die Tatsache, daß plötzlich japanische Unternehmen als Wettbewerbsbedrohung auftauchten. Bald fragte man sich, was denn so anders sei an japanischen Unternehmen und was sie so erfolgreich mache.

Als das Interesse an Japan wuchs, unternahmen die Managementprofessoren *Tony Athos* und *Richard Pascale* den Versuch, das »Japan-Phänomen« zu erklären, und schrieben das Buch *The Art of Japanese Management*. In diesem Buch stellten sie die sieben »s« in der Form eines Diamanten vor, der auch von dem Beratungsunternehmen *McKinsey* häufig benutzt wird, um den Managementprozeß zu erklären. Der *McKinsey-Diamant* wird dabei aus sieben »s«: *structure, staff, systems, style, skills, strategy* und in der Mitte den *shared values*, also den von allen getragenen Werten oder übergeordneten Zielen (mit anderen Worten die »Unternehmenskultur«) gebildet. Für *Athos* und *Pascale* erklärte die Tatsache, daß japanische Unternehmen diese Werte so betonten, warum japanische Unternehmen soviel effektiver waren als westliche. Wie ich bereits in Kapitel vier schrieb, berichten die Finanzblätter fast täglich über Fusionen, Übernahmen und/oder strategische Allianzen. Analysen darüber, was in solchen Situationen schieflief, sind inzwischen üblich. Den Unternehmenslenkern wird langsam klar, daß sie über einfache finanzielle Rechenaufgaben hinausgehen und sich den menschlichen Faktor ansehen müssen, wenn sie solche speziellen Beziehungen zum Funktionieren bringen wollen. Die Unternehmenskultur gehört dazu. Wenn zum Beispiel *Ciba-Geigy*, ein Unternehmen, das Medikamente und Dünger herstellt, ein Unternehmen wie *Carpet Fresh* kaufte, würde dies mit hoher Wahrscheinlichkeit nicht in die Konzernstruktur hineinpassen.

Der Bedarf an mehr Informationen zum Thema Unternehmenskultur entstand vor allem durch Änderungen gesetzlicher Rahmenbedingungen und durch die Privatisierung staatlicher Unternehmen. An welchen Aspekten der Unternehmenskultur müssen Sie arbeiten, um etwa die *Deutsche Telekom* von einer staatlichen Dienstleistungsbürokratie zu einem marktorientierten Telekommunikationsunternehmen zu machen? Was bedeutet die Privatisierung eines Unternehmens wie beispielsweise *Renault* für die Unternehmenspraxis?

Hochrangige Führungskräfte mußten schnell lernen, daß die Corporate Culture das ist, was die Unternehmensangehörigen untereinander verbindet, und daß sie über die offensichtlich erkennbare Unternehmenspolitik hinausgeht. In vielen Unternehmen bildet die Firmenkultur inzwischen die Basis für Einstellungs-, Planungs- und Kontrollsysteme. Sie wird zum Klebstoff, der das Unternehmen zusammenhält.

Im modernen global operierenden Unternehmen wird es zunehmend schwierig, die weltweiten Aktivitäten rein formal zu kontrollieren. Wenn Sie zum Beispiel eine Führungskraft nach Papua-Neuguinea entsenden – können Sie tatsächlich überprüfen, was er oder sie dort macht? Wissen Sie wirklich, was dort geschieht? Obwohl nicht viele es offen zugeben würden, so ist es doch zumeist unmöglich zu erfahren, was wirklich los ist. Das bedeutet, daß die Kontrollmechanismen de facto reine Rituale sind. Häufig geht die Zentrale lediglich die Checkliste durch und gibt sich der Illusion hin, alles sei unter Kontrolle. Hier werden nun »weichere« Systeme, wie die Unternehmenskultur, wichtig. Im Idealfall sollten Führungskräfte bis zu ihrem Auslandseinsatz in entlegenen Gegenden verinnerlicht haben, was sie dürfen und was nicht, und genau wissen, was von ihnen erwartet wird. Sie sollten die Tabus kennen und genau vorhersagen können, welches Vorgehen zu sofortiger »Exkommnunikation« führt.

Bei näherem Hinsehen erweist sich Unternehmenskultur als etwas sehr Flüchtiges. Es überrascht also nicht, wenn allgemeine Verwirrung darüber herrscht, was eigentlich damit gemeint ist. Man kann sie nicht fühlen, nicht anfassen, nicht schmecken – aber alle wissen, daß es sie gibt. Eine sehr rudimentäre Definition lautet: »Unsere Art, die Dinge anzugehen.« Aber das ist eine zu grobe Vereinfachung. Vielleicht trifft es die Sache genauer, über die gemeinsamen Wert- und Glaubensvorstellungen der Unternehmensangehörigen zu sprechen. Aus diesem Blickwinkel wird deutlich, daß es gut ist, die Unternehmenskultur zu kennen. Denn dann läßt sich erklären, warum die Menschen so und nicht anders reagieren, warum sie bestimmte Dinge glauben und warum sie auf bestimmte Dinge größeren Wert legen als auf andere.

Ich habe meine eigene Definition von Unternehmenskultur: Für mich ist sie ein Mosaik aus Weltanschauungen, die sich in unternehmensspezifischen Einstellungen, Werten und typischen Verhaltensmustern unter den Unternehmensangehörigen niederschlagen, um mit internem und externem Druck fertig zu werden. Sich über die Unternehmenskultur im klaren zu sein kann aus vielen Gründen nützlich sein. Mit diesem Wissen lassen sich die Prozesse der Strategiefindung besser nachvollziehen und das Verhalten gegenüber externen Interessengruppen planen. Außerdem bekommen Sie eine klare Vorstellung davon, welche Leute in das Unternehmen passen und hier ihren Weg machen können, was der allgemeine Umgangston ist und welcher Führungsstil vorherrscht. Darüber hinaus bekommen Sie Anhaltspunkte für Leistungsbewertung und Aufstiegskriterien.

Unternehmen, die über ein eigenes Lied verfügen, haben mit Sicherheit eine ausgeprägte Unternehmenskultur. Doch ich habe bereits darauf hingewiesen, daß dies nicht unbedingt nur positiv zu bewerten ist. Ob es gut oder eher schlecht ist, hängt von den Begleitumständen ab. Wenn das Unternehmen in einem sehr stabilen Umfeld operiert, mag ein Unternehmenslied eine gute Sache sein. Doch wie der Fall *IBM* gezeigt hat, kann eine *zu starke* Unternehmenskultur in einem sehr turbulenten Umfeld auch zum Handikap werden. Erinnern Sie sich an den kochenden Frosch? Mangelnde Vielfalt kann zu Kurzsichtigkeit führen, so daß die Warnzeichen in der Umwelt nicht mehr wahrgenommen werden. Man kann natürlich dem Dilemma *starke* versus *schwache* Unternehmenskultur aus dem Weg gehen, indem man beides schafft: eine starke Corporate Culture, deren Offenheit für neue Ansätze gleichzeitig zu ihren besonderen Merkmalen gehört.

Am Anfang jeder Unternehmenskultur steht ein Mensch und eine Idee. Wenn wir tief genug graben, finden wir selbst in sehr reifen Unternehmen noch Spuren des Gründers. In vielen Unternehmen – zum Beispiel *Honda*, *IBM*, *ICI*, *Philips*, *Shell* und *Ford* – ist die Philosophie ihres Gründers noch lange nach seinem Tod spürbar. Mit der Zeit findet seine Philosophie Niederschlag in den Wert- und

Glaubensvorstellungen und Normen des Unternehmens, die durch Personalauswahl und Sozialisation durch die Unternehmensführung institutionalisiert werden.

Die Ingredienzen einer Unternehmenskultur herauszufiltern ist nicht leicht. Hierzu gibt es keine Schnellanalyse, keinen einfachen Fragebogen. Statt dessen heißt es, nach übergeordneten Dingen Ausschau zu halten. Sie müssen Themen suchen, über die allgemeiner Konsens herrscht. Dazu sollten Sie so etwas wie ein Anthropologe sein, der dazu noch gern Privatdetektiv spielt. Es ist notwendig, hinter das Naheliegende zu schauen. Gewöhnlich reicht es nicht aus, die Unternehmensangehörigen danach zu befragen, was ihre Kultur ausmacht. Allzuoft sind den Mitarbeitern und Mitarbeiterinnen die Atmosphäre und die Eigenheiten ihres Unternehmens gar nicht bewußt. Sie sind wie Fische im Wasser: Erst wenn ihnen das Wasser entzogen wird, wird ihnen seine Bedeutung bewußt.

Die erste Aufgabe bei der Dekodierung der Corporate Culture besteht in der Suche nach Symbolen, die für alle Mitarbeiter des Unternehmens dieselbe Bedeutung haben. Solche Symbole können ganz unterschiedliche Formen annehmen. Was läßt sich zum Beispiel über die Architektur des Unternehmens sagen? Was sagt seine Bauweise über das Unternehmen aus? Welches Image soll es der Welt vermitteln? Wie sehen die Gebäude aus?

In einer mir bekannten Firma ist alles – auch die Konferenzräume – aus Glas. Es gibt dort keinen Ort, wo man sich verstecken könnte. Nirgendwo gibt es Rückzugsmöglichkeiten. Nur in den Toiletten und im Parkhaus gibt es noch Privatheit. Die Glasstruktur und die offene Bürokonzeption stehen für die klare Aussage der Unternehmensführung, daß diese Kultur leistungsorientiert ist. Alle sind auf der Bühne. Nicht selten kamen Bewerber, die auf der Stelle wieder umgedreht sind. Sie sahen sofort, daß diese Umgebung nicht zu ihnen passen würde. Nicht nur, daß sie lieber etwas mehr Abgeschiedenheit gehabt hätten, sie zogen auch eine entspanntere Arbeitsatmosphäre vor.

Nicht nur die Architektur eines Gebäudes, sondern auch die Möblierung, die Anordnung der Büros, ja sogar die Platzzuteilung sagen viel über ein Unternehmen aus. Ist alles offen und kommunikationsfreundlich gestaltet, oder sitzen die Leute in geschlossenen Büros? Gibt es für Führungskräfte einen eigenen Speiseraum und Parkplatz? Separate Toiletten? Hat der CEO sein privates Bad? Welche weiteren Privilegien gibt es? *PepsiCo* soll seinem Chef den neuesten Schrei bieten: den eigenen Springbrunnen – ein beeindruckendes Monument auf dem Rasen. Der Knopf zum An- oder Abstellen befindet sich am Schreibtisch des Bosses. Was soll *diese* Art von Symbol bedeuten?

Lassen Sie uns von der Architektur zur Sprache gehen. Gibt es eine eigene »Firmensprache«? Existieren hier gar spezielle Ausdrücke, die nur Insider verstehen? Jedes Unternehmen hat eigene Termini, die nur hier gebraucht werden, doch wie vorherrschend sind sie? Auch die Kleidungsvorschriften sprechen eine beredte Sprache. Sieht man nur dunkle Anzüge und weiße Hemden, oder können die Menschen auch alte Pullover tragen (wie beispielsweise die Mitarbeiter in Unternehmen wie *The Virgin Group*)?

Und wie streng sind die Sicherheitsvorschriften? Was sagen sie über die Unternehmenskultur aus? Ist es einfach, in das Unternehmen zu gelangen, oder werden gründliche Kontrollen durchgeführt? In einem Unternehmen, das ich kenne, wird man praktisch auf Schritt und Tritt an der Hand gehalten. Sogar wenn Sie auf die Toilette gehen, wartet jemand draußen vor der Tür! Der Himmel verhüte, daß Sie einmal zufällig Einblick in eine vertrauliche Akte nehmen! In einem anderen Unternehmen, einer Bank, ist es sogar noch schlimmer. Die paranoiden Elemente dieser Unternehmenskultur zeigen sich in den Hürden, die Besucher überwinden müssen, wenn sie hinein- oder hinausgelangen wollen.

Außer diesen auffälligen Zeichen der Unternehmenskultur gibt es noch viele kleine subtile Signale wie zum Beispiel das Mitteilungsbrett, wo Sie wichtige Anhaltspunkte finden. Welche Informationen werden hier geboten?

Natürlich hat auch jedes Unternehmen seine eigenen Geschichten, seine Legenden über seine Einmaligkeit. Oft gibt es wahre Heldengeschichten über einzelne Leute. Ein Mythos will dabei nicht einfach etwas vorgaukeln, sondern wählt aus der Realität bestimmte Aspekte aus und formt sie um, um als leuchtendes Beispiel zu dienen, als Rechtfertigung bestimmter Einstellungen und Politik. Welche Mythen werden über bestimmte Leute aus Zeiten erzählt, als das Unternehmen sich in Schwierigkeiten befand? Wer waren die Helden, die rettend eingriffen? Was taten sie, um die Krise zu meistern? Welche Geschichten kursieren über den Unternehmenschef? Welchen Einfluß haben diese Geschichten auf das Verhalten der Menschen im Unternehmen?

Ein sehr erfolgreiches Unternehmen ermuntert seine Mitarbeiter zu Risikobereitschaft. Sie erhalten große Investitionssummen, um in entlegenen Gegenden neue Firmen zu gründen. In dieser Kultur werden Fehler akzeptiert. Dagegen gibt es ein großes Tabu: Fehler unter den Teppich zu kehren. Wer einen Fehler macht, muß ihn eingestehen und offenlegen. Der Vorstandsvorsitzende der Firma nennt sich selbst stolz »Esel«. Er macht unmißverständlich klar, daß er für alle im Unternehmen begangenen Fehler die Verantwortung übernimmt. Um dies zu verdeutlichen, hängt in der Vorstandsetage ein Bild von ihm, auf dem er wie ein Farmer gekleidet rücklings auf einem Esel sitzt!

Schließlich gibt es noch neue unternehmensspezifische Rituale, in Form gegossene Kultur, die von den Mitarbeitern zelebriert wird. Wie verhält man sich zum Beispiel in Sitzungen? Was für Eintritts- und Austrittsrituale existieren im Unternehmen? Was wird im Unternehmen gefeiert? Gibt es spezielle Feiern für besondere Leistungen? Zum Beispiel findet bei der Kosmetikfirma *Mary Kay* immer eine große Feier in Dallas statt. Bei diesem Anlaß werden die erfolgreichsten Verkäuferinnen gekrönt und erhalten dabei einen pinkfarbenen Cadillac, Schmuck und einen Pelzmantel. Wenn wir untersuchen, wie ein Unternehmen funktioniert, lassen sich für jedes Unternehmen spezifische Schlüsselfaktoren herausarbeiten. Zu deren Identifikation eignen sich etwa Fragen wie: Welcher Grad von Selbständigkeit ist im Unternehmen erlaubt? Wie groß ist der Zusammenhalt unter den Mitarbeitern? Müssen die Mitarbeiter und Mitarbeiterinnen unter hohem Druck arbeiten? Herrscht ein Klima der gegenseitigen Unterstützung oder das Gesetz des Dschungels? Gibt es gegenseitige Anerkennung? Wie werden Innovationen gefördert? Hat Kreativität einen hohen Stellenwert? Und die wichtigste

Frage überhaupt: Wie groß ist das allgemeine Vertrauen im Unternehmen?

Wir sehen, wie wir bei der Dekodierung der Unternehmenskultur ähnlich wie Detektive von der Oberfläche zu den tiefer liegenden Strukturen vordringen und dabei wie bei einer Zwiebel Schicht um Schicht freilegen müssen. Dabei stoßen wir dann auf die zentralen Werte des Unternehmensgründers.

Nachdem wir nun die Corporate Culture diagnostiziert haben – ist es möglich, sie zu ändern? Die Antwort lautet: Ja; aber genauso wie bei Menschen sollten Sie auch hier nicht zu viel zu schnell erwarten. Unternehmenskulturen lassen sich nicht über Nacht ändern, auch wenn man es gern so hätte. Gehirnoperationen können gefährlich sein. Zerstören Sie nicht leichtfertig alles, was bis dahin aufgebaut wurde, denn es ist viel leichter, auf den Stärken einer bereits bestehenden Kultur aufzubauen. Die Unternehmensgeschichte einfach auszuwischen ist meist nicht der klügste Weg.

Wie können wir also vorgehen? Eine Methode (so paradox sie klingen mag) ist, *gar nichts* zu tun. Wie die meisten von uns wissen, ist Nichtstun auch eine Art zu handeln. Doch Passivität und Abwarten kann riskant sein. Wenn sich über Jahre nichts geändert hat, ist es höchste Zeit, dem Patienten den Puls zu fühlen – vielleicht ist er schon tot. Wenn zu viele Menschen im Unternehmen passiv sind, erkennt die Firma eines Tages möglicherweise, daß sie überflüssig geworden ist. Schon *Freud* schrieb in *Die Zukunft einer Illusion,* daß eine Kultur, die viele Menschen in die Rebellion treibt, weder Aussicht auf weitere Existenz habe noch sie verdiene.

Um ein solches Ende zu verhindern, ist es besser, aktiv zu werden und kontinuierliche und geplante Änderungen zu initiieren. Natürlich hilft es dabei, wenn die Mitarbeiter von sich aus ebenfalls Bedarf für Veränderung sehen, wenn sie spüren, daß die Zeit reif ist, daß etwas geschieht. Und es ist noch besser, wenn die Unternehmensführung den gleichen Eindruck hat. Denn ohne Unterstützung der »Machthaber« kommt man nicht besonders weit.

Seminare zur Unternehmensentwicklung, in denen Führungskräfte die Hauptmerkmale ihres Führungsstils untersuchen, sind eine Präventivmaßnahme. Hier läßt sich die innere Einstellung der

Unternehmensangehörigen effektiv ändern. Ist ein Seminar gut aufgebaut, fordert es ein hohes Engagement. Ich habe selbst in vielen solcher Seminare mit Vorständen gearbeitet. In der Regel stelle ich hierin ein Hauptproblem des Unternehmens in den Mittelpunkt. Am Anfang gebe ich Meßpunkte vor und diskutiere nachahmenswerte Geschäftspraktiken aus anderen Unternehmen. Diese Idee des Benchmarking wurde erfolgreich in Unternehmen wie *Du Pont*, *Milliken*, *Motorola*, *AT&T* und *Xerox* angewandt. Damit kommt eine lebhafte Diskussion in Gang. Ebenso stelle ich, wenn erforderlich, Unterlagen über verschiedene Managementansätze zur Verfügung.

Um die Diskussion anzuregen, stelle ich viele Fragen: Was sagen andere Unternehmen über Sie? Was hält Sie davon ab, das zu tun, was Sie gerne möchten? Was würden Sie als erstes ändern, wenn Sie die Macht dazu hätten? Was würden *Sie* gern im kommenden Geschäftsjahr erreichen? Wie sieht Ihr Traumunternehmen aus? Um die Atmosphäre etwas zu lockern, stelle ich auch unkonventionelle Fragen: Wenn Sie sich vorstellen, Ihr Unternehmen ist ein Tier, welches Tier wäre es Ihrer Meinung nach? Wäre es eine Schildkröte oder ein Rhinozeros? Was für ein Tier hätten *Sie* am liebsten? Einen Schimpansen, ein Rennpferd, einen Delphin? Wenn Ihr Unternehmen ein Mensch wäre, wie würde er aussehen? Wäre es ein Mann oder eine Frau, alt oder jung, schäbig oder elegant gekleidet? Sie werden überrascht sein, wie schnell und wieviel (hinter dem nervösen Gelächter) Sie bei solchen Fragen über die Unternehmenskultur erfahren, ihre guten und schlechten Seiten und darüber, was die Menschen gerne ändern würden. Offensichtlich setzen diese eher metaphorischen Fragen unterbewußte und sogar unbewußte Prozesse in Gang, die sehr fruchtbar sind. Die Fähigkeit, kleine Veränderungen selbst herbeiführen zu können, zeigt den Teilnehmern solcher Seminare, daß auch sie etwas bewegen können. Konsequenterweise ist es hilfreich, eine solche Erfahrung während des Seminars zu ermöglichen. Dazu werden zunächst kleinere Probleme besprochen und anschließend die Unternehmensführung einbezogen. Im Dialog werden dann die während des Seminars entwickelten neuen Ideen geprüft. Oft zeigt dieser Dialog, ob die aktuell praktizierten Managementmethoden und die Unternehmenskultur in der sich ändernden Welt noch sinnvoll sind. Da die Führungskräfte an der Diskussion teilnehmen, können konkrete Schritte sofort beschlossen werden.

Unternehmenskultur ändert sich auch aufgrund der Automatisation. Wie bereits zuvor erwähnt, verändert die Informationstechnologie sowohl den Umgang der Menschen miteinander als auch die Machtstrukturen und die Möglichkeiten zur Einflußnahme. In den meisten Unternehmen hat die Informationstechnologie bereits sehr weit Einzug gehalten und dafür gesorgt, daß Abeitsplätze und Dienstwege wegbrechen. Zum Beispiel bringt die elektronische Post (E-Mail) eine radikale Veränderung des Informationsflusses in vielen Unternehmen mit sich und damit gleichzeitig das Ausmaß der Mitarbeiterpartizipation. Auch Skandale können, wenn auch vielleicht nicht freiwillig, zum Wandel beitragen. Wenn ein Unternehmen schlechte Schlagzeilen macht, ändert sich sein Verhalten oft sehr schnell. Denken Sie etwa an Unternehmen, die wegen Umweltvergehen erwischt wurden oder in einen Bestechungsskandal verwickelt waren. So kann zum Beispiel eine Umweltkatastrophe größeren Ausmaßes wie beim Schweizer Pharmaunternehmen *Sandoz* das Verhalten des Unternehmens nachhaltig ändern. Die Topmanager sehen zwar gern den Namen ihres Unternehmens in den Zeitungen, doch nicht aus solchen Gründen.

Schließlich müssen auch Reorganisation, Fusion und Bankrott zu den Faktoren gezählt werden, die eine Unternehmenskultur beeinflussen können. In solchen Situationen werden oft sehr viele Unternehmensangehörige durch neue ersetzt, und mit diesen Neueinstellungen gelangen auch andere Werte in das Unternehmen. Unternehmen wie *People Express*, *MCA*, *Wang* und *Barings Bank PLC* sind alle durch solche Prozesse nachhaltig verändert worden.

Angesichts dessen, was Sie nun über Unternehmenskultur wissen, wollen Sie wirklich noch das Unternehmenslied lernen? Oder möchten Sie nach einem anderen »Klebstoff« suchen, der Ihr Unternehmen zusammenhält, ihm ein Gemeinschaftsgefühl gibt und ein gemeinsames Ziel vermittelt? Was immer Sie tun, seien Sie vorsichtig damit, eine Kultur gedankenlos zu transformieren. Greifen Sie nicht ein, bevor Sie nicht verstanden haben, was hinter den Einzelaspekten steckt. Finden Sie heraus, warum alles so und nicht anders läuft. Eine Unternehmenskultur steht für etwas – und wenn Sie nicht für etwas *stehen*, werden Sie für etwas *fallen*!

6 Im Turm zu Babel

Grenz- und kulturüberschreitendes Management

Im Italien der Borgias herrschte dreißig Jahre lang Krieg,
Terror, Mord und Blutvergießen – und es brachte Michelangelo,
Leonardo da Vinci und die Renaissance hervor. In der Schweiz
herrschte Nächstenliebe, fünfhundert Jahre Demokratie und
Frieden. Und was brachte sie hervor . . .? Die Kuckucksuhr.
Orson Welles in Citizen Kane

Als effektiver Vorstandsvorsitzender oder Geschäftsführer denken
Sie vielleicht, Sie hätten Ihre eigene Unternehmenskultur verstanden und sie sogar transformiert. Doch sind Sie sich sicher, daß Sie
nicht einen wichtigen Faktor außer acht gelassen haben – die
Landeskultur? Denken Sie nicht ein wenig zu provinzlerisch? Gehen Sie tatsächlich davon aus, daß Ihr Mann in Brasilien sich
genauso verhalten wird wie sein Kollege in Frankreich? Wie wird
eine Führungskraft in Holland reagieren, wenn Sie ihr von sinken-
den Verkaufszahlen erzählen? Inwieweit wird sich ihr Verhalten
von einer britischen Führungskraft unterscheiden? Worin unterscheidet sich die strategische Entscheidungsfindung bei Dänen
und Franzosen? Wie sehr beeinflußt die nationale Kultur die Unternehmenskultur und umgekehrt?
Dies sind wichtige Fragen. Wenn wir ihnen nicht die gebührende
Aufmerksamkeit schenken, ist der Konflikt vorprogrammiert. Die
Anerkennung nationaler Unterschiede ist bei grenzüberschreiten-
den Fusionen, Übernahmen und Joint-ventures von extremer Bedeutung und hat entsprechenden Einfluß auf die Entscheidungsfindung, auf Ansichten über Führungs- und Autoritätsstrukturen,
Motivations- und Kontrollunterschiede sowie auf das Management

kulturübergreifender Teams. Unsere nationale Kultur ist der eigentliche Filter, durch den wir die Welt um uns herum sehen und interpretieren. Sie beeinflußt unsere Wahrnehmung, unser Denken, Fühlen und unser Urteil, und sie bestimmt, wie die Unternehmenskultur uns prägt. Zum Beispiel herrschen von Land zu Land große kulturelle Unterschiede in bezug auf die Arbeitseinstellung. Welche Position nehmen Führungskräfte verschiedener Nationalitäten zu Macht, Autorität, Hierarchie und Entscheidungsfindung ein? Worin unterscheiden sich ihre Reaktionen?

Einer meiner Kollegen bei INSEAD, André Laurent, hat sich eingehend mit diesen Themen beschäftigt. Seine Umfragen bringen große Unterschiede bei den hier genannten Variablen ans Licht. Sofort drängt sich natürlich die Frage auf, *warum* es diese Unterschiede gibt. Die Antwort ist angesichts der möglichen Vielschichtigkeit der Motive nicht leicht. Nach meiner Theorie sind die Unterschiede davon abhängig, wie der einzelne sich selbst gegenüber der unmittelbaren Umgebung wahrnimmt, wie selbstbestimmt oder fremdbestimmt er sich fühlt und welche Möglichkeiten der Einflußnahme er für sich sieht. Grundsätzlich wird ein Mensch, der sich per se machtlos fühlt, Macht, Autorität, Hierarchie und Entscheidungsprozesse ganz anders wahrnehmen als jemand, der sich in hohem Maße als selbstbestimmt wahrnimmt.

Das grundsätzliche Gefühl von Selbstbestimmtheit ergibt sich zum großen Teil aus den unterschiedlichen Erziehungsmethoden der verschiedenen Länder. Kinder, die keinen großen Spielraum bekommen, deren Eltern darauf bestehen, daß getan wird, was sie sagen, und keine Fragen erlauben, haben andere Voraussetzungen als Kinder, denen Erklärungen gegeben werden für das, was von ihnen verlangt wird. Wenn Kinder sich ständig hilflos fühlen, weil andere über sie Macht ausüben, wird sich dieses Ohnmachtsgefühl durch ihr ganzes Leben ziehen und ihr Verhalten als Erwachsene prägen. Die Erziehung wird auch das Vertrauen prägen, das sie als Erwachsene anderen Erwachsenen entgegenbringen – ein weiterer Faktor, der ihr Verhalten im Berufsleben bestimmt.

Einige Beispiele: Skandinavier und Lateinamerikaner haben von Unternehmenspolitik völlig andere Auffassungen. Für Skandinavier hat sie nur begrenzte Bedeutung, wogegen Südeuropäer und

Lateinamerikaner beträchtliche Zeit und Energie für politische Manöver und Machtgewinnung aufbringen. Für sie sind Unternehmen »politische Einheiten«. Sinn und Zweck eines jeden ist es, die eigene Machtbasis und den eigenen Herrschaftsbereich zu sichern. Für sie hat ein Unternehmen keineswegs eine eher instrumentelle Bedeutung und ist nicht allein eine Körperschaft zur Erfüllung bestimmter Aufgaben. In diesen Ländern wird mehr Energie auf persönliche Beziehungen als auf Aufgaben und Funktionen verwendet. Ziele erreichen scheint hier oft von zweitrangiger Bedeutung zu sein. Viele Neulinge in der südeuropäischen und lateinamerikanischen Szene mußten es am eigenen Leib erfahren, daß man solche Unterschiede nicht einfach ignorieren kann.

Auch was Autorität betrifft, haben Führungskräfte der verschiedenen nationalen Kulturen eine andere Vorstellung. So ist es beispielsweise für Franzosen und Italiener sehr wichtig zu wissen, wer Autorität über wen hat. Autorität ist abhängig von der Person. Sie ist eine persönliche Eigenschaft. Somit läßt sich nicht wirklich zwischen funktionaler und persönlicher Autorität unterscheiden. In anderen Kulturen, wie in den Vereinigten Staaten oder der Schweiz, bezieht sich Autorität eher auf die Position, das heißt auf die jeweilige Rolle oder Funktion. Bei kulturübergreifender Arbeit wird die Entscheidung, ob man den Menschen auf die Position oder die Position auf den Menschen zuschneiden soll, dann ziemlich wichtig.

Gleiche Probleme treten bei der Betrachtung von Hierarchie und Verwaltung auf. Stellenbeschreibungen sind in einigen Ländern sehr wichtig, in anderen weniger. Klar definierte Rollen und Verantwortlichkeiten kümmern Schweden weit weniger als Franzosen, Schweizer und Deutsche. Es gibt Länder, zum Beispiel die Volksrepublik China, wo es ein schwerwiegendes Vergehen ist, den Dienstweg abzukürzen. In anderen Ländern fällt es dagegen schwer zu verstehen, was daran so schlimm ist.

Versuchen Sie sich einmal vorzustellen, in Ländern wie Frankreich, Italien, Indonesien oder der Volksrepublik China eine Unternehmensstruktur einzuführen, in der die Mitarbeiter zwei Vorgesetzte haben. In solchen Kulturen würde diese Struktur das eigene Ansehen nicht gerade stärken. Soviel zur Matrixstruktur! Sie kann im globalen Unternehmen schnell zur Verstopfung führen. Wenn Sie unbedingt eine Matrixstruktur installieren wollen, sollten Sie ein durchgreifendes Programm zur kulturellen Sensibilisierung starten, das den Menschen dabei hilft, mit der Ambivalenz solcher Strukturen zurechtzukommen. Aber stellen Sie sich das nicht leicht vor.

Wie funktioniert also der Entscheidungsprozeß in den jeweiligen Kulturen, mit denen Ihr Unternehmen zu tun hat? Ist es ein konsensorientierter Prozeß wie in Japan? Oder ist er eher zentralisiert, wobei die Entscheidungen von einer einzigen Person getroffen werden, wie beispielsweise in Lateinamerika? In Japan kommen Entscheidungen Schritt für Schritt und weniger impulsiv zustande wie in Lateinamerika, wo wir eher einen autokratischeren Führungsstil vorfinden. Aus diesen Unterschieden ergeben sich natürlich unterschiedliche Konsequenzen für das strategische Vorgehen. In einem japanischen Unternehmen dauert eine Entscheidung einige Zeit, während in vielen westlichen Ländern Entscheidungsfindung sehr schnell vonstatten gehen kann. Doch bei der Umsetzung der Entscheidung holt Japan wieder auf. Die Realisierung geht hier sehr schnell, da ein Konsens bereits erzielt wurde. In westlichen Unternehmen dauert die Realisierungsphase dagegen länger, weil der Konsens noch nicht besteht.

Damit verbindet sich die Frage, ob das große Unternehmensziel gut für die Gruppe ist oder ob für die Gruppe vielmehr das gut ist, was für den einzelnen gut ist. Letztlich gehen solche Unterschiede darauf zurück, ob die Menschen in einem Land individualistisch denken oder ob die Gruppe im Mittelpunkt steht. Länder wie die Vereinigten Staaten und Australien sind eher individualistisch ausgerichtet, wohingegen Länder wie Indonesien, Singapur und Japan gruppenorientierter sind. Während Japaner auf eine persönliche Beziehung mit den Entscheidern hinarbeiten, ist so etwas in den Vereinigten Staaten weniger wichtig, wo man persönliche Aspekte aus dem Entscheidungsprozeß eher heraushält und sogar vermeidet.

Bei der Dekodierung interkultureller Aspekte sollten wir bedenken, daß das, was wir sagen, tun und denken, nie völlig in Einklang steht. Mir hat immer der Satz gefallen: »Schau auf ihre Füße!«, der wohl soviel meint wie: »Nimm die Dinge niemals so, wie sie gesagt werden. Betrachte auch andere Anzeichen.«

Mir gefällt auch das Bild der »Kulturpyramide«. In der Spitze finden wir das sichtbare Verhalten, das wir bei allen Menschen beobachten können. Auf der nächsten, nicht mehr ganz so klar erkennbaren Ebene finden wir die unterschiedlichen Normen, welche die für eine Kultur charakteristischen Systeme, Strukturen, Rituale und Mythen bestimmen. Schließlich sind im Fundament der Pyramide die Grundwerte und Glaubenseinstellungen begraben, welche die Basis der jeweiligen nationalen Kultur bilden. Diese sind unbewußt und werden als selbstverständlich vorausgesetzt.

Da wir alle Menschen sind, haben wir bestimmte Dinge gemeinsam. Gleichzeitig hat jeder und jede von uns ganz individuelle Eigenschaften. Daraus folgt also, daß Menschen aus unterschiedlichen Kulturen sowohl Gemeinsamkeiten als auch Unterschiede aufweisen.

Aufgrund ähnlicher Erziehung weisen Menschen aus ähnlichen Kulturen größere Überschneidungen bei bestimmen Eigenschaften auf als Menschen aus völlig unterschiedlichen Kulturen. Während Deutsche und Franzosen also vielleicht ähnliche Verhaltensweisen haben, so nimmt doch jedes Land in bestimmten Ansichten eine andere Gewichtung vor. Der »typische« Deutsche wird sich in einigen Bereichen mit dem »typischen« Franzosen überlappen, aber die normale Streuung der individuellen Eigenschaften wird in beiden Ländern sicherlich unterschiedlich ausfallen. Die Zuweisung bestimmter Eigenschaften auf die Mitglieder einer Kultur basiert auf diesen Gemeinsamkeiten. So entstehen die landesspezifischen Klischeevorstellungen über Italiener, Franzosen, Deutsche und Engländer: *»Die Italiener sind die besten Liebhaber. Sie müssen das Wort romantisch erfunden haben.« »Ich wußte nicht, daß er tot ist. Ich dachte, er sei Brite.«* Diese Klischees sind natürlich auch von der Kultur abhängig, in der sie entstehen. So gelten Amerikaner zum Beispiel bei Franzosen als fleißig und antriebsstark, bei Japanern als nationalistisch, bei Briten als freundlich und selbstverliebt und bei Brasilianern als intelligent, erfinderisch und gierig – ein wahrhaft babylonisches Gewirr unterschiedlicher Wahrnehmungen. Bei dem Versuch zu verstehen, wie eine nationale Kultur die Unternehmenskultur beeinflußt, halte ich oft Ausschau nach verschiedenen Arten der »Sprache«, die in jeder Gruppe gesprochen werden. Dies ist ein Ansatz, wie er auch häufig von Anthropologen und Psychoanalytikern benutzt wird. Lassen Sie mich erklären, was ich damit meine. Zum einen sehe ich mir die »Sprache der Sprache« an, höre zu, wie die Leute sprechen. Ist die Sprechweise ein konstanter Strom von Wörtern, oder wird die Rede immer wieder von Schweigen unterbrochen? Die Unterschiede im Sprechen sind bei einem Mexikaner und einem Finnen deutlich zu erkennen. Finnen, die einem Mexikaner zuhören, sind in der Regel ziemlich befremdet, weil es in ihren Ohren so klingt, als leide der Mexikaner an so etwas wie verbalem Durchfall. Die Mexikaner ihrerseits glauben, daß die Finnen an verbaler Verstopfung leiden, und neigen wegen ihrer sprecherischen Ungeduld dazu, für die Finnen die Sätze zu vollenden. Je nach Kultur kann Schweigen als Zeichen des Respekts und als Zeichen, dem Gesprächspartner Raum zu geben (wie in Finnland), oder als Unhöflichkeit (in den Vereinigten Staaten) interpretiert werden.

Des weiteren gibt es die Sprache des Essens. Jedes Land hat seine eigenen Rituale um das Essen und Trinken aufgebaut. Wie sollte gegessen werden? Wer sollte zuerst bedient werden? Wer sollte den »Anstandshappen« bekommen? Was haben manche Gerichte für eine Bedeutung? Wie spricht man einen Toast aus? Was einfach erscheinen mag, ist in einem Land wie Schweden von vielen Regeln und Vorschriften reglementiert. Welche Bedeutung hat wiederum eine Einladung zum Abendessen in die Wohnung des Gastgebers? In den USA nach Hause eingeladen zu werden hat einen ganz anderen Hintergrund als in Japan.

Wie steht es darüber hinaus mit den nonverbalen Ausdrucksformen? Was bedeuten bestimmte Körperhaltungen, Bewegungen, Gesten, Gesichtsausdrücke und Formen des Augenkontakts in den unterschiedlichen Kulturen? Jede Kultur hat ihre eigenen Formen des Sitzens, Stehens, Sichzurücklehnens und Gestikulierens. So wird zum Beispiel ein nicht informierter Beobachter das Kopfschütteln eines Inders als »nein« interpretieren, obwohl es eigentlich »ja« bedeutet. Und was bedeutet es, wenn ein Franzose übertrieben Luft abläßt?

Dann gibt es die Sprache des Gefühlsausdrucks. Wie gehen die unterschiedlichen Kulturen mit Gefühlen um? Die Japaner zum Beispiel verbergen ihre Gefühle eher (so hat es zumindest in westlichen Augen den Anschein). So verspüren sie etwa nicht die geringste Neigung, sich in aller Öffentlichkeit zu berühren. Dagegen zeigen Lateinamerikaner ihre Gefühle ganz offen und demonstrativ. Berührungen und Umarmungen sind Teil ihrer Kultur. Im allgemeinen gehen Männer in den USA und Westeuropa einem Körperkontakt aus dem Weg (Frauen dagegen nicht). Sie gehen auf Distanz und halten ihre Gefühle unter Kontrolle. In arabischen Ländern ist dies völlig anders; hier werden Gefühle und Körperkontakte von Männern mehr ausgelebt.

Wie sieht es mit der Sprache der Zeit aus? Es gibt Anthropologen, die zwischen »Tu-Kulturen« und »Sein-Kulturen« unterscheiden. In ersteren wird die Zeit als begrenzt erfahren: Zeit ist Geld. Dementsprechend leben Menschen dieser Kulturen eher aufgabenorientiert. Pünktlichkeit und Einhaltung von Terminen sind von fundamentaler Bedeutung.

Dagegen erleben die Menschen in »Sein-Kulturen« die Zeit als unbegrenzt und als im Überfluß vorhanden. Sie ist ein Raum, um Beziehungen zu pflegen – damit ist auch die Einstellung zur Zeit flexibler. So ist es nicht überraschend, daß Menschen aus solchen Kulturen eher zu spät kommen. Stellen Sie sich einen Schweden vor, der von einem Italiener zum Abendessen eingeladen wird. Das Drehbuch liest sich dann so: Bereits zehn Minuten vor der vereinbarten Zeit dreht der Schwede (der aus einer »Tu-Kultur« kommt) nervös seine Runden um den Block und läßt dabei seine Uhr nicht aus den Augen. Auf den Glockenschlag genau klingelt er, um herauszufinden, daß die Gastgeberin noch in der Badewanne liegt. Aufgrund ihrer kulturellen Erwartung ging sie davon aus, daß der Gast mindestens eine Stunde später kommen würde.

Natürlich ist der Umgang mit Zeit auch ein Indikator dafür, wie wichtig Sie als Persönlichkeit sind. In arabischen Ländern werden wichtige Leute schneller bedient als weniger wichtige. Wie lange Sie im Büro einer Führungskraft warten müssen, kann Ihnen in vielen Ländern recht unsanft vor Augen führen, wie wichtig dieser Mensch, der Sie so lange warten läßt, zu sein meint. Weiterhin gibt es die Sprache von Räumlichkeit. In den Vereinigten Staaten erlaubt räumliche Nähe Vertraulichkeit, was für entspannte, nachbarliche Beziehungen sorgt. Doch probieren Sie das gleiche Verhaltensmuster einmal in einem Land wie Frankreich. Dort wird man nicht einfach mal vorbeischauen. Das zeigt sich auch im Unternehmensleben. Franzosen werden weit weniger als Amerikaner auf die Idee kommen, unangekündigt an Ihre Bürotür zu klopfen, auch wenn Sie gleich nebenan sitzen.

Je wichtiger eine Führungskraft in den USA ist, desto größer ist ihr Büro (vorzugsweise ein Büro mit großen Eckfenstern auf der obersten Etage). Für Japaner zentriert sich das Geschehen eher um die Mitte des Gebäudes. Inder haben dagegen eine ganz andere räumliche Wahrnehmung als Menschen aus dem Westen. Was für das westliche Auge ein kleines, überfülltes Büro ist, mag einem Inder als weiträumig erscheinen. Gleiches gilt für Entfernungen beim Pendelverkehr. Was einem Holländer, der in seinem kleinen Land kurze Entfernungen gewohnt ist, bereits als größere Expedition erscheint, kann für einen Kalifornier eine durchaus vertretbare Entfernung sein.

Mit Räumlichkeit und Entfernung verbindet sich gleichfalls die Frage, was eine akzeptable Individualdistanz ist. Wie nahe kann ich jemandem körperlich kommen, bevor es für ihn oder sie ungemütlich wird? Die Bedeutung dieses persönlichen Freiraums wurde mir vor vielen Jahren von einem spanischen Kollegen klargemacht. Wir beide standen in einem Flur, als er auf mich zuging, um mir ein bestimmtes Unterrichtsproblem näher zu erklären. Aber er war zu nahe. Ich fühlte mich wegen der Distanz unwohl. Er drang in meine Privatsphäre ein. Ich trat zurück, um mehr Atemfreiheit zu bekommen, wobei er mir folgte. Das wiederholte sich einige Male, bis mir schließlich klar wurde, was hier ablief. Also blieb ich stehen. Ganz eindeutig ist die Individualdistanz für einen Holländer also etwas größer als für einen Spanier. In Untersuchungen wird für Geschäftsbeziehungen in westlichen Ländern eine Distanz von eineinhalb bis zweieinhalb Metern als normal angegeben und für private Beziehungen fünfzig Zentimeter bis einen Meter.

Und was läßt sich zur Sprache der Dinge sagen? Welche Bedeutung haben Besitztümer in den jeweiligen Kulturen? Welche relative symbolische Bedeutung haben Gebäude, Autos, Büromobiliar und so weiter? Einen Rolls-Royce oder ein unternehmenseigenes Flugzeug zu besitzen ist mit Sicherheit vielerorts ein Zeichen für Erfolg. Doch wie steht es mit anderen Vergünstigungen? Wofür steht eine Datscha? Oder eine Viehherde? Jede Kultur hat ihre eigenen Bedeutungsträger, seien sie offenkundig oder nicht.

Und wir sollten die Sprache der Freundschaft nicht vergessen. Wird es leicht sein, Freundschaften zu schließen wie in den USA, oder wird es lange dauern? Bedeutet Freundschaft eine eher oberflächliche Beziehung, oder beinhaltet sie vielmehr eine tiefere Verpflichtung? In manchen Ländern sind Freunde so etwas wie eine Versicherung, von denen sie in schlechten Zeiten Unterstützung erwarten können. Das ist in vielen anderen Kulturen sicherlich nicht der Fall.

Dann ist da die Sprache der Vereinbarung. In einigen Ländern ist eine Vereinbarung ein Abkommen – einmal besiegelt, gibt es nichts mehr daran zu rütteln. In anderen Ländern ist es eine Art Straßenkarte, der Beginn einer Beziehung. Unter dieser Voraussetzung können Sie sich vorstellen, wie groß die Frustration und Verwunderung für einen Finnen sein wird (für den eine Vereinbarung in Stein gemeißelt ist), wenn er Verhandlungen mit einem Griechen führt. In den Vereinigten Staaten und Westeuropa gibt es für die meisten Waren Standardpreise. In anderen Ländern wird vor dem Kauf gehandelt. Tun Sie das nicht, liefern Sie sich damit selbst aus und handeln sich damit so manche böse Überraschung ein. (Denken Sie an so ein einfaches Beispiel wie das Taxifahren in solchen Ländern!)

Nach dieser Blitztour um den kulturellen Turm zu Babel – wo ordnen Sie sich ein? Oder sind Sie jetzt um so verwirrter? Wenn ja, mag dies ein gutes Zeichen sein. Die Einsicht der eigenen Unwissenheit kann eine hervorragende Präventivmaßnahme gegen »kulturelle Arroganz« sein.

7 Wollen Sie wirklich den Schritt ins Ausland wagen?

Internationale Einsätze

Viele Menschen können nur glücklich sein, wenn sie einen anderen Menschen, ein anderes Volk oder einen anderen Glauben hassen können.
Bertrand Russell

Sie haben sich gerade bereit erklärt, das gesamte Fernostgeschäft Ihres Unternehmens zu leiten. Nicht im entferntesten hatten Sie an so eine Möglichkeit gedacht, als Sie gebeten wurden, an der nächsten Vorstandssitzung teilzunehmen. Der Unternehmensführung muß Ihre gute Arbeit aufgefallen sein. Was für ein Karrieresprung! Aber halt! Haben Sie alles richtig verstanden? Sie hörten die Vorteile – aber wo ist der Haken? Sie haben mit interkulturellen Unternehmensaspekten einige Erfahrung, aber wie wird dieser Schritt Sie selbst berühren? Haben Sie die richtigen Fragen gestellt? Haben Sie wirklich nichts vergessen? Und was wird Ihr Ehepartner dazu sagen? Was geschieht mit ihrer/seiner Karriere? Wird es in dem Gastgeberland auch für sie/ihn berufliche Möglichkeiten geben? Wenn nicht, können Sie auf ein Einkommen verzichten? Vielleicht ist Ihr Ehepartner einem Tapetenwechsel ja durchaus zugetan, doch – haben Sie an Ihre Schwiegereltern gedacht? Sie standen Ihnen doch immer sehr nahe. Sie sind nicht mehr die Jüngsten. Wird Ihre Ehefrau sie zurücklassen können? Was ist mit Ihrem Freundeskreis? Und Ihren Kindern? Wie werden sie reagieren? So viele Fragen und so wenig Zeit!

In den Büros rund um den Globus finden täglich solche Gespräche statt. Immer häufiger treten solche Fälle ein: Internationale Einsätze sind die Tagesordnung. Angesichts der Globalisierung des

Marktes kommt heute keine Führungskraft mehr ohne eine internationale Perspektive aus. Sie ist für das Überleben jedes Großunternehmens überlebenswichtig.

Aber wir müssen für die Führungskräfte, die ein solches Angebot erhalten, die menschlichen Konsequenzen im Auge behalten. Wie sollten sie vorbereitet werden? Wo liegen die Problemgebiete? Und was können wir aus den Erfahrungen anderer, die bereits im Ausland gearbeitet haben, lernen?

In meinen Managementseminaren bei INSEAD fragen mich die Führungskräfte oft nach den Vor- und Nachteilen eines Auslandseinsatzes. Obwohl den meisten klar ist, wie wichtig ein solcher Einsatz ist, stehen sie ihm doch skeptisch gegenüber. Im Laufe der Jahre habe ich auch eine ganze Reihe von Horrorgeschichten darüber gehört, wie Unternehmen die Naivität ihrer Führungskräfte ausnutzen und nicht über alle Konsequenzen aufklären. Oft klaffen hier Versprechungen und Realität weit auseinander. Zudem wird den Führungskräften keinerlei Vorbereitung auf den Auslandseinsatz angeboten. Die Leute werden deswegen ins Ausland geschickt, weil sie in einem Fachgebiet besonders gut sind. Ein Ingenieur hat beispielsweise sehr gute Arbeit beim Aufbau einer neuen Produktionsstätte geleistet, ein Fachmann des Rechnungswesens das Finanzchaos in einer Tochtergesellschaft besonders effektiv beseitigt. Doch ihre Sensibilität gegenüber interkulturellen Themen (beziehungsweise ihre fehlende Sensibilität) – ohne die all ihr technisches Wissen nichts wert ist – wurde außer acht gelassen. Allerdings hatte ich nicht den Eindruck, als seien all diese schrecklichen Erfahrungen erfunden oder gar böswillige Absicht gewesen. Sie waren wohl im Gegenteil auf reine Unwissenheit zurückzuführen. Die Verantwortlichen in der Zentrale hatten die Sache nicht ausreichend durchdacht. Andere Gruselgeschichten handelten davon, was geschah, als die Führungskraft versuchte, das Angebot auszuschlagen – was die herrschende Unternehmenskultur oft verbietet. Viele Unternehmen sind hier ziemlich nachtragend, wenn ihre Leute einen Auslandseinsatz ablehnen. Nicht wenige Führungskräfte sagten mir, daß dies für immer ein schwarzer Fleck in ihrer Personalakte bleiben würde. Doch es gibt auch andere Fälle: Unternehmen, in denen Führungskräfte ein solches Angebot *ein-*

mal ablehnen können – aber das war es dann auch. Lehnen sie wiederholt ab, dann werden sie mit Sicherheit aus dem Rennen genommen, und ihre Karriere mündet in eine Sackgasse.

Führungskräfte wiederum, die ein solches Angebot annahmen, sprachen von einem Kulturschock und einer Vielzahl persönlicher Faktoren, die ihre Eingewöhnung erschwerten. Das Eintauchen in eine andere Kultur bringt mit Sicherheit zunächst einmal die eigene geistige Orientierung durcheinander. Die sicheren und vertrauten Leuchtfeuer des Heimatlandes fehlen. Es gibt völlig neue Zeichen, andere Laute, Geräusche, Gesichtseindrücke und Gerüche. Das kann sehr verunsichern. So ist eine anfängliche Verwirrung unvermeidlich. Und der Erfolg oder Nichterfolg eines Auslandseinsatzes hängt daher von der Anpassungsfähigkeit der Familie – und vor allem der Ehepartnerin – ab.

Ein wichtiger Erfolgsfaktor ist hierbei die Fähigkeit, angenehme Aktivitäten aus der Heimat in die neue Umgebung zu übertragen. Wenn zum Beispiel eine Familie in Schottland immer gern auf Lachsfang ging, dann fischt sie, wenn sie nach Brasilien versetzt wird, vielleicht gern die exotischen Fische des Amazonas. Natürlich lassen sich weniger ausgefallene Hobbys noch leichter in die Gastgeberkultur transferieren.

Bei einem Auslandseinsatz ist Zufriedenheit mit dem Leben und in der Familie der wichtigste Faktor für einen effektiven Arbeitseinsatz. Das gilt natürlich für die Arbeit zu Hause auch – doch nicht in gleichem Maße. In vielen Studien konnte aufgezeigt werden, daß die private Unterstützung ein wirksamer Puffer gegen Streß ist.[7]

Leider stellt sich das Leben nach diesem Schritt jedoch allzuoft so dar: Zuerst gibt es die Phase der »Flitterwochen«, in der beide, der Manager und die Ehefrau, die neue Erfahrung ziemlich aufregend finden. Aber das geht vorüber. Bald schlägt die neue Realität zu. Schnell wird ein Partner von der Arbeit in Anspruch genommen und ist oft von zu Hause weg, entweder auf Geschäftsreisen oder bis spätabends im Büro. Bei vielen Auslandseinsätzen geht es um schwierige und drängende Probleme in einer Niederlassung, die viel Zeit in Anspruch nehmen. Sie fordern die volle Aufmerksamkeit eines Menschen zu einer Zeit, in der er zu Hause am meisten gebraucht wird.

Der Zustand wird häufig dadurch verschärft, daß die Ehefrau keine Arbeit finden oder nicht weiterstudieren kann. Sie wird in die Einsamkeit abgeschoben und muß damit allein fertig werden. Vielleicht hat sie jetzt Diener (eine ungewohnte Erfahrung für die meisten Menschen aus dem Westen) und muß ein ganz neues Beziehungsnetz aufbauen, wobei ihre Möglichkeiten, Leute kennenzulernen und Freundschaften zu schließen, sehr beschränkt sind.

Das Ende vom Lied, wir könnten es auch »Kulturschock« nennen, stellt sich zumeist so dar, daß die Ehefrau gegenüber dem Gastland und seinen Menschen negative Gefühle entwickelt. Die neue Kultur wird für alles verantwortlich gemacht. (Natürlich ist das Ausmaß des Kulturschocks mehr oder weniger davon abhängig, wie komplex die neue Kultur ist.) Gleichzeitig kommt oft großes Heimweh auf – nach dem Heimatland, den Freunden und der zurückgelassenen Familie. Allzu häufig leidet dann die Beziehung. Alkohol- und Drogenabhängigkeit sind keine Seltenheit.

Schätzungsweise zwanzig bis fünfzig Prozent solcher Auslandseinsätze enden nicht erfolgreich, das heißt, sie werden vorzeitig abgebrochen. Und das kann sehr kostspielig sein, denn die Ausgaben für eine Führungskraft im Ausland (angesichts der besonderen Zuschläge und Vergünstigungen) sind zwei- bis dreimal höher als für eine Arbeitskraft zu Hause. Für bestimmte Länder – zum Beispiel Japan – sind die Kosten sogar noch höher.[8]

Wenn ich durch meine Aufzeichnungen gehe und mir die Gründe ansehe, die Führungskräfte für die Ablehnung eines Auslandseinsatzes nannten, dann finde ich am häufigsten folgende: Unterbrechung der Schullaufbahn der Kinder, Unterbrechung der Berufslaufbahn der Ehefrau, Angst, in der Unternehmenszentrale vergessen zu werden, und Probleme bei der Wiedereingliederung. Schauen wir uns nun jeden Grund einmal näher an.

Neben der Belastung, Freundschaftsbande zu brechen und sich in einer fremden Umgebung zurechtzufinden, ist die Schule oft das größte Hindernis. So mobil Kinder sein mögen, solange sie noch im Kindergarten oder in der Grundschule sind – die Situation ändert sich, wenn sie eine weiterführende Schule besuchen. Noch problematischer wird es, wenn die Kinder kurz vor ihrem Schulabschluß stehen, sich auf die Prüfungen vorbereiten und Gedanken über ihre berufliche Zukunft machen müssen.

Es gibt Länder, zum Beispiel Großbritannien, wo es eine Tradition gibt, Kinder in ein Internat zu schicken. Dort kann diese Situation völlig anders aussehen: Die Kinder gehen im Heimatland zur Schule, während die Eltern im Ausland sind. Doch in vielen Ländern möchten die Eltern ihre Kinder so lange wie möglich um sich haben. Für sie stellt das Internat nur den letzten Ausweg dar.

Der zweite, zunehmend wichtige Hinderungsgrund für einen internationalen Einsatz ist der Beruf der Ehefrau. Die Zeiten, in denen es nur einen Brotverdiener in der Familie gab, hier in der Regel der Mann, sind in vielen Ländern längst vorbei. Die Familie mit zwei Karrieren ist auf den Plan getreten. Trotz aller positiven Aspekte dieser Entwicklung gibt es multinationale Unternehmen, die darin einen Nachteil sehen, weil sie die Mobilität ihrer Führungskräfte beeinträchtigt. In solchen Unternehmen haben Führungskräfte aus traditionelleren Kulturen Vorteile (weil die Ehefrau zu Hause bleibt).

Vor allem Frauen aus westlichen Ländern gehen wegen ihres Berufs nicht gern mit ins Ausland. Selbst wenn sie bereit sind umzuziehen (mit dem ausdrücklichen Wunsch weiter zu arbeiten), so machen viele Länder es ihnen doch sehr schwer, eine Arbeitserlaubnis zu bekommen. Abgesehen davon muß sich eine Ehefrau mit einer akademischen Ausbildung (wie Ärztin, Zahnärztin oder Rechtsanwältin) unter Umständen einer längeren Fortbildung unterziehen, um nach ihrer Rückkehr wieder zugelassen zu werden. Und zuallerletzt gibt es Länder, deren offene Frauendiskriminierung es den Ehefrauen völlig vergällt, ihrem Mann in ein solches Land zu folgen.

Auf jeden Fall sind die Zeiten, in denen die Unternehmen ihre Führungskräfte wie Soldaten an die verschiedensten Standorte befehligen konnten, längst vorbei. Heute läßt sich niemand mehr so etwas gefallen, und niemand will das Risiko eingehen, daß die Ehefrau vielleicht nicht mitkommt. Kann so etwas wirklich im Interesse eines Unternehmens liegen? Ob es Ihnen gefällt oder nicht, die Mobilität der Ehefrau ist ein wichtiges Kriterium bei der Auswahl von Führungskräften für den Auslandseinsatz geworden.

Der dritte, nicht minder wichtige Faktor hat mit politischer Entscheidung zu tun: der abbrechende Kontakt zur Zentrale. In allzu vielen Unternehmen wird nach der Devise verfahren: »Aus den Augen, aus dem Sinn.« Das Machtzentrum des Unternehmens zu verlassen kann tatsächlich ein großes Risiko sein. Viele Führungskräfte haben bereits schmerzhaft am eigenen Leib erfahren, daß Abwesenheit von den Korridoren der Macht ihrer Karriere schadet. Daraus folgt, daß ein Auslandseinsatz in eine Niederlassung in manchen Unternehmen gleichgesetzt wird mit der Verbannung nach Sibirien.

Als letzter Hinderungsgrund werden zudem oft Probleme bei der Wiedereingliederung genannt. Heimkehrer erleben bei ihrer Rückkehr oft einen umgekehrten Kulturschock, weil das Unternehmen mit dieser Situation einfach nicht richtig umgehen kann. Allzuoft bestehen keine Pläne, wie man mit den zurückkehrenden Führungskräften umgehen will. Nachdem sie große Verantwortung getragen und unabhängig Entscheidungen gefällt haben und mit den wirtschaftlichen und sozialen Eliten ihres Gastlandes verkehrten, werden sie jetzt hängengelassen, ohne spezifische Aufgabe oder mit einer weniger interessanten und verantwortungsvollen Aufgabe als die, die sie gerade hinter sich gelassen haben.

Es gibt unterschiedliche Zahlen, doch laut Schätzungen haben fünfzig Prozent aller Unternehmen, die eine Führungskraft wiedereingliedern müssen, Probleme, diese Kraft zu halten.[9]

Angesichts der Geldsummen, die Unternehmen in die Auslandserfahrung ihrer Führungskräfte stecken, kann das sehr kostspielig sein und als unglaubliche Verschwendung von Fachwissen und Führungsfähigkeit angesehen werden. Es sieht tatsächlich so aus, als würden einige multinationale Unternehmen ihre erfolgreichsten Leute für hochqualifizierte Aufgaben in anderen Unternehmen ausbilden.

Fehlende Strukturen und eine unzureichende Karriereplanung verschlimmern noch die zu erwartende psychologische Verwirrung bei der Rückkehr ins Heimatland. Dieser Schock der Wiedereingliederung in das Mutterunternehmen wurde nie mit genügender Aufmerksamkeit untersucht. Das obere Management realisiert nicht, daß es für viele Führungskräfte sehr schwierig ist, plötzlich wieder ein kleiner Fisch im großen Teich zu sein, nachdem sie lange Jahre eben ein großer Fisch in einem kleinen Teich waren.

Der Verlust des gesellschaftlichen Status als Vertreter eines multinationalen Unternehmens in einem fremden Land und die plötzlich fehlenden Vergünstigungen tragen gleichermaßen zum Schock bei. Es ist schwer, auf Extras wie Privatschulen (vom Unternehmen gezahlt), Zuwendungen für Miete und Lebensunterhalt, einen Chauffeur und eine Haushaltshilfe zu verzichten.

Wenn die heimkehrenden Führungskräfte ihre Enttäuschung darüber ausdrücken, was für sie bei ihrer Rückkehr getan wurde (was unter Umständen absolut nicht damit übereinstimmt, was sie sich bei ihrem Weggang vorgestellt hatten), dann werden sie für verwöhnte Schmarotzer gehalten. Ob ihre Enttäuschung nun angemessen ist oder nicht, Tatsache ist, daß sie sich fehl am Platz vorkommen und viele, wie schon erwähnt, das Unternehmen bald nach ihrer Rückkehr verlassen.

Andere Führungskräfte im Auslandseinsatz entscheiden sich erst gar nicht für die Rückkehr. Aus den Erfahrungen ihrer Kollegen wissen sie, was eine Rückkehr bedeutet. Wenn sie sich die ganze Aufregung ersparen wollen und ihnen ihr Leben im Ausland gefällt, bleiben sie lieber dort, wo sie sind, und schauen sich dort nach einer neuen Aufgabe um.

Doch wie sieht konstruktive Abhilfe aus? Was kann ein Unternehmen tun, um den Auslandseinsatz für alle Beteiligten zu einer konstruktiven Erfahrung zu machen?

Zuallererst sollte das Topmanagement allen, die es wissen wollen, unmißverständlich klarmachen, daß ein Auslandseinsatz ein wesentlicher Karriereabschnitt auf dem Weg ins Topmanagement ist. In Unternehmen wie *Shell* oder *Schlumberger* weiß beispielsweise jede neue Führungskraft, was von ihr erwartet wird. Gleich zu Beginn wird ihr deutlich gemacht, daß sie einen Großteil ihrer Karriere außerhalb ihres Heimatlandes verbringen werden. Das Topmanagement betont, daß ohne internationale Erfahrung niemand Ambitionen für eine hochrangige Führungsposition anmelden kann. Dazu ist es gut, wenn das Topmanagement den gleichen Karriereweg hinter sich hat, um zu beweisen, daß dieser Schritt wirklich notwendig ist, und gleichzeitig, um nachvollziehen zu können, was er bedeutet. Ein Auslandseinsatz sollte als Zeichen dafür interpretiert werden, daß man im Rennen und entsprechend begehrt ist. Diese Art von Karriereplanung kann weitaus attraktiver sein, als die Leute mit irgendwelchen finanziellen Anreizen ins Ausland zu locken. Es bedeutet aber gleichzeitig, daß die Führung sich sehr viel mehr Gedanken darüber machen muß, wer für diesen Weg geeignet ist.

Zweitens, wenn die Führungskraft in einer festen Beziehung lebt, sollten beide Partner gehört werden. Außerdem sollte dem Unternehmen klar sein, daß beide eine entsprechende Vorbereitungszeit brauchen. Beide Partner benötigen vielleicht Hilfe, und in der Regel wird die Hilfe des Unternehmens gern in Anspruch genommen. Die typische Unterstützung beinhaltet eine Karriereplanung für die Führungskraft *und* die Ehepartnerin, Schulen, Unterkunft, Regelung der finanziellen Angelegenheiten (einschließlich Steuern) und medizinische Beratung. Meiner Erfahrung nach beschreiten immer mehr Unternehmen, die global agieren oder agieren werden wollen, diesen Weg – mit positiven Ergebnissen. Die vielen Ehepaare, mit denen ich gesprochen habe, fanden eine solche Vorbereitung sehr gut.

Darüber hinaus sollten beide den Arbeitsplatz im Ausland und die Menschen, die dort arbeiten, kennenlernen, um sich ein besseres Bild von den Konsequenzen dieses Schritts zu machen. Außerdem sollten regelmäßige Heimflüge selbstverständlich im Vertragspaket enthalten sein.

Grundsätzlich geht es jedoch darum, daß beide berufstätigen Ehepartner die Möglichkeit bekommen müssen, die Auswirkung dieses Schritts auf die Karriere des Partners zu durchdenken, um späteren Unzufriedenheiten vorzubeugen. Und da die Familie mit zwei Verdienern und Karrieren das Modell der Zukunft ist, sind die Unternehmen gut beraten, mehr für die Partnerin zu tun. Natürlich gehört auch die Beschaffung der Arbeitspapiere dazu. Genausogut muß es ein Unternehmen akzeptieren, wenn Paare aufgrund der Berufstätigkeit der Partnerin nicht einfach umziehen können. Wenn ein Partner nicht umziehen will, so sollte diese Entscheidung keinen roten Eintrag in die Personalakte der Führungskraft bedeuten. Gespräche mit vielen Personalleitern internationaler Konzerne zeigen, daß sich hier etwas tut. Immer mehr von ihnen sind bereit, gewisse Grenzen zu akzeptieren und sich entsprechend darauf einzustellen.

Wenn eine Führungskraft nun den Auslandseinsatz annimmt, ist es sinnvoll, sie oder ihn durch ein spezielles kulturelles Vorbereitungsprogramm auf die neue Aufgabe einzustimmen. In Europa und Japan hat man damit offensichtlich mehr Erfahrung als in den USA.

Diese Vorbereitung sollte auch den Ehepartner einbeziehen und nach Möglichkeit ein Sprachtraining beinhalten. Darüber hinaus ist es essentiell, sich mit der Kultur des Gastgeberlandes vertraut zu machen. Einige multinationale Unternehmen haben dazu eigene Bildungseinrichtungen etabliert, andere wenden sich dazu an entsprechende Institute.

Für einen reibungsloseren Ablauf des Außeneinsatzes und der Wiedereingliederung empfiehlt es sich, der Führungskraft zwei Mentoren an die Seite zu stellen – einen Mentor in der Zentrale und einen am ausländischen Schreibtisch. Die Aufgaben des ersteren (er oder sie sollte im Vorstand sein oder eine andere hohe Führungsposition innehaben) besteht darin, die Verbindung aufrechtzuerhalten und regelmäßig über die Entwicklungen in der Zentrale zu berichten. Weitere Aufgabe dieses Mentors ist es, für eine reibungslose Wiedereingliederung zu sorgen.

Der Mentor in der ausländischen Niederlassung soll hauptsächlich den Eingewöhnungsprozeß dort erleichtern. Solch ein Kollege kann eine große Hilfe sein. Idealerweise sollte dies jemand sein, der die Situation aus eigener Erfahrung kennt. Er muß jedoch nicht selbst im Auslandseinsatz sein, sondern kann durchaus aus diesem Land kommen. Zum Beispiel kenne ich ein globales japanisches Finanzunternehmen, dessen Leiter für das Europageschäft (kein Japaner) diese Rolle übernimmt, da er sowohl mit der japanischen als auch mit der europäischen Kultur einigermaßen vertraut ist.

Der Mentor in der Zentrale sollte aktiv eine passende Position für die zurückkehrende Führungskraft suchen. Damit auch das Unternehmen den größtmöglichen Nutzen aus dem Erfahrungsgewinn des. Heimkehrers zieht, sollte man in der Zentrale nicht erst in allerletzter Minute nach einem Unterschlupf für ihn suchen. Statt dessen muß dort eine vorausschauende Karriereplanung betrieben werden; die Personalabteilung sollt daher aktiv die Karriere aller High-Potentials des Unternehmens überwachen.

Am Ende stehen wir vor der Frage, ob sich ein Auslandseinsatz angesichts der damit verbundenen Umstände wirklich lohnt. Ich denke ja. Ein Auslandseinsatz bietet uns eine wunderbare Gelegenheit, unseren Horizont zu erweitern und der Tretmühle zu entkommen, in der sich viele von uns gefangen fühlen. Eine fremde Umgebung läßt uns die Dinge oft anders sehen.

Vielleicht entdecken wir neue Seiten in uns selber. Das wichtigste ist jedoch, daß in einer Zeit transnationaler Fusionen und Joint-ventures immer mehr Führungskräfte merken, daß es nicht mehr ausreicht, darin gut zu sein, was sie in ihrem heimatlichen Markt tun. Nur mit der Erfahrung eines Auslandseinsatzes kann eine Führungskraft eine wahrhaft »globale Führungspersönlichkeit« werden.

8 Haben Sie das Zeug zum Boß?

So werden globale Führungskräfte gemacht

Die Schlacht von Waterloo wurde auf den Sportplätzen von Eton gewonnen.
Duke of Wellington

Schauen Sie sich gelegentlich um, ob man Ihnen folgt.
Henry Gilmer

Es gibt gute Gründe, warum internationale Einsätze und eine internationale Unternehmenskultur für immer mehr Geschäftsleute eine wachsende Bedeutung bekommen. Die Welt verändert sich. Grenzen verschwinden. Traditionelle Heimvorteile sind nicht mehr länger das Erfolgsrezept.

Protektionismus ist nicht mehr die feine englische Art. Das Spiel ist wettbewerbsorientiert und wird auf internationaler Ebene ausgetragen. Diese neue, sich rasant ändernde Welt verlangt nach einer neuen Führungspersönlichkeit – einer Persönlichkeit, die nationale und kulturelle Grenzen überschreiten kann. Die globale Führungskraft betritt die Bühne.

Gibt es irgendwelche Merkmale, die globale Unternehmenschefs von den gewöhnlichen Sterblichen unterscheiden? Was ist wirklich Besonderes an ihnen? Welche Faktoren begünstigen die Entwicklung zu einer globalen Führungskraft?

Ich versuchte herauszufinden, wie der neue Mann und die neue Frau aussehen, und interviewte 300 Führungskräfte, die in internationale Studiengänge von INSEAD eingebunden sind. Ich würde gern verkünden, daß die Ergebnisse dieser Umfrage umwerfend waren – leider war das jedoch nicht der Fall. Im Gegenteil: Die

Ergebnisse der Studie sind eher langweilig. Eigentlich wurden viele Eigenschaften genannt, die jede effektive Führungskraft besitzen sollte, plus einiger weniger Eigenschaften, die nur auf globale Führungskräfte zutreffen. Das ist angesichts der Literatur zum Thema Unternehmensführung nicht verwunderlich. Nicht nur, daß es siebzig veröffentlichte Definitionen von *Führung* gibt – die englische Sprache allein verfügt über etwa 18 000 Wörter zur Charakterisierung der verschiedenen Führungseigenschaften.

Wie bereits erwähnt, gibt es unter den Wissenschaftlern einen bescheideneren Konsens darüber, welche persönlichen Voraussetzungen eine effektive Führungskraft mitbringen sollte. Als weithin anerkannte Qualitäten gelten Gewissenhaftigkeit, Energie, Intelligenz, Machtstreben, Selbstsicherheit, Offenheit für Neues, emotionale Stabilität und aufgabenspezifisches Wissen. Unter der Voraussetzung, daß diese Eigenschaften auf jede Führungskraft zutreffen, egal ob global oder lokal, möchte ich gern einige Beobachtungen darüber anstellen, was, laut meiner Umfrage, das Besondere an einer *globalen* Führungskraft ist.

Zuallererst und ganz offensichtlich ist es wichtig, über ein solides Wissen über die internationale sozioökonomische und politische Szene zu verfügen. Diejenigen, die sich gut in der Wirtschafts- und Kulturgeschichte ihres Gastlandes auskennen, werden verständlicherweise eher Erfolg haben als solche, die den Kopf in den Sand stecken und nie über ihr eigenes Unternehmen hinausschauen. Viele der Topmanager, die ich in Unternehmen wie *BP*, *Rhône-Poulenc Rorer*, *ABB*, *Schlumberger*, *Nedlloyd*, *Repola* und *SHV* gesprochen habe, passen sehr gut in dieses Profil. Diese Globetrotter des Topmanagements besitzen ein bemerkenswertes Wissen über die Geschichte des Landes, in dem sie operieren.

Zweitens benötigen globale Führungskräfte ein gutes Maß an Sensibilität für zwischenmenschliche und transnationale Umgangsformen. Hierbei ist mit der rasant steigenden Zahl von Dienstleistungsunternehmen die zwischenmenschliche Sensibilität immer wichtiger geworden.

Doch das Auftauchen des globalen Unternehmens sorgt dafür, daß zwischenmenschliche Sensibilität allein nicht mehr ausreicht. Wichtig ist hier vielmehr eine echte Affinität zu anderen Kulturen (die meiner Meinung durch die Neugierde entsteht zu erfahren, wie die Menschen woanders leben) zusammen mit der Fähigkeit, zuzuhören und zu beobachten. Eine gewisse Toleranz für Mehrdeutigkeit und fehlender Dogmatismus sind ebenfalls von Vorteil. Die Führungskräfte bei *SHV* (einem großen multinationalen Energieversorgungsunternehmen mit Sitz in den Niederlanden) beeindruckten mich zum Beispiel mit ihrem enormen Detailwissen über ihre Hauptoperationsgebiete, die Länder Lateinamerikas und des Südpazifiks.

Wichtig ist, daß die globale Führungskraft einen Sinn für *kulturelle Relativität* besitzt. Sie muß verstehen, daß es nicht nur eine richtige Methode gibt. Eine rein ethnozentrische Sicht hat im Unternehmen keinen Platz mehr (wenn sie es je gehabt hat). Es wird immer deutlicher, daß kulturelle Integration und kultureller Transfer Synergieeffekte zeitigen. Wenn Sie ein internationales Team effektiv führen wollen, wenn Ihre Marketingstrategie in einem anderen kulturellen Umfeld tragen soll, müssen Sie andere Standpunkte einbeziehen. Schließlich leben wir in der Ära des »glokalen« Unternehmens. Um erfolgreich zu sein, gilt: »Think global, act local.« Menschen wie *Percy Barnevik* von *ABB*, *Carlo de Benedetti* von *Olivetti* und *Paul Fentener Van Vlissingen* von *SHV* sind gute Beispiele für einen solchen neuen Führungstyp. Sie haben in anderen Ländern gelebt, verfügen über eine ausgeprägte Sensibilität für andere Kulturen und wissen, wie sie die Stärken jeder Kultur nutzen können.

Ein anderer Faktor, der in meiner Untersuchung genannt wurde, war die Notwendigkeit eines soliden Bewußtseins seiner selbst: Menschen, die weltweit erfolgreich sind, wissen, wer sie sind, und sie wissen, wo ihre Wurzeln liegen (ob mono- oder multikulturell). Dieses Selbstvertrauen ermöglicht es ihnen, sich neuen Situationen oder neuen Kulturen anzupassen, ohne daß sie dabei ihre Identität verlieren. Bei instabiler Identität läuft der Mensch unter anderem Gefahr, im Ausland ein »Einheimischer« zu werden. So jemand wird dann zum Chamäleon, das sein kulturelles Erbe völlig beiseite schiebt.

Das andere Extrem ist die (fast panikartige) Angst, daß die andere Kultur die eigene kulturelle Identität völlig zerstören könnte. Dieser Mensch wird alles tun, um sich von der fremden Umgebung abzuschirmen. Er oder sie richtet sich in einer künstlichen Luftblase ein, wie es zum Beispiel viele im Ausland lebende Japaner tun. Die effektivsten Führungskräfte sind aber eher solche, die beides können – ihre kulturellen Wurzeln bewahren und zugleich von der anderen Kultur lernen.

Das letzte Ergebnis aus meiner Umfrage ist der Wunsch und die Fähigkeit, eine andere Sprache zu sprechen. Es ist wichtig, sich immer wieder zu vergegenwärtigen, daß sich in einer Sprache die Kultur einer Nation niederschlägt. Um noch einmal die Beispiele wie *Percy Barnevik*, *Carlo de Benedetti* und *Paul Fentener Van Vlissingen* in Erinnerung zu rufen – die globalen Führungspersönlichkeiten können sich in vielen Sprachen unterhalten.

An dieser Stelle möchte ich eine Einschränkung machen: Die Angelsachsen waren in diesem Punkt der Umfrage nicht so überzeugt wie andere Nationalitäten. (Schließlich ist Englisch die internationale Sprache.) Wenn englische Muttersprachler in dieser Hinsicht jedoch keine Anstrengungen unternehmen, dann auf eigenes Risiko. Sie werden niemals mit anderen Kulturen so effektiv umgehen können wie Menschen, die aktiv und engagiert versuchen, die fremde Sprache zu lernen. Sie sollten nicht vergessen, daß die Essenz einer Kultur sich in ihrer Sprache widerspiegelt. Nun lautet die Frage: Wie eignet man sich die genannten Eigenschaften an? Werden globale (oder selbst die lokalen) Führungspersönlichkeiten geboren oder gemacht? Kann jeder/jede eine globale Führungskraft werden?

Für Optimisten, die diese Frage gern bejaht haben würden, bietet sich das Beispiel des *Dalai-Lamas*. Stellen Sie sich vor: Als zweijähriges Kind eines bescheidenen Bauern identifiziert er aus welchen Gründen auch immer Gegenstände, die dem verstorbenen dreizehnten *Dalai-Lama* gehörten. Unter großem Jubel wird das Kind daraufhin als die Reinkarnation des großen geistigen Führers anerkannt. Bevor er weiß, was mit ihm geschieht, wird er zusammen mit seiner Familie nach Lhasa, der Hauptstadt Tibets, gebracht und im Potala-Palast formell inthronisiert. Dort muß er sich mit einem überfrachteten Lehrplan buddhistischer Studien und Dialekte auseinandersetzen. Und man höre und staune, einundfünfzig Jahre danach ist es offensichtlich, daß sich seine Ausbildung ausgezahlt hat. Der Mensch, der einst ein Bauernsohn war, wird als großer globaler Staatsmann gefeiert und mit dem Friedensnobelpreis geehrt. Diese Formel für die Schaffung eines (globalen oder anderen) Führers klingt relativ einfach, wobei jedoch dieser wegen seiner religiösen Natur ein besonderer Fall ist.

Das Beispiel des *Dalai-Lamas* ist auch ein Musterfall für die Kontroverse von angeboren oder anerzogen und damit, ob Führungspersönlichkeiten geboren oder gemacht werden. Ich habe die Antwort nicht parat, und Diskussionen zu diesem Thema enden leider immer in einer Sackgasse. Das einzige, was ich sagen kann, ist, daß hier wie überall die Antwort irgendwo in der Mitte liegt. Genetische Faktoren, wie körperliche Robustheit und großer Eigenantrieb, sind von Nutzen. Führungspersönlichkeiten sind in unserer expandierenden Welt einer Menge Streß ausgesetzt. Eine labile Gesundheit ist mit Sicherheit kein Pluspunkt. Doch die Entwicklung von Führungsfähigkeit zu einem frühen Zeitpunkt ist genauso wichtig. Und dies hängt meiner Ansicht nach von der Zuwendung ab, die ein Kind von seinen Eltern erfährt.

Da wir uns hier auf die Entwicklung einer globalen Führungskraft konzentrieren, möchte ich auf einen Faktor in der kindlichen Erziehung hinweisen, der meines Wissens nirgendwo in der Literatur erwähnt ist: die Fähigkeit zum Umgang mit Fremden.[10] Wie unproblematisch der Umgang mit Fremden für ein Kleinkind oder ein Kind ist, hängt in hohem Maße von der Stabilität der Mutter-Kind-Bindung ab. Kinder, die sich aufgehoben fühlen, reagieren auf Fremde positiver. Sie reagieren eher auf fremde Erwachsene und sind spielerischer und kooperativer. Und hier spielen vor allem Mütter als die Haupterzieherinnen eine wichtige Rolle, die weit über die anfängliche Mutter-Kind-Beziehung hinausgeht. Geben sie dem sich entwickelnden Kind Bestätigung? Geben sie ihm genug Entfaltungsraum für Spiel und Kreativität? Wie gehen sie mit Narzißmus um? Helfen Mütter dabei, eine solide Basis für ein Selbstwertgefühl zu schaffen?

Es kann also argumentiert werden, daß die Grundlagen dafür, wie ein Erwachsener mit unbekannten Situationen umgeht, in der Kindheit gelegt werden. Wegen ihrer anfänglich festen Beziehung fühlen sich die einen im Umgang mit fremden Kulturen wohler als andere – ein entscheidender Vorteil auf dem Weg zur globalen Führungskraft. Man kann also eine Beziehung zwischen einem soliden Selbstwertgefühl und dem Ausmaß eines Kulturschocks postulieren. Nehmen wir an, Sie haben das Zeug zu einer globalen Führungskraft. Eine angemessene narzißtische Basis wurde gelegt, und Angst vor Fremden ist kein Problem. Alle Zeichen deuten darauf hin, daß Sie das Zeug zur Führungskraft haben. Welche anderen Faktoren helfen Ihnen dabei, eine globale Führungskraft zu werden?

Ein klarer Vorteil ist, wenn Sie schon früh mit anderen Kulturen in Kontakt gekommen sind. Führungskräfte, deren Eltern aus unterschiedlichen Kulturen stammen, haben zum Beispiel solche Vorteile. Wahrscheinlich wurde in ihrem Elternhaus nicht nur eine Sprache gesprochen und die Kinder lernten die Heimatländer ihrer Eltern mit allen entsprechenden Eindrücken kennen. Diese Menschen lernen schon sehr früh *kulturelle Relativität* kennen.

Gleiches gilt für die Kinder von Diplomaten und für Kinder, die bei ihren Eltern im Ausland aufwachsen. Viele Studenten von INSEAD kommen aus solchen Elternhäusern, was ihnen nicht nur hilft, die Hürden dieser sehr international ausgerichteten Hochschule zu meistern, sondern wohl auch wesentlich dazu beiträgt (wie ich von ehemaligen Studenten viele Jahre nach ihrem Abschluß erfuhr), erfolgreich Führungspositionen in globalen Unternehmen zu besetzen.

Solch ein Hintergrund kann von Vorteil sein, aber auch durchaus zu Problemen mit der eigenen kulturellen Identität führen. Man weiß unter Umständen nicht mehr, wer man wirklich ist oder wohin man gehört. In solchen Fällen ist ein festes, stützendes Familienleben ein großes Plus, das als Puffer wirkt.

Eine weitere Möglichkeit, das Interesse an anderen Kulturen zu wecken – ein Interesse, das später vielleicht in globale Führungsfähigkeit mündet –, besteht darin, Kinder an einem Ferienaustauschprogramm teilnehmen zu lassen. In Gesprächen mit globalen Führungskräften erfuhr ich, daß bei vielen solch ein Austausch das Interesse an anderen Kulturen wachrief.

Ein weiterer Vorteil für eine zukünftige globale Führungskraft liegt in einer internationalen betriebswirtschaftlichen Ausbildung. Ein Ort wie INSEAD, der keine wirkliche nationale Identität hat, wird ein idealer Nährboden für kulturelle Relativität. Der Erfolg vieler Absolventen, die als globale Führungskräfte in vielen verschiedenen Kulturen operieren können, spricht für sich.

David Simon, der Chef von *BP*, und *Lindsay Owen-Jones*, der Chef von *L'Oréal*, sind hierfür eindrucksvolle Beispiele. Bei IN-SEAD wird nicht nur im Hörsaal gelernt, sondern auch in Studiengruppen, die sehr aktiv und wichtig sind. Stellen Sie sich vor, welche Lernerfahrung es wäre, wenn Sie zehn Monate in einer Gruppe verbringen, die aus je einem Amerikaner, Franzosen, Japaner, Schweden, Brasilianer und Italiener besteht. Solche Zusammenschlüsse sind höchst effektiv, um andere Kulturen besser kennenzulernen. Ganz nebenbei wird hier beispielsweise wertvolles Wissen erworben, wie man kulturübergreifende Verhandlungen handhabt. Daneben knüpft man ein internationales Beziehungsnetz.

Was kann nun ein Unternehmen selbst tun, um Führung unter seinen Angestellten zu ermöglichen? Wenn jemand mit Führungspotential eingestellt wurde, ist es wichtig, daß er oder sie eine Aufgabe in einem anderen Land übertragen bekommt und dafür volle Verantwortung trägt. (Ich nenne solche Einsätze »*Timbuktu-Einsätze*«.)

Internationale Einsätze sollten wesentlicher Bestandteil der Berufslaufbahn sein und von der Unternehmensführung stärkste Unterstützung erfahren. Natürlich werden einige von Ihnen sagen, daß es zu riskant ist, einem jungen Menschen eine konkrete Verantwortung für ein Projekt zu übertragen. Mit Sicherheit wird dieser junge Mensch Fehler machen. Na und? Es ist die beste Investition, die Sie in die Zukunft Ihres Unternehmens machen können! Nur so können Menschen lernen. (Wer keine Fehler macht, kann auch keine wirklich gültigen Entscheidungen treffen.) Am Ende werden gerade diese Erfahrungen die wertvollsten sein.

Immer wieder erzählen mir globale Führungskräfte in meinen Interviews, wie sie Führung lernten, als sie Ende Zwanzig, Anfang Dreißig waren und nach Argentinien, Taiwan, Australien oder Kanada geschickt wurden, um dort ein Werk aufzubauen, ein Verkaufsbüro umzuorganisieren, ein Joint-venture einzurichten oder sonst irgendeine verantwortungsvolle Aufgabe zu bewältigen. Ihnen stand der Angstschweiß auf der Stirn, sie hatten schlaflose Nächte und machten Fehler. Doch das wichtigste war, daß sie mit Begeisterung dabei waren und *lernten*! Diese Lektion, wie sie allein auf sich gestellt das Projekt auf die Beine stellen mußten, haben sie nie vergessen. Erfahrung lehrte sie unglaublich viel über Motivation, Entscheidung und Verantwortung.

Ein anderer Pluspunkt sind Mentoren, die global denken und der Führungskraft im Ausland zur Seite stehen. Eigentlich hatten die meisten erfolgreichen Führungskräfte einen Mentor (selbst wenn sie es später im Leben nicht immer zugeben). In globalen Unternehmen wie *Shell, Alcatel, Unilever, ABB* und *Schlumberger* zum Beispiel braucht man nicht lang zu suchen, um die Zutaten für eine internationale Arbeitsumgebung zu finden.

Jedoch mögen sich diejenigen, die die Führung eines globalen Imperiums anstreben, sagen lassen, daß diese Position auch das Gefühl der eigenen Wichtigkeit verzerren kann. Mit der Concorde fliegen, Blitzbesuche von Land zu Land zu machen, Empfangsparties auf jedem Flughafen mit Akklamationen für den Chef kann einen Menschen unglaublich aufblasen. Daher müssen sich globale Unternehmensführer mehr als andere Führungspersönlichkeiten immer wieder vergegenwärtigen, wer sie eigentlich sind. Sollten Sie eine solche hohe Position erreicht haben, dann helfen Ihnen vielleicht die drei »H« der Führung: *Humility, Humanity, Humor.* Wie einmal jemand sagte, der offensichtlich einiges über Führung wußte: »Immer wenn Sie denken, Sie hätten Macht, versuchen Sie mal, den Hund eines anderen Herrchens herumzukommandieren!«

9 Die Zukunft beginnt heute

Führung im nächsten Jahrtausend

*Um Großes zu erreichen, muß man bei den Menschen stehen,
nicht über ihnen.*
Montesquieu

*Ich selbst habe nichts Herausragendes geleistet,
außer einer bemerkenswerten und für einige Freunde
unerklärlichen Fähigkeit, leere Ginger-Ale-Flaschen in einem
Abstand von dreißig Schritten mit kleinen Steinen zu treffen.*
James Thurber

Der Weg, nicht die Ankunft, ist das Ziel.
Michel de Montaigne

Charles Kettering sagte einmal: »Mein Interesse gilt der Zukunft,
denn ich werde den Rest meines Lebens dort verbringen.« Zum
Glück nähert sich die Zukunft immer nur tageweise. Dennoch ist
es wichtig, sich zu klarzumachen, daß exzellente Geschäftspraktiken von heute oft schon morgen nicht mehr taugen. Entsprechend
wäre diese Aufsatzsammlung nicht vollständig, enthielte sie nicht
auch einen Ausblick auf *Managementtrends*. Aber was *sind* neue
Trends im Management? Was sollte eine Studie über die Zukunft
von Spitzenleistungen beachten?
In den letzten zehn Jahren war »Spitzenleistung« *das* Modewort
überhaupt. Seit 1982, als *Tom Peters* und *Robert Waterman* ihren
Megaseller *In Search of Excellence* veröffentlichten, war die Geschäftswelt von diesem Begriff fasziniert. In jeder Buchhandlung

wimmelt es von Buchtiteln, die das Wort *Spitzenleistung* oder Synonyme dafür enthalten.

Abgesehen davon, daß viel Staub aufgewirbelt wurde, gelang es *Peters* und *Waterman* doch zumindest, die sinkende globale Wettbewerbsfähigkeit vieler Unternehmen zu beleuchten. In vieler Hinsicht war ihre Untersuchung ein Hoffnungsschimmer, denn sie bot Lösungsansätze, indem sie die typischen Probleme identifizierte und die hervorstechenden Charakteriska erfolgreicher Unternehmen herausarbeitete.

Erinnern Sie sich, welche Eigenschaften *Peters* und *Waterman* für Spitzenleistung postulierten? Um der alten Zeiten willen, lassen Sie sie uns noch einmal ansehen: Aktionsorientiertheit, Kundennähe, Autonomie und Unternehmertum, Produktivität durch Menschen, gemeinsame Wertvorstellungen, Konzentration auf die eigenen Stärken, einfache Strukturen und eine schlanke Personaldecke, gleichzeitig lockere und straffe Kontrolle. Alles sehr vernünftige Gedanken.

Vielleicht erinnern Sie sich auch, daß die beiden Autoren zum Beweis ihrer Thesen eine ganze Reihe von Unternehmen aufführten. Doch am 16. April 1984 zeigte das amerikanische Magazin *Business Week*, daß mindestens vierzehn dieser dreiundvierzig Firmen bereits ihren Zenit der Spitzenleistung überschritten hatten. Unternehmen wie *Atari* und *Revlon* befanden sich in ernsten Schwierigkeiten. Elf Jahre später hatte sich das Bild noch mehr gewandelt. Natürlich ist das ganz verständlich, weil Unternehmen keine statischen Einheiten, sondern lebende Systeme sind. Ob Sie es glauben oder nicht, der durchschnittliche Lebenszyklus eines großen Industrieunternehmens beträgt etwa nur vierzig Jahre. Beunruhigend, nicht wahr?

Fortunes Jahresliste der meistbewunderten Unternehmen zeugt ebenfalls von ständiger Bewegung. Die Liste spiegelt die Unbeständigkeit des Geschäftslebens wider, wo der Erfolg von heute bereits der Mißerfolg von morgen sein kann. *IBM* zum Beispiel, das jahrelang zur Nummer eins gekrönt wurde, fiel 1987 auf die achte Position, 1991 weiter auf Platz 32 und fand sich 1995 gar auf Rang 281 wieder. *IBMs* dramatischer Abstieg war (nach Angaben derjenigen, die diese Liste aufstellen) auf mangelnde Innovation sowie auf seine Unfähigkeit, Markttendenzen zu erkennen, zurückzuführen. Doch andere Unternehmen wie *Hewlett-Packard*, *Rubbermaid* und *3M* konnten ihre Spitzenstellungen Jahr für Jahr halten.

Wie kommt *Fortune* zu diesen Ergebnissen? Die Zeitschrift befragt mehr als 10 000 Topmanager, Aufsichtsräte und Finanzanalysten und erhält so eine beträchtliche Rückmeldung. Als Attribute für eine Spitzenstellung gelten Managementqualität, Qualität von Produkten und Dienstleistungen, Innovationsstärke, langfristiger Kapitalwert, finanzielle Gesundheit, soziale Verantwortung, Umweltbewußtsein, Einsatz der Vermögenswerte und die Fähigkeit, talentierte Menschen anzuziehen, weiterzubilden und zu halten.

Um dem Ganzen die richtige Würze zu geben, beleuchtet *Fortune* nicht nur die Spitzenreiter, sondern auch diejenigen, die am Fuß der Pyramide herumkrebsen. Das bringt richtig Streß. Was würden Sie sagen, wenn Sie sich auf *Fortunes* jährlicher Verliererliste finden und gefragt würden, warum das so ist?

Tatsache ist, daß Unternehmen, die all die Jahre mehr überlebten, als dem typischen Zyklus von Aufbau, Wachstum, Höhepunkt, Niedergang und Untergang zu folgen (vergleiche *Fortunes* Liste vor dreißig Jahren, und Sie sehen, daß viele Firmen heute gar nicht mehr existieren), eine eher konservative Finanzpolitik aufweisen, eine starke Unternehmenskultur besitzen, am Puls der Zeit liegen (das heißt, sie hören ihren Kunden zu) und bereit sind, Verantwortung nach unten abzugeben. Die Maxime dieser Unternehmen ist institutionalisierte Weiterbildung und Kontinuität zwischen den Führungsgenerationen.

Die Studie von *Peters* und *Waterman* war nichts weiter als eine Momentaufnahme. Doch Vorstandsvorsitzende sollten, wie ich bereits gesagt habe, auch zukünftige Trends im Auge behalten. Sie müssen herausfinden, wie ein Unternehmen in Zukunft zu führen ist, und neue Bereiche entdecken, in denen Spitzenleistungen erforderlich sind.

An der Schwelle eines neuen Jahrtausends zeichnen sich einige Entwicklungen ab. Zum Beispiel werden Führungskräfte sich immer stärker mit sozialen, wirtschaftlichen, politischen und Umweltfragen auseinandersetzen müssen. Wer die Warnzeichen aus diesen Bereichen übersieht, tut dies auf eigene Gefahr. Die Zeiten der »splendid isolation« sind vorbei. Das öffentliche Umweltbewußtsein wächst immer mehr und muß sich in der Unternehmenspolitik niederschlagen. Die Katastrophen der *Exxon Valdez* und von *Bhopal* haben uns wertvolle Lektionen erteilt. Heute verfügen viele Pharmaunternehmen und Chemiekonzerne über ein institutionalisiertes Krisenmanagement. Andere Branchen reagieren ähnlich. Autohersteller unternehmen alle nur erdenklichen Anstrengungen, um saubere Motoren herzustellen. Energieerzeuger setzen immer mehr auf saubere Technologien. Recyclingunternehmen werden an der Börse hoch gehandelt.

Die Liste läßt sich endlos weiterführen. Größeres Umweltbewußtsein bedeutet jedoch gleichzeitig, daß die Unternehmen mit neuen Kalkulationssystemen experimentieren müssen, die diesen ökologischen Aspekten Rechnung tragen.

Das Entstehen des globalen oder transnationalen Unternehmens, das Mergers- und Acquisitions-Phänomen, und die explosionsartig wachsende Zahl strategischer Partnerschaften (zusammen mit den zunehmenden Dienstleistungsbranchen) erfordern ein hohes Maß an zwischenmenschlichen und übernationalen Managementfähigkeiten. Damit diese neuen unternehmerischen Kombinationen funktionieren, müssen »weichere« Qualitäten gemeistert werden – Fähigkeiten auf Gebieten wie kultureller Empathie, Zuhören, Kommunikation und Motivation. Diese Fähigkeiten werden für Unternehmen, die eine Spitzenstellung anstreben, von essentieller Bedeutung sein. Die Welt wird kleiner, und kulturelle Vermischungen sind jetzt eher die Regel als die Ausnahme. Eine ethnozentrische Einstellung ist hier völlig fehl am Platz. Der Anspruch, nur die eigene Arbeitsweise sei die einzig richtige, beschwört ein Desaster herauf.

Die wachsende Mobilität der Unternehmensangehörigen führt zu größerer ethnischer Vielfalt und vielfältigen ethnischen Wertsystemen unter den Mitarbeitern, wobei auch immer mehr Frauen ihren Beitrag zur Arbeitswelt leisten. Es gibt im Management keinen Platz für Sexismus. Selbstverständlich wird die zunehmende Zahl von Frauen in Führungspositionen die Unternehmensführung in Zukunft wesentlich verändern (dazu mehr in Kapitel zehn). Es gibt Männer, die aus den unterschiedlichsten psychologischen Gründen immer noch Schwierigkeiten haben, mit Frauen in höheren Positionen umzugehen. Frauen als Sekretärinnen ist eine Sache, als Vorgesetzte eine ganz andere. Unternehmen, deren Führungskräfte jedoch für diese psychologischen Probleme empfänglich sind, können daraus Wettbewerbsvorteile ziehen. Dann gibt es noch eine andere psychologische Entwicklung, die beachtet werden sollte: Nach Aussagen von Kulturhistorikern leben wir in einem »Zeitalter des Narzißmus«. Psychiater berichten von einer wachsenden Zahl narzißtischer Störungen. Schnelle soziale Veränderungen und der damit einhergehende Zerfall der traditionellen gesellschaftlichen Strukturen bieten hierfür mögliche Erklärungen. Da die Kompensationsfunktion von sozialen Strukturen verlorengeht, nehmen solche Störungen zu. Egozentrismus und Selbstbezogenheit sind hervorstechende Merkmale solcher Fehlentwicklungen.

Die Generation, die jetzt in die Unternehmen eintritt, ist sehr stark ichbezogen. Thomas Wolfe nannte sie einmal die »me-generation«. Sie fragt nicht, was sie für das Unternehmen tun kann, sondern was das Unternehmen für sie tun kann. Loyalität ist ein Fremdwort geworden, und nicht selten hört man hier Sprüche wie: »Wenn du Loyalität willst – kauf dir 'n Hund.«

Diese Selbstbezogenheit führt dazu, daß ein größeres Interesse an eigenem Fortkommen und beruflicher Veränderung besteht. Der sich mit seinem Unternehmen identifizierende Unternehmensangehörige – das langjährige Vorbild – ist in der heutigen Zeit ein Anachronismus. Eine lebenslange Anstellung bei einem Unternehmen wird zunehmend selten. Zwei Faktoren, die diese Entwicklung in der jüngsten Vergangenheit noch beschleunigten, sind die *Schrumpfungsprozesse* und das *Business Reengineering*. Solche Vorgänge sind nicht gerade förderlich für die Loyalität zu einem Unternehmen. Am Ende stehen Führungskräfte, die in ihrer beruflichen Laufbahn sehr viel mobiler sind. Die Folge ist, daß die Unternehmensführungen mit einer hohen Fluktuation im Management fertig werden müssen.

Vor allem läuft diese Entwicklung darauf hinaus, daß keine Position mehr dauerhaft ist. Der schnelle gesellschaftliche Wandel verschärft diese Entwicklung noch. Vorübergehende Systeme werden die Norm. Die Führungskräfte werden lernen müssen, daß die einzige Existenzberechtigung für eine Funktion von den Kunden ausgestellt wird. Es wird somit eine aktivere Einstellung zum Karrieremanagement notwendig sein. Bei *Apple* heißt es zum Beispiel: »Sie managen Ihre Karriere selbst. Wir bieten Ihnen dazu die Möglichkeiten.« Auf den Punkt gebracht heißt das: Amtsinhaberschaft wird ersetzt durch Angestelltenmentalität.

Das Bedürfnis nach Selbstbestimmung spiegelt sich auch in der wachsenden Zahl von Selbständigen und ihrem Gefolge, den Familienunternehmen, wider. Der Wunsch, die eigene Umgebung zu gestalten und größeren Einfluß zu haben, lockt immer mehr Menschen in die Selbständigkeit – vor allem Frauen, die auf diese Weise Beruf und Familie besser vereinbaren können.

Auch die Revolution in der Informations- und Kommunikationstechnologie verändert die Menschen und ihre Arbeit. Explosionsartig wachsende Datennetze ermöglichen Zugang zu unendlich vielen Informationen. Durch den leichten Zugriff erhalten Führungskräfte direkte Informationen von weitaus mehr Menschen als zuvor. Für das mittlere Management bedeutet dies unter anderem, daß seine Aufgabe der Informationsaufbereitung und -weiterleitung nach oben und unten immer überflüssiger wird. Stabsfunktionen werden immer unwichtiger. *Jack Welchs* Vision von *General Electric* als einem Unternehmen mit »verschlanktem« mittlerem Management wäre ohne die moderne Informationsverarbeitung kaum zu verwirklichen. *ASEA Brown Boveri (ABB)* ist ein weiteres gutes Beispiel für ein Unternehmen, das die Vorteile der modernen Kommunikation zu nutzen weiß. *ABB*, das aus einem schwedischen und einem Schweizer Energieunternehmen gebildet wurde, besteht aus 1 300 Einzelunternehmen, die in 5 000 Profit Centern unterteilt sind, deren Struktur und Kontrolle wiederum auf der modernen Informationstechnologie beruht. Die Revolution in der Kommunikationstechnologie ist ein Grund dafür, warum Unternehmen jetzt flacher werden können. Hohe, hierarchische Unternehmen mit vielen Managementebenen werden letztendlich aussterben. Neue, flachere Unternehmen werden immer mehr einer Verteilerstation gleichen, die Unterverträge vergibt, mit einer

Stammbelegschaft und vielen Teilzeitkräften und ebenso vielen Vertragsfirmen arbeitet. Horizontale Kommunikation (im Gegensatz zu vertikaler Kommunikation) wird schon bald die Regel und nicht mehr die Ausnahme sein. Vernetztes Arbeiten wird die Norm. Die »dezentralisierte zentralisierte« Struktur wird die Unternehmensstruktur der Zukunft.

Gleichzeitig wird die Dezentralisierung selbst akzeptabler, als sie es in der Vergangenheit war. Einer der Vorteile der neuen Kommunikationstechnologie besteht darin, daß dezentralistisch strukturierte Unternehmen keine Angst mehr davor haben brauchen, die Kontrolle zu verlieren. Wie *Percy Barnevik*, der CEO von *ABB*, einmal sagte: »Ich will, daß dieses Unternehmen gleichzeitig groß und klein ist, dezentralisiert und zentralisiert, global und lokal!«

Das Unternehmen der Zukunft wird insgesamt kundenorientierter ausgelegt sein, die Befriedigung von Kundenwünschen wird das zentrale Thema. Folglich sollten alle Leistungsziele und Bewertungsformen an die Maxime »Kundenzufriedenheit« geknüpft sein. Ich habe zu viele Führungskräfte erlebt, die allzusehr mit dem Innenleben ihres Unternehmens beschäftigt waren und politische Spielchen trieben und darüber ihre wichtigste Wählerschaft verloren: ihre Kunden. Vorsicht: Wenn Sie das zu lang machen, könnten Ihre Kunden Sie vergessen! Der Kontakt zwischen Hersteller und Kunde sollte an jedem Arbeitsplatz maximiert werden. Es ist klar, daß eine dezentrale, kundenorientierte Unternehmensstruktur hinsichtlich Schnelligkeit, Flexibilität und Reaktionsschnelle Wettbewerbsvorteile hat.

Eine flachere Organisationsstruktur bringt gleichzeitig eine weniger strukturierte Umgebung mit sich. Das wiederum bedeutet für die Führungskraft der Zukunft, daß sie lernen muß, mit Unsicherheiten und Uneindeutigkeiten umzugehen – was für viele sicherlich die schwierigste Aufgabe ist.

Wenn die wachsende Zahl der Business Schools ein Indikator dafür ist, dann wird das Management professioneller werden. Es wird dann schwieriger, ein Unternehmen aus dem Bauch heraus zu führen – was jedoch nicht bedeutet, daß die kartesianische Managementmethode das Nonplusultra ist. Rationale Analytik allein kann steril werden. Man wird rationale und analytische Ansätze mit Intuition ausgleichen müssen. Führungskräfte werden lernen müssen, auch die »leisen« Signale besser zu erkennen. Sie werden zugänglicher für das werden müssen, was Psychotherapeuten »Gegenübertragung« nennen. Sie werden die Fähigkeit zur Gefühlsinterpretation kultivieren müssen. Die emotionale Seite wird bei Verhandlungen oft übergangen, doch wirklich gute Führungskräfte tragen ihr Rechnung, weil sie oft zusätzliche Informationen vermittelt.

Die Schwierigkeit dabei ist, daß Gefühlsreaktionen unter Umständen sehr täuschen können. Die folgenden Fragen können daher bei beruflichen Kontakten sehr nützlich sein: Was ist meine erste Reaktion? Wie reagiere ich im Umgang mit diesem Menschen? Was macht dieser Mensch mit mir? Welche Gedanken und Gefühle tauchen auf, wenn ich rede oder zuhöre?

Es lohnt sich, auch die seltsamsten Gedanken und Gefühle einmal näher anzusehen. Zum Beispiel könnten Sie an sich entdecken, daß Sie stets die Situation beherrschen wollen oder sich andernfalls abgewiesen fühlen oder langweilen. Oder aber Sie müssen unbedingt nett sein, oder sie haben Angst vor dem anderen.

Alle Reaktionen haben eine Bedeutung. Doch die Fähigkeit zur Selbstreflexion ist bei Führungskräften notorisch unterentwickelt. Viele handeln erst und denken dann. Sie fragen sich kaum, warum sie etwas so und nicht anders tun. Ein Grund dafür ist sicherlich, daß das kurzsichtige, aktionsbetonte Umfeld vieler Führungskräfte solche Art der Selbstbefragung nicht gerade fördert.

In dieser neuen, dynamischen und turbulenten Welt wird planvolle Veränderung und organisatorische Erneuerung eine größere Rolle spielen. Wandel und Veränderung werden ein Dauerphänomen, und die Führungskräfte der Zukunft sollten besser lernen, damit zurechtzukommen.

Zu diesem Zweck sollte eine Unternehmenskultur geschaffen werden, die einem ständigen Lernprozeß förderlich ist. Benchmarking nach innen und außen und die Ermutigung zur Vielfalt sind die neuen Werte.

Leitende Führungskräfte müssen psychologisch auf die Rolle eines

Mentors vorbereitet werden, in der sie die Entwicklung der neuen Führungsgeneration beaufsichtigen. Ich kenne Unternehmen, die das *Mentorprinzip* und damit eine Lernumgebung schon lange fest institutionalisiert haben: *Shell, Air Liquide, Johnson & Johnson, Daimler-Benz* und *Stora* (eines der ältesten Unternehmen der Welt).

Im flachen und professionelleren Unternehmen werden Kooperation und Teamarbeit eine prägende Rolle spielen. Spitzenunternehmen bekämpfen vehement destruktive Konflikte und Politisierung. Leitende Führungskräfte im Unternehmen von morgen werden die Rolle des Helfers und Trainers spielen müssen. Statt autoritär *zu sein*, sollten sie *Autorität haben*. Da Mitarbeiterbeteiligung die Regel und nicht die Ausnahme sein wird, wird ein autoritärer Managementstil zunehmend unhaltbar.

Hochgestellte Unternehmensangehörige sollten ein Klima des Vertrauens aufbauen können. Ohne Vertrauen brechen Kommunikation und Lernbereitschaft ab. Dann beginnt der Territorialkampf, fehlt es an Kooperation und gedeiht egoistische Eigenbrötlerei.

Als Voraussetzung für eine vertrauensvolle Umgebung müssen Führungskräfte mehr Offenheit und Eigenengagement in dieser Sache zeigen. Eine vertrauensvolle Atmosphäre basiert auf Ehrlichkeit, Beständigkeit und Kompetenz. Um solch ein Klima zu schaffen, ist es wichtig, daß die hochrangigen Entscheidungsträger ihren Mitarbeitern Respekt entgegenbringen und einspringen, wenn es brennt. Eine todsichere Methode, Mitmenschen verrückt zu machen, ist: Vertraue nicht, fühle nicht, rede nicht!

Ein weiteres Merkmal des Unternehmens der Zukunft werden eigenständige Teams sein: Gruppen von Führungskräften, die sehr wenig Führung benötigen. Sie können sich selbst Ziele setzen, belohnen und kritisieren, sie sind motiviert und engagiert. In Unternehmen wie *Apple, Microsoft, Novo Nordisk* und *W.L. Gore* sind solche Arbeitsplattformen bereits die Regel. Und schließlich müssen die Menschen in Zukunft aufpassen, daß der Streß sie am Arbeitsplatz nicht überrollt. Interkontinentalflüge und die steigende Informationsflut bedeuten eine enorme Belastung für Körper und Seele. Die ideale, gut angepaßte Führungskraft muß ihr Privat- und Berufsleben wohlausgewogen voneinander trennen können, ein angemessenes Maß an persönlichem Streß nicht überschreiten und ihre Grenzen kennen. Werden diese Grenzen dauerhaft überschritten, führt dies zum Burnout!

Aus der hier präsentierten Momentaufnahme zu den zukünftigen Managementtrends, die ich durch Gedanken der Unternehmensberater Peters und Waterman ergänzt habe, ergeben sich einige Thesen zur Spitzenleistung.

Zunächst einmal kann ich nicht genug betonen, daß Führungskräfte vor allem dem Größenwahn widerstehen müssen: Sie sollten nicht alles ausprobieren. Die Zahl der Supermänner und Superfrauen, die glauben, sie wissen alles über jede Branche und jedes Geschäft, ist zum Glück recht klein. Solche Leute machen sich gewöhnlich selbst etwas vor. Unternehmen mit Spitzenleistung konzentrieren sich nur auf einige wenige Geschäftsbereiche. Untersuchungen haben gezeigt, daß der Mehrwert durch Diversifizierung in nicht verwandte Branchen sehr zweifelhaft ist. Zum Glück hat sich das Fusions- und Akquisitionsfieber der achtziger Jahre gelegt (auch wenn es sich, wie in Kapitel vier angemerkt, noch nicht völlig erschöpft hat).

Viele Unternehmer haben ihr Lehrgeld gezahlt und stoßen nun Firmenteile ab und besinnen sich wieder auf ihre eigentlichen Stärken. So konzentriert sich zum Beispiel die *Prudential Corporation* wieder auf ihr Hauptgeschäft – den Verkauf von Lebensversicherungen und Pensionen. Das Unternehmen hat sein Makler-, Auto- und Hausversicherungswesen sowie die ausländischen Niederlassungen abgestoßen. Der italienische Autokonzern *Fiat* hat sich seiner nichtstrategischen Vermögenswerte, das Versicherungs- und Einzelhandelsgeschäft, entledigt. Auch *AB Skandia* beschloß nach einer mörderischen Übernahmeschlacht, die zwei seiner Rivalen in den Ruin trieb, sich auf seine Wurzeln zurückzubesinnen. Das finnische Unternehmen *Nokia* hat seine Holdings im Elektrikbereich verkauft. Dies sind alles Beispiele für Unternehmen, die das Ruder herumgerissen haben, um für die Zukunft gerüstet zu sein. Die Liste ihrer Nachahmer ist lang und führt bedeutende Namen.

Führungstalent ist eine knappe Ressource, die immer knapper wird, je mehr Unternehmen sich am globalen Spiel beteiligen. Die

Zahl derer mit herausragenden Qualitäten ist begrenzt, also wird die Fähigkeit eines Unternehmens, Stars anzuziehen, von großer Bedeutung sein. Und dies wird letzten Endes auch die Achillesferse vieler japanischer Unternehmen werden, die vorzugsweise nur Japaner in Topmanagement-Positionen berufen.

Ein weiterer Faktor im Erzielen von Spitzenleistung ist die Schnelligkeit, die eine entscheidende Waffe im Wettbewerb geworden ist. Japanische Autohersteller zum Beispiel benötigen drei Jahre für die Produktion eines komplett neuen Fahrzeugs – von der Planung bis zur Serienreife. Können *General Motors* oder *Fiat* das auch? Der Begründer der *Virgin Group*, Richard Branson, sagt, daß er morgens eine Idee haben kann und sie am Abend verwirklicht sieht. Sein Unternehmen tanzt. Gilt gleiches auch für *Du Pont* oder *France Telecom*?

Die schöne neue Unternehmenswelt benötigt ein phantasievolles Personalmanagement. Offensichtlich hat die »winning corporation« ein beträchtliches Maß an Arbeitsplatzsicherheit mit hohen Gehältern zu bieten, welche die Verhältnisse auf dem Arbeitsmarkt widerspiegeln. In solch einem Unternehmen verliert die traditionelle Rolle der Gewerkschaften als Gegenpol zur Unternehmensführung an Bedeutung. Vergünstigungen werden auf individuelle Bedürfnisse zugeschnitten werden müssen. Die jungen Führungskräfte von heute werden wohl einen Anteil am Kuchen in Form von Gewinnbeteiligung, Boni und/oder Aktienbezugsrechten verlangen. Schließlich sind unsere Hemdsärmel nicht mehr einfach weiß, sondern golden. Eine Hauptvariable auf dem Weg zur Spitzenleistung – vor allem für Unternehmen im Elektronikbereich – ist der Umgang des Unternehmens mit Kreativität und Innovation. Und dazu gibt es eine Menge zu sagen. Zuallererst kostet Innovation Geld. Innovative Firmen wie *Merck, Compaq, Motorola* und *Johnson & Johnson* geben riesige Summen für Forschung und Entwicklung aus. Im Schnitt liegt der Betrag bei zehn Prozent vom Umsatz, davon wird ein beträchtlicher Anteil in neue Produkte gesteckt. Unternehmen wie *3M* und *Rubbermaid* streben an, daß mindestens fünfundzwanzig bis dreißig Prozent ihres Umsatzes aus Produkten erzielt wird, die in den letzten fünf Jahren neu auf den Markt kamen.

Um so ein Innovationsniveau zu ermöglichen, gewähren diese Firmen ihren Produktentwicklern außergewöhnliche Freiheiten. Zum Beispiel spendieren *Hewlett-Packard* und *3M* ihren Forschungsabteilungen sogenannte »Schmuggel«-Prozente, das heißt einen bestimmten Prozentsatz an Arbeitszeit, den die Entwickler ausschließlich ihrem Lieblingsprojekt widmen dürfen.

Diese Unternehmen stellen ihren Entwicklern die beste Ausrüstung zur Verfügung. Im Idealfall versucht man, im Unternehmen eine Art von Campus-Atmosphäre herzustellen. Zur Förderung von Synergien werden mittels Seminaren, gemeinsamen Forschungsprojekten und anderen Formen der Zusammenarbeit Schnittstellen zwischen der Wissenschaft und dem Unternehmen geschaffen.

Das Schlüsselwort bei alledem ist *Flexibilität*. Die Bürokratie wird auf ein Minimum zurückgefahren, sonst würden kreative Menschen auch nicht lange bleiben. Geld und Zeit für Experimente steht ausreichend zur Verfügung, und die Topführungskräfte sollten den Entwicklern auch die Freiheit des Mißerfolgs einräumen. Das Unternehmen muß Fehler tolerieren können, ohne einzugreifen. Bei *3M* etwa lautet das elfte Gebot: »Du sollst keine neue Produktidee töten.« Ein Topmanager dort sagte einmal: »Manchmal müssen wir beide Augen zudrücken und uns auf den Mund beißen.« Das bedeutet nicht, daß praktisches Eingreifen des Vorstandsvorsitzenden in die Produktentwicklung nicht äußerst wichtig ist. Das ist es sehr wohl, vor allem, wenn er in einem bestimmten Bereich spezielles Fachwissen und besondere Erfahrung einbringen kann wie zum Beispiel der ehemalige Chef des Pharmaunternehmens *Merck, Roy Vagelos*. *Merck* war über Jahre in der *Fortune*-Rangliste eines der erfolgreichsten Unternehmen, wenn nicht gar das erfolgreichste der USA. *Vagelos* war Doktor der Medizin und Leiter der Fakultät für Biochemie an der Washington University. Er wußte stets genau, wovon seine Forscher sprachen, und war mit Sicherheit niemand, der nur Bilanzen prüfte.

Das Leben in einem innovativen Unternehmen ähnelt einem Sportwettkampf, bei dem die verschiedenen Einheiten in freundschaftlichem Wettbewerb miteinander kämpfen. Nichts läßt den Adrenalinspiegel höher steigen als eine gesunde Konkurrenz. Abgesehen von den finanziellen Anreizen, gibt es in solchen Unternehmen für die Erfolgreichen noch eine Vielzahl anderer Preise. Bei *Merck* zum Beispiel besteht die größte Ehrung in der wissenschaftlichen Auszeichnung des Vorstands, den sogenannten *Award of the Board of Directors*, die eine Spende über 50 000 Dollar einschließt und an eine vom Gewinner ausgesuchte Universität geht.

Produktchampions spielen in innovativen Unternehmen eine wichtige Rolle. Doch angesichts der »politischen Struktur« von Unternehmen brauchen selbst Champions Beschützer, um ihre Ideen umzusetzen. Sie benötigen einflußreiche Promotoren auf der Führungsebene, die im Idealfall, wie die bereits zitierte *3M*-Führungskraft andeutete, ein wenig blind, taub, stumm, aber gleichzeitig sehr tolerant gegenüber den Ideen ihrer Innovatoren sein sollten. Denken Sie daran: Neue Ideen sind wie zarte Blüten – sie welken schnell!

Meinungsunterschiede sollten gefördert werden. Denn schließlich: wenn wir alle gleich denken, denkt niemand wirklich. Außerdem nimmt die Fähigkeit zu Spitzenleistungen proportional zur Menge der Zuschauer ab.

In Unternehmen, in denen Spitzenleistung durch technologische Innovation definiert wird, sind unter Umständen zweigleisige Berufslaufbahnen notwendig: eine Managementlaufbahn und eine wissenschaftliche Karriere. Mitarbeiter sollten die Beförderung in eine Managementlaufbahn ablehnen können, ohne dafür finanziell bestraft zu werden. Unter keinen Umständen sollte ein brillanter Wissenschaftler zu einem lausig schlechten Manager gemacht werden.

In kundenorientierten Unternehmen ist enge Zusammenarbeit zwischen dem Marketing und dem Forschungslabor notwendig. Gleiches gilt für die Produktentwicklung und die Produktionsplanung. Darüber hinaus sollten die Kunden so früh wie möglich in die Entwicklung neuer und in die Verbesserung bestehender Produkte einbezogen werden.

Schließlich hat die Führungskraft, die das zugegeben etwas schwammige Ziel der Spitzenleistung verfolgt, etwas von einem Seiltänzer. Allen Ansprüchen gerecht werden zu müssen ist nicht leicht, selbst wenn die Führungskraft die Höhenangst überwindet.

Doch was gibt es für eine Alternative? Wer läßt sich schon freiwillig begraben? Wer Spitzenleistung will, sollte nie vergessen, daß die wichtigsten Dinge, mit denen man lernen muß, im Leben umzugehen, Erfolg und Mißerfolg sind. Daß der Umgang mit Mißerfolg gelernt sein will, steht außer Frage. Weniger bekannt ist dagegen, daß auch ein Zuviel an Erfolg via Arroganz und Selbstgefälligkeit zu Mißerfolg führen kann.

Teil II

Führung von Mitarbeitern

herlock Holmes sagte einmal sinngemäß zu Dr. Watson: »Sie sehen, aber Sie beobachten nicht.« Doch dem berühmten Detektiv fiel es nicht leicht, seinem Assistenten den Unterschied zu erklären. Bei unserer Reise durch das Unternehmen versuche auch ich immer wieder, dem Leser den Unterschied zwischen *Sehen* und *Beobachten* zu verdeutlichen. Die Leser werden bei näherem Hinsehen erkennen, daß die Antwort auf viele Rätsel direkt vor ihrer Nase liegt. Berufen wir uns noch einmal auf Sherlock Holmes: »Ich habe es mir seit langem zur Regel gemacht, die kleinen Dinge als unendlich wichtig anzusehen.« Das einzige Problem ist, daß die meisten von uns nicht Sherlock Holmes sind. Wir müssen lernen, *wie* und vor allem *wo* zu sehen.

Vor nicht allzu langer Zeit gab ich in einem kleinen Ort in Portugal ein Seminar. Die ziemlich marketingorientierten Organisatoren waren bei ihrer Auflistung des Nutzens für die Teilnehmer etwas zu optimistisch gewesen. Dem Prospekt zufolge (der mir erst später übersetzt wurde) sollten die Teilnehmer am Ende dieses Workshops in alle Geheimnisse der Menschenführung eingeweiht sein. Nicht nur, daß sie ihren eigenen Führungsstil erkennen würden, sondern auch kraft ihres frisch erworbenen Wissens alle Menschen durchschauen und dabei erkennen können, an welchem Rädchen man am besten drehen kann. Es klang wie der ultimative Machttrip: die Fähigkeit, jeden Menschen dazu zu bringen, das zu tun, was wir von ihm verlangen.

Offensichtlich waren die Leute, die sich zu dem Workshop angemeldet hatten, auf der Suche nach einem Zaubertrank, einem schnellwirkenden Patentrezept.

Nach einem recht produktiven ersten Morgen, an dem ich über einige Schattenseiten der Führung gesprochen hatte, spürte ich eine wachsende Ungeduld. Den Teilnehmern wurde klar, daß auch ich keine Wundermittel zu verkaufen hatte, daß hier kein Zaubertrank ausgegeben würde. Statt dessen wurden nur ein paar Führungskonzepte, ob sie nun auf ihr Unternehmen anwendbar waren oder nicht, vorgestellt.

Einer der Teilnehmer, der Selbstbewußteste der Gruppe, fragte mich schließlich, worauf ich eigentlich hinauswolle. Er sagte mir geradewegs ins Gesicht, daß er die Orientierung verliere. Was bezweckte ich eigentlich mit diesem Seminar? Als ich noch einmal die Tagesordnung dieses zweitägigen Workshops wiederholte, sagte er, er habe kein Interesse an solchen Themen wie Unternehmenskultur, Landeskultur, Nachfolgeplanung, Selbständigkeit oder Familienbetrieb. Er machte sehr deutlich, daß er eigentlich nur an sich selbst interessiert war. Er wollte mich zu seinem Spiegel machen, der ihm seinen persönlichen Stil, seine Stärken und Schwächen vorhalten und ihm aufzeigen sollte, wie er effektiver werden konnte. Sicherlich ein sehr lobenswerter Wunsch – nur etwas schwierig, ihn auf der Stelle zu erfüllen.

Meine erste Reaktion war Überraschung. Ich hielt hier ein Seminar ab, daß ich schon oft mit gewöhnlich sehr guten Ergebnissen veranstaltet hatte. Ich empfand seine aggressive Art, mich zur Rechtfertigung zu zwingen, als Angriff. Ich versuchte dabei rational zu verstehen, was hier vor sich ging. Auf einer anderen, eher erfahrungsgestützten Ebene versuchte ich, seine Aggressivität zu verstehen. Was hatte er mit mir vor?

Verwirrt und bereit, etwas ganz anderes zu machen, nahm ich die Herausforderung an. So bat ich ihn, als lebende Fallstudie zu fungieren. Ohne weiter zu zögern, erklärte er sich dazu bereit. Und bald sprach er offen über sich und seine berufliche Laufbahn. Es wurde ziemlich schnell klar, daß seine rüde Art seine Achillesferse geworden war. In letzter Zeit hatte diese ihn zunehmend in Schwierigkeiten und schließlich auch in dieses Seminar gebracht. Sein Chef, der Vorstandsvorsitzende seines Unternehmens, hatte ihm dringend angeraten, ein Führungsseminar zu besuchen.

Aus der Darstellung des Mannes wurde (trotz seiner Ausflüchte) deutlich, daß er vor kurzem degradiert worden war. Nachdem er vorher die größte Einheit in seinem Unternehmen leitete, hatte er nun die Leitung einer kleinen Stabsgruppe übertragen bekommen. Dies war jedoch nicht der einzige Rückschlag, den er in letzter Zeit einstecken mußte. In der alljährlichen Studie zum Unternehmensklima hatte er das Feedback bekommen, daß seine Kollegen und Mitarbeiter ihn zwar als kompetenten und leistungsorientierten Manager respektierten, ihn aber aufgrund seiner rüden Art mit Dschingis-Khan verglichen.

Als er seine Lebensgeschichte erzählte, ließ sich der rote Faden leicht finden. Es wurde klar, daß seine Eltern ihm den Auftrag erteilt hatten, er solle sie für ihre Enttäuschungen im Leben entschädigen. Er sollte ihre Welt wieder geraderücken. Sein Vater hatte in einem von Verwandten ausgeheckten Handel den kürzeren gezogen, wodurch er sehr spät im Leben noch einmal von vorne anfangen mußte. Seine Mutter hatte gegenüber dem Sohn immer wieder betont, wer nett sei, ziehe immer den kürzeren (was seinem Vater ja auch passiert war). Ihm wurde eingepaukt, daß die Welt draußen sehr gefährlich und den meisten Menschen nicht zu trauen sei. Der Beweis war die unfaire Behandlung, die sein Vater erfahren hatte: Man hatte ihn umzingelt und von hinten erstochen.

Vor diesem Hintergrund überraschte die etwas eigenartige Lebensphilosophie dieses Teilnehmers nicht. Laut seiner inneren Regieanweisungen war es am besten, den Menschen gleich an die Gurgel zu springen. Zwischentöne waren überflüssiger Ballast. Direkt drauflosschießen, selbst wenn es weh tat, war die beste Methode. Außerdem durfte man niemandem vertrauen.

Diese Lebensstrategie hatte sich in seiner ehemaligen Position als Turnaround-Manager ausgezahlt. In dieser Position konnte er es sich nicht leisten, sentimental zu sein. Und auch früher, als er noch eine technische Funktion ausübte, wo er nur begrenzt mit Menschen zu tun hatte, war seine rauhe Art nicht so aufgefallen. Doch jetzt in der Zentrale, nachdem er für gute Arbeit zum Kronprinzen ernannt worden war, wurde sein persönlicher Stil ganz offensichtlich ein Problem für ihn.

Angesichts seiner mißlichen Lage (auch um seine Ehe stand es schlecht) war dieser Mensch bereit, sich meinen Rat und den der anderen Seminarteilnehmer anzuhören. Meine erste emotionale Reaktion, das Gefühl, angegriffen zu werden, half mir bei meinen anfänglichen Interpretationen. Dieser Umgangston war sein persönlicher Stil. Ich hatte das Gefühl, ich müsse seine Aggressivität erst einmal verdauen. Aber seine rüde Art hatte mich zornig gemacht. Dieser Zorn und das Gefühl, unfair behandelt worden zu sein (so wie er sich sein Leben lang unfair behandelt gefühlt hatte – stellvertretend für seinen Vater), waren deutliche Signale für die Hauptstichworte, die seine innere Welt prägten. Indem ich mir die

Gefühle ansah, die dieser Mensch in mir erzeugte, war ich der Falle ausgewichen, ihm einen Schlag in die Kniekehlen zu versetzen. Ich hatte kaum auf seinen Angriff reagiert; ich hatte versucht, ihn zu verstehen und seine schwachen Hilfesignale zu deuten.

Was ablief, läßt sich vielfaltig benennen: Gegenübertragung, projektive Identifikation oder Parallelprozesse. Die Bedeutung liegt nicht in der Benennung, sondern in der Wahrnehmung, wie Menschen auf andere wirken. Menschen projezieren in andere das, was sie selbst erleben; und das dient als weitere Informationsquelle, um diesen Menschen zu verstehen. Wie dieses Beispiel zeigt, betreibe ich in diesem Buch Unternehmensanalyse mit einem klinischen Ansatz. Und bei der Lektüre der verschiedenen Aufsätze werden Sie merken, daß die Grundprinzipien, die das klinische Paradigma bilden, nicht unbedingt komplex sind. Oft geht es nur darum zu erkennen, daß sie auf viele Situationen anwendbar sind – indem man auf die eigene Reaktion achtet.

Einen Großteil des Lebens im Unternehmen läßt sich durch Geschichten der Unternehmensangehörigen enthüllen. Unsere Aufgabe besteht darin, diese Geschichten richtig zu interpretieren. Dabei geht es nicht unbedingt im die historische Wahrheit. Ganz im Gegenteil – es geht um die erzählerische Wahrheit, die gefühlsmäßige Erfahrung des Erzählers.

Nur durch die Überprüfung, wie diese Geschichten sowohl vom Erzähler als auch vom Zuhörer empfunden werden, können wir den Menschen dahinter erkennen und sehen, wie diese Geschichten sein Verhalten beeinflussen und wie sie »neurotische« Unternehmen schaffen können. Dazu müssen wir zunächst die Themen herausfinden, die das Leben der Hauptakteure im Unternehmen bestimmen (wie wir ja gerade im Beispiel gesehen haben), wir müssen den Charakter der Betreffenden verstehen und die Menschen hinter ihrer Maske erkennen. Wie der Psychiater *Robert Coles* einmal sagte: »Charakter ist, wie Sie sich gegenüber den Menschen verhalten, mit denen Sie sich umgeben, sichtbar und nicht sichtbar.« Dabei ist gerade die Seite, die wir nicht sehen können, extrem schwierig zu dekodieren.

Natürlich ist es nicht das gleiche, einer Führungskraft dabei zu helfen, die Wirkung ihres Verhaltens auf das Unternehmen zu verstehen, wie das gesamte Unternehmen einer Psychoanalyse zu unterziehen. Ein Unternehmen auf »die Couch legen« bedeutet im Grunde nichts weiter, als klinische Konzepte anzuwenden, um besser verstehen zu können, was wirklich in einer Organisation abläuft. Die nächsten Aufsätze berühren im folgenden eine Reihe von zwanghaftem Verhalten, wie ich es bei Führungskräften beobachtet habe.

In Kapitel zehn wird die Büchse der Pandora geöffnet und aufgezeigt, inwieweit körperliche und psychologische Vorgänge geschlechtsspezifisch sind. Dabei geht es sowohl um Klischees als auch um Realitäten, die sich aus geschlechtsspezifischen Unterschieden im Unternehmen ergeben.

In Kapitel elf geht es um einen ebenfalls schwierigen Bereich: Spannung und Streß, der ein innovatives und erfolgreiches Familienunternehmen aus dem Gleichgewicht bringen kann. Fragen über die Nachfolge und Führungsstil führen hier oft zu erbitterten Konflikten und können zum Zusammenbruch des Unternehmens führen. Diese Probleme verschärfen sich, wenn die persönlichen Beziehungen der Familienmitglieder in das Geschäft hineingetragen werden. Das Kapitel gibt praktische Ratschläge für Inhaber und Angestellte von Familienunternehmen. Einer der am häufigsten genannten positiven Aspekte von Familienbetrieben besteht in ihrer Energie und Kreativität. Auch wenn es oft als Sisyphusarbeit anmutet, so ist Kreativität für jedes – selbst das kleingeistigste – Unternehmen erlernbar. Andererseits kann Kreativität, wenn sie nicht richtig geführt wird, zu Chaos führen.

Kapitel zwölf untersucht, was wirklich kreative Menschen von gewöhnlichen Sterblichen unterscheidet und wie man sie für das Unternehmen gewinnen und pflegen kann. Zur Interpretation menschlichen Verhaltens müssen unbewußte Vorgänge, welche das Handeln und Entscheiden des Menschen beeinflussen, erkannt werden. Die folgenden Aufsätze untersuchen diese Schattenseite von Führung und einige Gründe für dysfunktionales Führungsverhalten.

Kapitel dreizehn beschäftigt sich mit einem Trauma in der Karriere einer jeden Führungskraft: Pensionierung und Nachfolge. Warum ist sie für manche im wahrsten Sinne des Wortes lebensbedrohlich und für andere lediglich ein weiterer Abschnitt in einem reichen und erfüllten Leben? Wie läßt sich dieser Übergang erleichtern, sowohl aus persönlicher als auch aus unternehmerischer Sicht? Arbeitssucht ist ein anderes dysfunktionales Verhalten. Frühe Erfahrungen können bei Kindern dazu führen, daß harte und unrealistische Erwartungen verinnerlicht und ins Erwachsenenalter hineingetragen werden. Harte Arbeit ist eine Art Wiedergutmachung, die aber nie wirklich ausreichend ist. Kapitel vierzehn zeigt Wege auf, wie sich arbeitssüchtiges Verhalten ändern läßt. Andere Typen im Unternehmen lassen sich auch als *Alexithymiten* bezeichnen. Das griechische Wort Alexithymia bedeutet wörtlich »keine Worte für Gefühle« und bezieht sich auf Menschen, die keine Gefühle zeigen (und offenbar auch keine Gefühle *empfinden*). Diese Menschen trifft man häufig in Großunternehmen an, wo sie sich hinter Strukturen und Routine verstecken können. Gefühllose Führungskräfte können das ganze Unternehmen infizieren. Zumindest fehlt ihnen, wie Kapitel fünfzehn zeigt, das Charisma, die ansteckende Energie, die für effektive Führung notwendig sind.

Dysfunktionales Führungsverhalten beruht oft auf einem ungesunden Narzißmus, der Gegenreaktion auf das Gefühl, unwichtig zu sein. Kapitel sechzehn zeigt auf, wie Unternehmer zu solcher Reaktion neigen, was sie trotz des Gefühls, daß alle gegen sie sind, zu ihrem Erfolg anstachelt. *Robert Maxwell* ist das jüngste Beispiel für einen Unternehmer mit solch einer dunklen Seite.

Wie ist es möglich, daß Führungskräfte wie *Robert Maxwell* angesichts ihres aggressiven und irrationalen Verhaltens so lange erfolgreich und mächtig bleiben? Warum gibt es überhaupt Menschen, die für so einen Chef arbeiten möchten? Als Antwort sollten Sie daran denken, daß Exzeß nicht nur bei Führungspersönlichkeiten, sondern auch bei Gefolgsleuten ein Markenzeichen sein kann. Kapitel siebzehn untersucht die seltsamen Erscheinungen von Unterwürfigkeit und Folie à deux und zeigt, wie die Bindung an eine Führungskraft so stark sein kann, daß Denkfähigkeit und vernunftbegabtes Handeln bei ihren Gefolgsleuten, oft genug zu ihrem Schaden, aussetzen kann. Es gibt Unternehmenschefs, die über dieses dysfunktionale Verhalten sogar noch hinausgehen. Sie werden verrückt. Für ihr Tun lassen sich keine erkennbaren vernünftigen Motive mehr finden. Kapitel achtzehn beginnt mit einer Darstellung von *Saddam Hussein*, einem Führer von unzweifelbarem Charisma, das jedoch mit Verrücktheit eingefärbt ist. Was führt dazu, daß ein Führer die Grenze zum Wahnsinn überschreitet? Wieder läßt sich die Antwort im zweischneidigen Schwert des Narzißmus finden. Narzißmus kann eine positive und konstruktive Kraft sein, oder er kann die Grundlage für Exzesse in Hybris und Irrationalität sein.

Auch wenn die Aufsätze in Teil II vielleicht sehr unterschiedlich sind, so durchzieht sie alle ein roter Faden: die unbewußten Ursachen für die Probleme einer Führungskraft – ihre Konflikte im zwischenmenschlichen Bereich – und ihre Auswirkungen auf das Unternehmen. Dem Leser wird dabei klar, daß es Probleme gibt, die tiefe Ursachen haben und sich nicht einfach durch ein neues Planungssystem, andere Beurteilungs- und Prämiensysteme, durch neue Arbeitsplatzbeschreibungen oder Herumbasteln an der Organisationsstruktur beseitigen lassen. Allzuoft sind die Menschen selbst die Ursache für diese Probleme. Und ein Mensch kann sich nur unter großen Anstrengungen ändern. Der Leser wird gut beraten sein, sich klarzumachen, daß er oder sie über die äußeren Faktoren hinausgehen und sich der Tatsache bewußt sein muß, daß es bei organisatorischen Veränderungen und Entwicklungen kein schnelles Allheilmittel gibt. Vor allem Führungskräfte müssen verstehen lernen, in welchem Maße sie und ihr Unternehmen von ihrem inneren Theater beeinflußt werden.

10 Ist Anatomie wirklich Schicksal?

Frauen als Führungskräfte

Ich kann ihr nachempfinden, obwohl ich nie eine Prostituierte in Alaska war, die in einem Flitterkleid auf der Bar tanzt. Es langweilt mich noch immer, Tag für Tag zu waschen, bügeln, kochen und abzuspülen.
Betty MacDonald

In diesem Kapitel geht es um eine Gruppe potentieller Führungskräfte, die oft übersehen und unterschätzt wird. Diese Gruppe macht die Hälfte der arbeitenden Bevölkerung aus. Sie haben es erraten – die Rede ist von Frauen. Wie aus zahlreichen Artikeln in *Fortune*, *Forbes* und *Business Week* hervorgeht, sind trotz aller Gesetze und Initiativen, trotz Pille und Feminismus Frauen auch heute noch immer extrem rar in den Führungsetagen.

Ich selbst habe für diese traurige Tatsache einen guten Indikator, nämlich die Anzahl von Studentinnen, die bei INSEAD immatrikuliert sind. Im Hauptstudium kann ich mich glücklich schätzen, wenn ich unter 150 Männern zwei oder drei Frauen finde. Dies zeigt ganz klar, daß das obere Management noch immer ein Männerreservat ist.

Die Zeitschrift *Fortune* fand heraus, daß in den großen amerikanischen Aktiengesellschaften weniger als 0,5 Prozent der höchstbezahlten Managementpositionen von Frauen besetzt sind. In Europa ist die Situation nicht besser, von Japan ganz zu schweigen.[11] Glücklicherweise scheint Änderung in Sicht zu sein. Zum Beispiel sind in diesem Jahr in meinen MBA-Klassen immerhin schon neunzehn Prozent der Teilnehmer Studentinnen (zugegebenermaßen ist diese Zahl immer noch Lichtjahre von den Zahlen amerikanischer

Business Schools entfernt, wo der Frauenanteil dreißig bis vierzig Prozent beträgt).

Doch warum finden wir so verschwindend wenige Frauen in den oberen Managementetagen? Hatte *Freud* recht damit, als er sagte, daß Anatomie Schicksal ist? Worin liegen die Gründe für diese niedrigen Zahlen?

Spekulationen darüber gibt es viele, ja sogar ein ganzes Potpourri davon: Frauen sind nicht so antriebsstark wie Männer; Frauen sehen ihre Berufstätigkeit nicht als Karriere, sondern als eine Abfolge von Arbeitsplätzen; ihre Emotionalität steht ihnen im Weg; Frauen ist ihre Familie wichtiger als ihr Beruf; Frauen fehlt das Beziehungsnetz der Männer; Frauen finden schwieriger einen Mentor.

Viele dieser Argumente zeigen, wie zählebig doch Klischees sind. Wenn wir diesen Gedankengang verfolgen, dann kommen wir etwa zu der folgenden absurden Schlußfolgerung: Im Unternehmen sind Männer logisch, rational, aggressiv, wettbewerbsorientiert und unabhängig – sie haben das Zeug zur wirklichen Führerschaft. Frauen dagegen sind angesichts ihrer »naturgegebenen« sozialen Rolle intuitiver, emotionaler, fügsamer, kooperativer, fürsorglicher und somit offensichtlich viel besser für die Rolle der Gefolgsfrau geeignet!

Es ist höchste Zeit, hier einen völlig neuen Ansatz zu finden: Statt Klischees wie ein Brett vor dem Kopf zu tragen, sollten wir sie konstruktiv aus einem klinischen Blickwinkel betrachten und auf ihren Wahrheitsgehalt hin untersuchen. Handeln Frauen wirklich anders als Männer? Und wenn ja, warum?

Einige Antworten finden sich in einer interessanten Studie, die *Carol Gilligan* vor einigen Jahren an der Harvard School of Education erstellt hat. Die Hauptthese ihres Buchs *Die andere Stimme* lautet, daß Frauen fürsorgender sind als Männer – was uns nicht weiter überrascht. Die Frage ist aber dennoch: Warum?

Wie schon andere Psychologen vor ihr kommt auch *Gilligan* zu der Aussage, daß Mädchen ihre Geschlechtsidentität finden, indem sie sich als ihre Mütter erleben. Entsprechend fürchten erwachsene Frauen die Trennung und arbeiten daher härter an einer Beziehung. Bei Jungen dagegen wird die Geschlechtsidentität dadurch bestimmt, daß sie das genaue Gegenteil ihrer Mütter sind.

Für Männer ist es klar, daß sie ganz scharf mit ihren Müttern brechen müssen, um zu beweisen, daß sie anders sind. Das psychologische Endergebnis ist, daß Männer Nähe nicht so gut aushalten können – sie fürchten sie oft regelrecht.

Die Entwicklung der interaktiven Fähigkeiten einer Frau beginnt schon sehr früh. Will ein Mädchen einmal »normale« heterosexuelle Beziehungen haben, muß es seine Aufmerksamkeit irgendwann von ihrem ursprünglichen »Objekt«, der Mutter, auf den Vater verlagern. Doch die Beziehung zur Mutter ist angesichts der körperlichen Ähnlichkeit zu wichtig, als daß sie einfach abgebrochen werden könnte. Folglich entwickeln Mädchen schon von früh auf eine größere Fähigkeit, ihre Beziehung zu Vater und Mutter zu transformieren. Jungen stehen nicht vor diesem Dilemma, denn bei normaler sexueller Entwicklung bleibt das ursprüngliche Objekt der Zuneigung weiterhin die Mutter, die für alle späteren Frauenbilder steht. So nehmen schon von Anfang an zwischenmenschliche Sensibilität, Mitgefühl, Mitteilungsfähigkeit und Hilfsbereitschaft in der Innenwelt der Frau eine zentralere Stellung ein.

Angesichts der Tatsache, daß wir eine sexuelle Identität aufbauen müssen, wird deutlich, wie Verhaltensunterschiede bei Männern und Frauen etwas damit zu tun haben, wie sie als Junge oder Mädchen ihre Beziehung zu ihren Eltern transformierten. Trennung wird von beiden Geschlechtern ziemlich unterschiedlich gelöst: Jungen und Mädchen setzen in dem Erkunden der Unterschiede und Ähnlichkeiten ihres Geschlechts Opposition und Identifikation ganz unterschiedlich ein.

Natürlich kommt bei der Geschlechterdifferenzierung noch ein weiteres Element hinzu, nämlich daß Frauen etwas können, was Männer nicht können – gebären. Neben der eigentlichen Geburt beinhaltet dies auch die gesamte Vorbereitung dazu: Sensibilität für die biologische Uhr und Schwangerschaft mit all ihren körperlichen Veränderungen sowie die nachfolgende Ernährung und Versorgung der Kinder.

Diese physiologischen Vorgänge implizieren, neben einer besonderen Geschlechtsidentität, daß Fürsorge und Beziehungspflege notwendigerweise für Frauen ganz wichtig sind. Es ist sicher richtig, daß es Frauen im Geschäftsleben gibt, die so sehr mit Beziehungspflege beschäftigt sind, daß sie ganz klar vom Weg nach oben abkommen. Sie haben so viel damit zu tun, auf nonverbale Signale und Gemütszustände zu reagieren, daß darunter die Verarbeitung faktischer Informationen leidet. Männer dagegen können völlig unempfänglich für nonverbale und zwischenmenschliche Informationen sein – zum Teufel mit dem Beziehungskram! Und leider kommen sie in der männerdominierten Geschäftskultur damit auch noch durch. Der Ruhm somit geht allzuoft an die eher sachlich-nüchtern Ausgerichteten.

Als gäbe es in der Geschäftswelt nicht bereits genug Probleme für eine Junggesellin, so wird es noch komplizierter, wenn sie heiratet und Teil einer Familie wird, in der zwei Leute Geld verdienen. Hier lauten dann die Schlüsselwörter *Überlastung* und *Streß*. Viele Frauen müssen mit vielen Rollen gleichzeitig jonglieren: Sie wollen nicht nur eine ideale Karrierefrau, sondern auch eine mustergültige Mutter und Ehefrau sein.

Als weitere Erschwernis zu dem normalen Arbeitsstreß kommt bei Frauen oft hinzu, daß beachtlich viele männliche Führungskräfte noch große Probleme im Umgang mit Kolleginnen haben. Und damit nicht genug – viele Frauen werden auf die eine oder andere Art am Arbeitsplatz sexuell belästigt. Ob Sie es mögen oder nicht – der sexuelle Aspekt ist allgegenwärtig.

Ein Grund dafür, warum sich Männer bei Frauen in hohen Positionen unwohl fühlen, hat möglicherweise mit der »Flucht vor der Mutter« zu tun. Was ich damit meine? Mütter sind in der Regel die ersten, die das Kind ernähren und damit Macht über das Kind haben. Sie haben die Macht, Nahrung vorzuenthalten und zu bestrafen. (Übrigens, ein eventuelles Bedürfnis nach Dominanz und Kontrolle bei der Ernährung kann auch eine Reaktion auf Machtlosigkeit auf anderen Gebieten sein.) Diese hilflose Abhängigkeit mag Anlaß zu Zorn, Neid, Angst und Scham beim Kind sein. Nicht nur, daß diese Kindheitserfahrungen dazu führen können, daß das Kind beschließt, sich nie wieder einer ähnlichen Situation auszusetzen. Bei Jungen führt diese Erfahrung unter Umständen dazu, daß sie Frauen abwerten, indem sie sie beispielsweise zum Sexualobjekt degradieren. Wie können Sie jemanden beneiden, den/die Sie verachten? Und außerdem – weil Männer von ihren Müttern herumkommandiert wurden, haben Sie jetzt nichts dagegen, eine Sekretärin herumzukommandieren!

Das Bild von Frauen als bedrohliche, verschlingende Wesen (denken Sie daran, so etwas muß gar nicht bewußt sein) spiegelt sich in Männerträumen und -phantasien von phallischen Frauen, Hexen und Spinnenfrauen. Es gibt die psychoanalytische These, daß alle Menschen sich in den ursprünglichen Zustand von Nähe und Geborgenheit zurücksehnen, den sie einst als Babys im Schoß der Mutter genossen. Frauen befriedigen dieses Bedürfnis durch das Gebären von Kindern und ihrer nachfolgenden Aufzucht. Bei Männern bleibt dieses Bedürfnis unbefriedigt. Gleichzeitig wird die Sehnsucht nach Verschmelzung von der Angst vor dem Verlust ihres Getrenntseins und somit ihrer männlichen Identität begleitet. So ärgern sich Männer in ihrem tiefsten Innern über ihre unbewußte Abhängigkeit von Frauen.

Dazu kommt, daß Gebären für Frauen eine Form der Kreativität ist. Das kreative Bestreben des Mannes, der nicht die Entscheidungsmöglichkeit hat, Kinder zu gebären oder nicht, konzentriert sich eher auf die Arbeit. Arbeit wird eine narzißtische Investition. Für viele Männer wird sie zum Daseinszweck. Die Bedeutung von Arbeit für das männliche Selbstbewußtsein trägt weiter zu ihrer ambivalenten Haltung gegenüber Frauen bei. Als Folge wird den Frauen ihr »Eindringen« in »ihre« Arbeitswelt verübelt. Unbewußt sagen Männer sich, daß Frauen dort keinen Platz haben (denn schließlich genießen sie ja schon Vorteile, die Männer nicht haben). Männer wollen, daß Frauen sie bewundern, und nicht, daß sie ihre Konkurrentinnen sind. Folglich läßt sich behaupten, daß Männer sich eher unter Männern wohl fühlen, während Frauen sich sowohl unter Männern als auch unter Frauen wohl fühlen können.

Aber es gibt noch mehr zum innerpsychischen Theater von Männern und Frauen zu sagen: Auch Frauen sind in den Klischees gefangen, welches Verhalten für sie gegenüber Ehemann und Kindern angemessen ist. Sind die traditionellen Mütter die idealen Mütter? Sie mögen denken: Ja. Natürlich hat eine solche Mutterschaft ihre Vorteile. Viele Kinder genießen es, wenn die Mutter die ganze Zeit für sie da ist. Frauen, die eine behütete Kindheit in der beständigen Gegenwart einer fürsorglichen Mutter genossen, müssen später, wenn sie sich für eine andere Art der Fürsorge für ihr Kind entscheiden, einen hohen Preis zahlen: Schuldgefühle.

Die stereotypen gesellschaftlichen Erwartungen darüber, wie eine Mutter sein sollte, verstärken diese Schuldgefühle noch. Mütter fühlen sich für den Erfolg und das Glück ihrer Kinder verantwortlicher als Väter. Wenn etwas schiefläuft, wird zuerst ihnen die Schuld zugewiesen – auch von ihnen selbst.

Eine Frau mag auch gegenüber ihrem Ehemann Schuldgefühle haben. Vielleicht hat er sie deswegen geheiratet, weil er dachte, sie sei wie seine Mutter, denkt sie. Aber die beruflichen Anforderungen an eine Frau können oft größer sein, als es ihr oder ihm gefällt. Sie gerät dann in die Zwickmühle, ob sie seinen Vorstellungen von einer Frau entsprechen kann – oder auch nicht. (Bedenken Sie, sie weiß, daß seine eigene Mutter als Vorbild diente. Der arme Junge: Die Chance ist noch geringer, daß sie wie *seine* Mutter sein wird!) Zu diesem Druck kommt noch ein Rollenkonflikt. Am Arbeitsplatz soll eine Frau wettbewerbsorientiert sein und etwas erreichen. Im Gegensatz dazu soll sie zu Hause eine fürsorgliche Mutter sein. Was, wenn sie die Rollen durcheinanderwirft und morgens den falschen Hut aufsetzt?

Frauen machen sich auch eher Sorgen darüber, daß sie vielleicht *zu erfolgreich* sind. Es mag sein, daß sie die geschlechtsspezifischen Klischees, die sie als Frau gegenüber dem Mann als weniger kompetent definieren, niemals überwunden haben. Das führt dazu, daß sich erfolgreiche Frauen unter Umständen wie Hochstaplerinnen vorkommen. Im tiefsten Innern glauben sie nicht, daß sie das selbst geschafft haben – daß sie ihren Erfolg ihrer Arbeit und nur ihrer Arbeit zu verdanken haben.

Andere Frauen sorgen sich, daß zuviel Erfolg ihre Beziehung zu Männern stört. So könnten sie zum Beispiel von Männern (oder anderen Frauen) beschuldigt werden, ihre Weiblichkeit verloren zu haben.

Die Folge könnte sein, daß sie selbst ihr größter Feind werden und sich selbst am beruflichen Weiterkommen hindern, um so zu zeigen, daß sie in Wahrheit ziemlich hilflos sind. Auf diese Weise können sie dann keine höhere Stellung erreichen.

Der Eindruck, daß Männer neidisch werden könnten, entspringt nicht der Phantasie. Es gibt tatsächlich Männer, die große Probleme damit haben, wenn ihre Partnerin erfolgreich ist. Solange die kleine Frau sich selbst beschäftigt, ist alles in Ordnung, doch wenn sie anfängt, die Karriereleiter zu erklimmen, dann fassen diese Männer ihren Erfolg als Affront gegen ihre Männlichkeit auf. Symbolisch erleben sie die Situation als Zeichen dafür, daß sie nicht Mann genug sind, um die Familie zu versorgen.

Die meisten Frauen im Geschäftsleben sind der Ansicht, daß alles zu haben – zumindest alles gleichzeitig – keine leichte Aufgabe ist. Wie kann eine Frau die gleichen Chancen wie ein Mann haben – Zeit zum Spielen und gleichzeitig die Arbeit voll genießen? Mehr Zeit durch weniger Schlaf ist hier keine Lösung. Alles unter einen Hut bringen kann zum Burnout-Syndrom führen, Ohnmachtsgefühle, Verleugnung, Depressionen oder gar Abhängigkeit (Essen, Trinken, Rauchen oder Drogen).

Was ist nun die Konsequenz hieraus, und was kann diesbezüglich getan werden? Wo liegen die Alternativen? Unter den Frauen, die arbeiten müssen oder wollen, kommen einige zu dem Ergebnis, daß die Karriere nicht so wichtig ist. Sie haben nicht den Ehrgeiz, an die Spitze zu kommen. (Das kann natürlich auch pure Rationalisierung sein.) Sie suchen sich lieber einen Arbeitsplatz mit flexibleren Arbeitszeiten, wo sie die Anforderungen zu Hause und in der Arbeit besser vereinbaren können.

Andere Frauen – diejenigen, die in ihrem Beruf ehrgeizig sind – wollen alles (wie Männer). Sie wollen die Karriere und ein Familienleben und sind auch bereit, Opfer dafür zu bringen. Doch da ist der Haken: Wenn eine Frau eine hochklassige Führungskraft werden will, ist es sehr schwierig mit Kindern, trotz aller guten Absichten ihres Ehemanns, ebenfalls Familienpflichten zu übernehmen. Viele Ehemänner sind eher gut im Anfeuern, aber da hört ihr Engagement auch schon auf. Wenn es hart auf hart kommt, arbeiten sie zu Hause kaum mit. Auch wenn sich die Zeiten ändern – wie viele Männer fühlen sich in der Hausmannrolle wirklich wohl?

Eine mögliche Lösung für Frauen, die Beruf und Kinder wollen, bietet die bezahlte Haushaltshilfe. Das Problem bei dieser Lösung ist jedoch, daß sich die Eltern an dieser Stelle überlegen müssen, ob sie ihr Kind tatsächlich von einer ganzen Reihe von Haus- und Kindermädchen erziehen lassen wollen. Das Dilemma vieler Frauen besteht darin, daß sie sich bewußt sind, daß die ersten drei Lebensjahre prägend für die spätere Persönlichkeit eines Kindes sind. Selbst danach, wenn die Kinder selbständiger sind – was ist der Preis dafür, ein Schlüsselkind zu sein? Und wie steht es mit dem Fernseher als Babysitter?

Das letzte Wort über Kindererziehung in Familien, in denen beide Elternteile arbeiten, ist noch nicht gesprochen. Geht es wirklich nur darum, *wie* wir die Zeit mit unseren Kindern verbringen? Vielleicht ja. Wie sollen wir es wissen? Was ist die bessere Alternative: das Kind von einer frustrierten, ärgerlichen und zu Hause festgebundenen Mutter aufziehen lassen oder von einer Mutter, die schon einen langen, schweren Arbeitstag hinter sich hat?

Es gibt Frauen, die wählen den Mittelweg: ein schneller Aufstieg zu Beginn der Berufslaufbahn (während dessen der Grundstein für die Karriere gelegt wird), gefolgt von einer Familienphase (solange die Kinder klein sind) und dann die Rückkehr in die Arbeitswelt. Der Nachteil dieser Entscheidung ist, daß die Frau in dieser dritten Phase ihren männlichen Kollegen hinterherhinken wird. Was die Karriereplanung anbelangt, so wird sie weit abgeschlagen sein. Doch wie gut alles auch geplant sein mag, eine Schwangerschaft läßt sich nur schwierig in die heutige männerorientierte Karriereplanung pressen.

Interessanterweise sind Frauen, die später wieder ins Berufsleben einsteigen, oft viel zufriedener mit dem, was sie tun, als Männer in ihrem Alter, von denen viele in der berüchtigten Midlife-crisis stecken oder sie bereits hinter sich haben. Neben anderen Belastungen wird den Männern in dieser Lebensphase überdeutlich klar, daß Unternehmen in Wirklichkeit wie Trichter sind und es an der Spitze eng wird. Diese Enttäuschung müssen sie erst einmal verarbeiten. Selbst Männern, die eine ausgewachsene Krise lieber ignorieren, ist das Gefühl des Ausgebranntseins in diesem Berufsabschnitt nicht unbekannt. Dagegen sind Frauen, die in diesem Alter wieder neu ins Berufsleben eintreten, oft in einer viel besseren geistigen Verfassung, sind voller Hoffnung und Energie. Im allgemeinen leiden sie nicht wie ihre männlichen Kollegen an

Burnout-Symptomen. Nur allzuoft habe ich gesehen, wie viele Manager in den Führungsetagen wie die Schlafwandler herumlaufen. Auf der anderen Seite gibt es Frauen, die zwar durchaus Karriere machen möchten, jedoch nicht ins Management streben. Solche Positionen bieten ihnen nicht genügend Flexibilität. Sie lösen das Problem, indem sie etwas Eigenes auf die Beine stellen – und das mit Elan. In den Vereinigten Staaten werden zur Zeit dreimal so viele Unternehmen von Frauen als von Männern gegründet. Sie besitzen mehr als ein Viertel allen Alleineigentums im Land. Die Frauen in Europa hinken hier gar nicht weit hinterher. Zu den wohl berühmtesten Erfolgsstorys gehört die von *Anita Roddick* und ihrem *Body Shop*. Ihr Unternehmen, eines der rentabelsten jungen Unternehmen an der Londoner Börse, operiert jetzt bereits in 32 Ländern. Eine andere erfolgreiche Frau im Einzelhandel ist *Sonia Rykiel*. Ihr Imperium, daß sie mit Markenkleidung aufgebaut hat, schreibt jetzt Umsätze von etwa 70 Millionen US-Dollar und verfügt über 47 Boutiquen und 550 Verkaufsstellen in 36 Ländern.

Doch *Anita Roddick* und *Sonia Rykiel* sind noch die Ausnahme. Die meisten neuen Unternehmerinnen bleiben in kleinerem Rahmen. Den Frauen geht es nicht primär darum, ein Imperium aufzubauen, sie wollen sich vielmehr selbst ernähren. Diese Frauen haben die Erziehungsphase beendet. Sie gehen zurück in den Beruf, nachdem ihre Kinder groß oder sie geschieden sind. Sie wollen flexibel sein und die Möglichkeit besitzen, zu Hause zu arbeiten. Sie suchen einen Ausgleich zu ihrem Leben. Kleinunternehmen sind die natürliche Konsequenz solcher Bedürfnisse.

Wohin geht also die Reise? Wie läßt sich die moderne Geschäftsfrau porträtieren? Ein wichtiger Faktor für die Entwicklung zu einer erfolgreichen Geschäftsfrau kann ihre Herkunft sein. Bei der begrenzten Anzahl von Frauen, mit denen ich gearbeitet und die ich beraten habe, fand ich heraus, daß die Mehrzahl der erfolgreichen Frauen aus Familien kommt, in denen kein Sohn vorhanden war oder die Söhne in der Minderheit waren. Weil sie weniger Konkurrenz hatten, war es den Mädchen möglich, eine besondere Beziehung zu ihrem Vater aufzubauen, der hohe Erwartungen an die Tochter stellte. (Mit immer mehr Frauen in höheren Managementpositionen entstehen jetzt sowieso neue Vorbilder für Mädchen.)

Frauen, die sich ihrer eigenen Fähigkeiten bewußt werden, werden am Arbeitsplatz erfolgreicher sein. (Das gilt natürlich genauso für Männer.) Vor allem ist es wichtig, Prioritäten zu setzen und nein sagen zu können, ohne dabei Schuldgefühle zu haben. Bei der Rolle des »kleinen Mädchens« zu bleiben und darauf zu warten, daß Männer die Initiative ergreifen, ist keine gute Idee; obwohl es auch nicht schadet, bei Problemen um Hilfe zu bitten. Es gibt keinen Grund, das einsame Cowgirl zu spielen. Einen unterstützenden Mentor zu finden kann ebenfalls sehr hilfreich sein.

Ein Grund, warum Frauen am Arbeitsplatz in Schwierigkeiten geraten, liegt zumeist in ihrem Problem mit dem Delegieren. Schließlich nehmen brave Mädchen Befehle entgegen und geben keine aus. Frauen behaupten sich in Sitzungen verbal nicht so wie Männer und stellen sich selbst nicht so in den Mittelpunkt wie diese. Doch es ist Zeit, dieses Rollenszenario zu ändern. Frauen sollten lernen, selbstbewußter und konkurrenzfähiger zu werden, was nicht bedeuten muß, ihre Weiblichkeit zu verlieren. Es gibt viele Wege, um etwas bestimmt zu sagen, und Frauen müssen lediglich ihren eigenen Stil dabei finden.

Die Last wird erleichtert durch Einrichtungen wie Kindertagesstätten oder anderen Kinderbetreuungseinrichtungen. Eine noch größere Hilfe ist die betriebseigene Tagesstätte (aber auch eine teure, die in den männerdominierten Chefetagen bisher allzuoft noch nicht für notwendig erachtet wurde). Auch die Bedeutung von Mutterschafts- und Vaterschaftsurlaub sollte nicht unterschätzt werden. Flexible Arbeitszeiten, Teilzeitbeschäftigung und Jobsharing sind kreative Lösungen, die Frauen bei ihrer Arbeit helfen können. Mir ist jedoch klar, daß dies vorrangig auf niedrigen Managementebenen machbar ist.

Angesichts der flacheren Unternehmensstrukturen mit dem Schwerpunkt auf Unterstützung, Teamarbeit, Informationsweitergabe und Netzwerkbildung wird Frauen ihr Talent (aufgrund ihrer besseren kommunikativen Fähigkeiten) zugute kommen. Tatsächlich sieht es so aus, als seien die jetzt auftauchenden Organisationsformen eher auf die weiblichen Fähigkeiten zugeschnitten.

Die eigentliche Herausforderung für Frauen liegt jetzt darin, die richtige Balance zwischen solchen Gegensätzen wie Härte und Weiblichkeit, Konkurrenzfähigkeit und Fürsorge, Fakten und Gefühlen zu finden. Dabei werden Frauen die bestehende Geschäftskultur tiefgreifend verändern und humanere und kreativere Unternehmen hervorbringen.

11 Hereinspaziert in den Familienzirkus!

Familienunternehmen

*Als mein Vater ... starb, sechs Wochen nachdem er mich zum
Chef von IBM gemacht hatte, war ich der ratloseste Mann von
Amerika ...*
*Ich hatte ein Ritual, das ich am Todestag meines Vaters
beging. Ich verbrachte einen stillen Abend damit, Bilanz zu
ziehen, was IBM erreicht hatte, seit Dad nicht mehr da war,
und dann sagte ich zu Olive: »Schon wieder ein Jahr, das ich
allein geschafft habe.«*
Thomas Watson Jr.

Immer mehr Frauen und Männer beschließen, aus den Strukturen
auszubrechen und ihr eigenes Unternehmen zu gründen. Diese
Firmen sind oft beispielhaft flexibel und innovativ, vor allem,
wenn der Unternehmer noch an der Spitze steht. Dennoch sollten
die enormen emotionalen Belastungen eines Familienbetriebs
nicht übersehen werden. Das oben angeführte Zitat stammt von
einem Mann, der seinen Vater mit Sicherheit nicht vergessen hat
(der ein berühmter und begnadeter Unternehmer war). Der Vater
verfolgte ihn wie der *Commandatore* den Don Juan in Mozarts
gleichnamiger Oper. Das Zitat zeigt, wie dauerhaft der Einfluß
einer starken Persönlichkeit auf ein Unternehmen sein kann. Vor
allem in Familienunternehmen scheinen die Geister außergewöhnlich aktiv zu sein.
Viele Studien zeigen, daß in vielen Familienbetrieben Spannung
und Streß grassiert.[13] Vater-Sohn-Konflikte werden mitunter ungewöhnlich hart ausgetragen. Fragen der Nachfolge und des richti-

gen Führungsstils sorgen am häufigsten für Konfliktstoff. Viele Familienbetriebe scheinen die Behauptung des Komikers George Burns zu belegen, Glück sei, »eine große fürsorgende, sich kümmernde und zusammenhaltende Familie zu haben – in einer anderen Stadt.«

Das Eingangszitat für dieses Kapitel stammt aus der Autobiographie von Thomas Watson Jr., dem Sohn des Gründers von *IBM*. Sein Buch *»Der Vater, der Sohn und die Firma: Wie ein Weltkonzern entstand«* macht sehr deutlich, daß *IBM* fast sechs Jahrzehnte wie ein Familienunternehmen geführt wurde (obwohl die Watson-Familie nie mehr als fünf Prozent der Aktienanteile hielt).

IBM einen Familienbetrieb zu nennen ist sicherlich nicht ganz unumstritten. Das hängt dabei größtenteils von der Definition von Familienbetrieb ab. Nach konservativer Definition ist dies eine Geschäftseinheit, deren Eigentum vorwiegend in der Hand einer einzigen Familie liegt und die von zwei oder mehr Familienmitgliedern geführt wird. Eine umfassendere Definition lautet, daß die Familie des Eigentümers einen großen Einfluß auf strategische Entscheidungen und die Ernennung des Geschäftsführers hat. Auf *IBM* unter den Watsons würde sicherlich die zweite Definition zutreffen.

Familienbetriebe werden oft fälschlicherweise als eine Unternehmensform der Vergangenheit angesehen, die wie der Milchmann, Schuster und Kerzenmacher langsam verschwinden. Doch die Zahlen sprechen eine andere Sprache. Schätzungsweise siebzig bis neunzig Prozent aller Unternehmen werden heute noch von Familien geführt, sowohl in den Vereinigten Staaten (wo 175 der 500 von *Forbes* erfaßten Unternehmen Familienbetriebe sind) als auch in Europa. Familienunternehmen in den USA stellen die Hälfte aller Arbeitsplätze und produzieren etwa vierzig Prozent des Bruttosozialprodukts.[14]

Soweit alles gute (wenn auch überraschende) Nachrichten. Doch kommen wir zu den schlechten. Nur drei von zehn Familienunternehmen überdauern eine Generation, und nur eines von zehn wird es bis in die dritte Generation schaffen. Die durchschnittliche Lebensdauer eines Unternehmens beträgt 24 Jahre – im allgemeinen die Zeit, in der auch der Firmengründer im Unternehmen ist.[15]

Offenbar herrscht großer *Sturm* und *Drang* im Familienunternehmen. So ist es für ein solches Unternehmen nicht ungewöhnlich, innerhalb dreier Generationen aus kleinen Verhältnissen zu Reichtum aufzusteigen und wieder in kleine Verhältnisse zurückzusinken.

Was sind die häufigsten Probleme in Familienunternehmen? Sehen wir uns zunächst das emotionalste Thema an: *Vetternwirtschaft*. Da es eher die Regel als die Ausnahme ist, daß die Familienpolitik wichtiger ist als die Geschäftslogik, ist Vetternwirtschaft die unvermeidliche Folge. Allzuoft werden Familienmitglieder eher aus familiären Gründen als aus Befähigung in das Unternehmen aufgenommen. Gleiches gilt für Beförderungen. Familienunternehmen sind gegenüber unfähigen Familienmitgliedern außergewöhnlich tolerant. Verständlicherweise sorgt solch ein Führungsstil nicht gerade für ein Gefühl der Gleichheit und Zugehörigkeit unter den Unternehmensangehörigen, die nicht zur Familie gehören. Dies, in Verbindung mit einem autokratischen und patriarchalischen Führungsstil, führt dazu, daß fähige Geschäftsführer nicht leicht zu locken sind. Es kommt sogar noch schlimmer, diejenigen, die bleiben, sind genau die, die in jedem Unternehmen unerwünscht sind: die »Jasager«.

Das Unternehmen gerät unter Druck, wenn die Familienmitglieder anfangen, das Unternehmen zu melken. Des weiteren kommt es zu Streitigkeiten über Gleichheit und faire Behandlung, wenn die Familienmitglieder eher nach ihren Bedürfnissen als nach ihrer Leistung entlohnt werden: Hans mag zwar ziemlich nutzlos sein, aber er hat zehn Kinder. Sollte er also nicht ein höheres Gehalt beziehen als Peter, obwohl sich Peter wirklich ins Zeug legt?

Dieses Ungleichgewicht zwischen Leistung und Entlohnung bringt mich auf ein Thema, das ich das »Verwöhnte-Kind-Syndrom« nennen möchte. Dieses Verhalten ist typisch für Kinder von Unternehmensgründern. Das Szenario ist immer gleich: Der Hauptakteur (meistens ein Mann) ist ein schwer arbeitender Unternehmer, der von dem von ihm gegründeten Unternehmen vollkommen vereinnahmt wird. Er arbeitet Tag und Nacht, vernachlässigt seine Frau und seine Kinder. Er tröstet sich mit dem Argument, daß es allen langfristig bessergehen soll. Doch solches Verhalten straft sich

143

selbst mit Schuldgefühlen. Um sich reinzuwaschen, werden die Familienmitglieder mit materiellen Geschenken bestochen, um die physische und geistige Abwesenheit (meistens) des Vaters wiedergutzumachen. Zuerst ist es vielleicht ein Teddybär, später eine Auslandsreise, dann ein Sportwagen oder eine Eigentumswohnung an der Riviera.

Doch so attraktiv solche Geschenke sein mögen, sie wiegen die fehlende Zuwendung nicht auf. Kinder, die so bestochen wurden, wissen Arbeit und persönliche Leistung oft nicht zu schätzen. Dies spiegelt sich auch in ihrer Beziehung zum Familienunternehmen und seinen Angestellten wider. Letztendlich können sie sich als höchst uneffektive Führungskräfte erweisen, die das Unternehmen ruinieren.

Eine weitere Konsequenz der Nichtverfügbarkeit eines Elternteils sind Kämpfe der Geschwister untereinander um die wenige gemeinsame Zeit, die ihnen mit dem Elternteil zur Verfügung steht. Neid und Eifersucht, die in der Kindheit ihren Ursprung haben, gehen nicht einfach wieder weg, sondern bleiben, um im geschäftlichen Umfeld wiederaufzuleben. So fand ich mich zuweilen einmal in der unschönen Situation wieder, daß sich erwachsene Familienmitglieder wie Fünfjährige aufführten. Neben diesen kindischen Kämpfen besteht die Gefahr, daß die Firmenangehörigen auf Dauer in Regression leben können, das heißt, die Firma wird als »Zwischenwelt«, als sichere Zone betrachtet, die von der grausamen Welt abschirmt. Doch solche Sicherheit hat einen hohen Preis. Als Berater stand ich schon oft inmitten schreiender Kontrahenten, die sogar mit Fäusten aufeinander losgingen. Der Rosenkrieg tobt in sehr vielen Familienbetrieben. Es ist sehr leicht zu erkennen, wie Familien- und Geschäftsstreitigkeiten sich gegenseitig überlagern.

Manchmal gleicht das Leben im Familienunternehmen einer Seifenoper mit den Ausmaßen einer griechischen Tragödie. König Laius, Iokaste, Medea und Ödipus geben dabei regelmäßig ihr Gastspiel. Wie wir von *Thomas Watson Jr.* erfahren, ist ein Unternehmersohn jedoch nicht unbedingt auf Rosen gebettet. Viele Unternehmer sind Überväter. Für ihre Kinder ist es nicht immer leicht, ein gesundes Selbstvertrauen zu entwickeln. Viele Unternehmersöhne haben es entsprechend schwer. In den USA gibt es sogar eine Organisation, die sich anfangs SOB nannte, *Sons of Businessmen* (Söhne von Unternehmern).[16] Man könnte sie mit den Anonymen Alkoholikern vergleichen, nur daß sie statt über Alkohol über die Probleme mit ihren Vätern sprechen.

Aus klinischer Sicht läßt sich sagen, daß viele Unternehmer über ihre Väter einen symbolischen Ödipussieg errangen, weil sie als Kind den Hauptteil der mütterlichen Liebe und Zuneigung erhielten. Doch sie werden ihren eigenen Söhnen einen ähnlichen Sieg nicht zugestehen. Folglich neigen eine ganze Reihe von ihnen dazu, ihre Söhne zu verniedlichen und sie ständig abzuwerten. Ein Streifzug durch die Firmengeschichte bietet hierfür viele Beispiele: *Henry Ford I* und sein *Sohn Edsel* und die *Watsons* von *IBM* sind nur einige bekannte Beispiele unter unzähligen anderen.

Probleme in der Vater-Sohn-Beziehung kommen am deutlichsten zutage, wenn es um die Nachfolge geht. Unternehmer lassen nicht leicht los. Das Unternehmen ist zu sehr ein Teil ihrer selbst und ein Symbol dessen, was sie sind. Im Grunde vertrauen sie niemanden, daß er oder sie ihr Vermächtnis respektieren wird. Sie wollen nicht wie König Lear enden. Viele Unternehmer sind insgeheim der Ansicht, daß das Leben viel einfacher wäre, wenn sie nicht nur unsterblich, sondern auch frei von jeglichen familiären Bindungen wären. Aber das sind leere Träume. Leider werden Nachfolgeprobleme allzuoft erst nach dem Tod des Unternehmers gelöst.

Im Gegensatz dazu kommen Unternehmerinnen offenbar aus anderen Verhältnissen. Wie bei den meisten Unternehmern ist ein Hauptthema ihres inneren Theaters der Wunsch, ihr Leben selbst in die Hand zu nehmen und unabhängig zu sein. Doch bei Frauen entsteht dieser Wunsch oft als Reaktion auf einen unzuverlässigen Vater (zu dem die Tochter trotzdem eine besondere Beziehung hat) und einer unterwürfigen Mutter (die vom Vater womöglich als Fußabstreifer benutzt wurde). *Coco Chanel* kam aus einer solchen Familie. Sie gelobte, daß sie sich niemals in die Situation ihrer Mutter bringen werde, nie würde sie sich von irgend jemanden abhängig machen.

Ein anderer, denkbarer positiver Hintergrund einer Unternehmerin ist eine Familie, in welcher der Vater seine Tochter sehr unterstützt (vielleicht aus dem geheimen Wunsch heraus, sie möge ein Junge sein, wobei er sie zum »Überjungen« stilisiert) oder wo es starke Frauenfiguren in der Familie gibt.

Interessanterweise funktionieren Vater-Tochter-Verbindungen gewöhnlich besser als Vater-Sohn-Beziehungen, wenn es um das Geschäft geht. Häufig fällt es Unternehmern leichter, mit einer Tochter als einem Sohn geschäftlich umzugehen. Dennoch pflegen die meisten ein eher traditionelles Bild von der Rolle einer Frau und bereiten ihre Töchter zumeist nicht ernsthaft auf eine potentielle Nachfolge vor. In letzter Zeit beginnt sich diese Situation jedoch langsam zu ändern, und wir können in Zukunft von einer wachsenden Zahl von Geschäftsführerinnen in Familienunternehmen ausgehen. Was die Kinder dieser Unternehmerinnen anbelangt, so sind die Daten leider nicht ausreichend, um das Ergebnis vorwegzunehmen und vorherzusagen, ob diese Beziehungen ebenfalls in einer Seifenoper enden werden. Meine Hypothese ist jedoch, daß es angesichts der Tatsache, daß Arbeit für Selbstbewußtsein und Identität des Mannes wichtiger ist als für Frauen, die Seifenoper nicht so dramatisch verlaufen wird wie bei Unternehmern.

Betrachtet man sich das Verhalten der Mitglieder in Familienunternehmen, so lassen sich zu dessen Begründung zahlreiche Märchen anführen.

Zum Beispiel gibt es dort das Märchen der *Harmonie*. Trotz gegenteiliger Beweise und ungeachtet des ungeheuren Potentials an Konflikten und Spannungen in einer Familie ignorieren die Hauptakteure die Realität – sie wird verleugnet oder schöngeredet. Fakten werden in den Wind geschlagen; Geschichte wird umgeschrieben. Solcher Umgang mit der Realität – oder eher solcher Nichtumgang – entspringt der Ansicht, die Welt sei schlecht, so daß es besser sei, zusammenzuhalten und keine Unruhe zu verbreiten.

Weiterhin gibt es die festgeschriebenen Märchenrollen, Klischees und Verhaltensvorschriften, die nicht überschritten werden dürfen, da es sonst angeblich zur Katastrophe kommt. Folglich sind alle Familienmitglieder auf eine Aufgabe fixiert. Es gibt keine Flexibilität, keine Möglichkeit, etwas Neues auszuprobieren. Solche vorgefaßten Meinungen aus der Kindheit prägen dann die Möglichkeiten des Erwachsenen: Hans übernimmt nicht den Verkauf, selbst wenn er darin wahrscheinlich recht gut sein wird, denn er ist nicht robust und sollte nicht soviel reisen (als Kind hat er immer gekränkelt); Vater sollte nicht immer die ganze Wahrheit erfahren, weil er ein schwaches Herz hat, und so weiter und so fort.

Dann gibt es noch die Phantasie vom Märtyrertum. Märtyrer leiden laut, wenn sie etwas gegen ihren Willen tun müssen. Trotz ihrer Macht behaupten sie, keine andere Wahl zu haben. Ein gutes Beispiel ist der Besitzer des Unternehmens – in der Regel wieder ein Mann –, der sich ständig beklagt, daß er ja nicht wirklich soviel arbeiten möchte, aber gar nicht anders könne, wolle er seine Familie ernähren. Dieser Mensch wird niemals zugeben, daß er sehr wohl anders mit seiner Arbeit umgehen könnte, daß er nicht so lange arbeiten muß und mehr delegieren könnte. Er kann aber einfach nicht zugeben, daß er so handelt, weil es ihm schlicht und einfach so *gefällt*. Es *gefällt* ihm, im Büro zu sein und alles unter Kontrolle zu haben. Wie *Sam Steinberg*, der Besitzer und Geschäftsführer der einst größten Supermarktkette in Kanada, immer sagte: »Ich habe keine Geschwüre; ich mache Geschwüre.«

Dann geistert der »Sündenbock« durch den Betrieb, der als einziges Familienmitglied alle Probleme des Unternehmens auf sich vereinigt. Wenn diese eine Person sich richtig zu verhalten wüßte, wäre alles, alles in Ordnung. Die wirkliche Ursache für die Probleme und die Verantwortung der anderen hierfür wird nicht gesehen. Statt dessen wird immer wieder das gleiche schwarze Schaf für alles, was im Unternehmen schiefläuft, verantwortlich gemacht. Meistens ist es der verantwortungslose kleine Bruder. Aber hatte er je eine wirkliche Chance?

Dann gibt es noch den Messias, die Vorstellung, daß Rettung und Erlösung von einem allmächtigen Außenseiter kommen. Der Unglückliche, der für diese Rolle ausersehen ist, kommt in eine Umgebung, in der die Erwartung fühlbar im Raum steht: Er oder sie wird alles, was falsch ist, richten. Natürlich kann niemand solchen Erwartungen gerecht werden, und die Messiasfigur ist von vornherein zum Scheitern verurteilt. Die hohe Fluktuation an Beratern ist für so eine Haltung in Familienunternehmen symptomatisch.

Bei all den Problemen im Familienunternehmen ist die Frage erlaubt, ob es auch irgendwelche Vorteile gibt, hier zu arbeiten. Die Antwort ist: Ja. Schauen wir uns eine Reihe davon einmal an.

Ein wichtiger psychologischer Faktor – der meistens nicht explizit genannt wird – ist der, daß Familienunternehmen ihren Besitzern die Illusion von Unsterblichkeit geben. Den eigenen Namen auf einem Gebäude oder einem Produkt Generation auf Generation zu sehen, vermittelt ein Gefühl von Kontinuität. Schließlich ist eines der schwierigsten Dinge für den Menschen, mit seiner zeitlich begrenzten Existenz zurechtzukommen.

Zu den praktischeren Gründen gehört die Möglichkeit, seine Zukunft selbst zu bestimmen. Daneben sind die finanziellen Belohnungen, sowohl die unmittelbaren als auch die zukünftigen, in der Regel groß. Vom sozioökonomischen Standpunkt sind Familienunternehmen sehr nützlich, weil sie in der Regel längerfristige Verträge eingehen als andere Firmen (sowohl gegenüber den Kunden als auch gegenüber ihren Angestellten). Ein Familienname, ob er nun ein Produkt oder eine Dienstleistung ziert, steht für etwas, nicht zuletzt für Tradition und Stolz. In dieser Hinsicht können Familienunternehmen sich sehr von öffentlichen Unternehmen unterscheiden, von denen zu viele nichts weiter als Sklaven der Börsen sind und nur den kurzfristigen Erfolg im Auge haben. Ein Familienunternehmen ist auch sicherer vor Übernahmen. Man braucht sich nicht ständig umschauen, ob dort nicht der Schatten eines angreifenden Unternehmens auftaucht.

Viele Familienunternehmen werden weniger bürokratisch und persönlicher geführt als Publikumsgesellschaften. Oft ist hier auch der Aufstieg leichter und die Abläufe flexibler.

Entscheidungen fallen schneller. Da es oft das Geld des Geschäftsführers ist, das auf dem Spiel steht, müssen keine ausgeklügelten Sicherheitsüberprüfungen stattfinden, bevor es zu einer Entscheidung kommt. Außerdem fühlen sich die Angestellten oft auch als ein Teil der Familie, was für einen engen Gruppenzusammenhalt und ein größeres Zugehörigkeitsgefühl sorgt. Es überrascht nicht, daß viele Familienunternehmen eine sehr starke Unternehmenskultur besitzen.

Ein weiterer Vorteil von Familienunternehmen besteht darin, daß dort jüngere Mitglieder durchaus früh die Chance bekommen, sich zu beweisen (ein Vorteil, der zum Nachteil wird, wenn sie nicht früh Erfolg haben). Diese frühe Verantwortungsübernahme macht oft Sinn, denn diese Leute haben schon von Kindesbeinen an am Frühstücks- und Mittagstisch den Gesprächen über das Unternehmen gelauscht. Das ist ein großer Unterschied zu nicht familiengeführten Gesellschaften, wo Sie schon graue oder gar keine Haare mehr haben, bis daß man Sie endlich von der Leine läßt. Bis dahin haben Sie vielleicht schon nicht mehr viel Feuer im Bauch!

Ist das Familienunternehmen also etwas für Sie? Lautet die Antwort ja – wenn Sie die negativen Aspekte nicht stören und Sie bereit sind, die Chance zu ergreifen –, dann lassen Sie sich ein paar praktische Ratschläge geben, wie Sie einen guten Start erwischen und das Unternehmen gesund erhalten können. Angesichts hoher Verlustzahlen bei Familienunternehmen benötigen Sie einige Überlebensrichtlinien. Welche Schritte können Sie also vor einem Desaster schützen?

① Ein guter erster Schritt ist eine Art Familienrat, dessen Hauptaufgabe darin besteht, die Ziele und Vorgehensweisen des Unternehmens genau zu definieren. Was ist das Ziel des Unternehmens? Ist es langfristig ausgerichtet, oder beabsichtigt die Familie, an die Börse zu gehen und Anteile zu verkaufen? Ist letzteres der Fall, wie sähe eine gerechte Verteilung der Gewinne aus? Welche finanziellen Regelungen werden getroffen für den Fall, daß ein Familienmitglied das Unternehmen verlassen will? Ein Konsens über die Familienvision und über bestimmte Einzelheiten fördert das Vertrauen – ein allzu seltenes Gut unter Familienmitgliedern.

② Wenn die Familie beabsichtigt, langfristig im Geschäft zu bleiben, ist es ratsam, die Führung zu »professionalisieren« und zu versuchen, es in mancher Hinsicht den Publikumsgesellschaften gleichzutun; Führung aus dem Bauch heraus bringt es nicht soweit. So sollte zum Beispiel die Strategieplanung betont werden, um zu verhindern, daß es dem Unternehmen wie *Alice im Wunderland* geht: »Wenn du nicht weißt, wohin du gehst, endest du vielleicht irgendwo anders.« Zusätzlich sollte es ein sorgfältig ausgearbeitetes System zum Leistungsanreiz für Nichtfamilienmitglieder geben. Darüber hinaus muß diesen auch die Möglichkeit gegeben werden, eine Führungsposition zu übernehmen. Ansonsten werden die Besten und Intelligentesten nicht lange in der Firma bleiben. Andererseits ist es wichtig, daß die Familienmitglieder auch Erfahrung *außerhalb* des Unternehmens gesammelt haben. Auch außerhalb des Familienunternehmens Leistung zu bringen, fördert sowohl das Selbstbewußtsein als auch das Selbstvertrauen. Familienmitglieder, die nie den Schoß der Familie verlassen haben, werden immer von der Frage verfolgt, ob sie es tatsächlich auch allein geschafft hätten – und andere im Unternehmen könnten genauso denken. Ein bestimmtes Maß an Unabhängigkeit ist daher für uns alle wichtig.

③ Es schadet nicht, einen Vorstand zu haben, der echte Macht besitzt; obwohl es sich mit einem Vorstand, der nur Entscheidungen absegnet, vielleicht leichter arbeiten läßt. Doch Jasager werden dem Unternehmen nicht viel nützen. Machtausgleich ist kein Monopol der Publikumsgesellschaften. Ein paar »Advokaten des Teufels« im Vorstand sind viel besser, als immer nur das eigene Echo zu hören. Natürlich ist ein ausdrückliches Mandat notwendig, damit ein Vorstand wirklich effektiv arbeiten kann.

④ Professionelle Berater spielen in Familienunternehmen eine wichtige Rolle, weil sie auf blinde Flecke hinweisen können, die sich in jeder geschlossenen Gesellschaft entwickeln – ein Problem, für das Familienunternehmen besonders anfällig sind, weil die Mitglieder sowohl dem Unternehmen als auch der Familie zu nahestehen. Gute Berater sind zum Beispiel Wirtschaftsprüfer, Investmentbanker, Rechtsanwälte, Steuerberater und Unternehmensberater. Leider neigen Familienunternehmen viel mehr als andere Firmen dazu, den Überbringer der schlechten Nachricht zu töten. Untersuchungen zufolge werden daher nur zehn Prozent aller Beratungsprojekte für Familienunternehmen auch tatsächlich zu Ende geführt.

⑤ Last, but not least steht noch die Frage der erfolgreichen Nachfolgeplanung aus – ein Thema, über das sich ein eigenes Buch schreiben ließe. Der Förderung von jungem Führungspotential der nächsten Generation muß ernsthafte Aufmerksamkeit geschenkt werden. Es ist wichtig, Erwartungen zu spezifizieren und sie nicht im leeren Raum stehenzulassen. Welche Zeitspanne sollte zum Beispiel veranschlagt werden, bis eine solche Position erreicht werden kann? Wieviel Autorität und Verantwortung sollte einem Menschen in welcher Lebensphase übertragen werden? Was muß ein Familienmitglied tun, um seine Fähigkeiten unter Beweis zu stellen? Wie sieht die faire Behandlung für die jungen Firmenangehörigen aus, die *keine* Spitzenspieler sein werden? Es ist wohl klar, daß, wenn das Unternehmen viele Generationen überleben soll, Vetternwirtschaft nicht der richtige Weg ist. Sollen im Unternehmen jedoch Familienmitglieder tätig sein, muß eine Art »Vetternwirtschaft nach Verdienst« praktiziert werden (wie dies in Unternehmen wie *C&A* – eine holländische Kaufhauskette – und dem schwedischen Verlagskonsortium *Bonnier* der Fall ist).

Der bekannte französische Romancier *André Mauroi* schrieb einmal:

»*Ein Freund liebt dich wegen deiner Intelligenz, eine Geliebte wegen deines Charmes, aber deine Familie liebt dich ohne besonderen Grund; du wurdest in sie hineingeboren und bist ihr Fleisch und Blut. Dennoch kann sie dich mehr als irgendein anderer Mensch auf der Welt ärgern.*«

Das Gute ist also ohne das Schlechte nicht zu haben. Oft ist eine Anstellung in einem Familienunternehmen emotional weitaus belastender als in einer Publikumsgesellschaft. Doch wenn Gleichheit und ein gewisses Maß an Harmonie im Unternehmen herrschen, kann die Arbeit in einem Familienunternehmen nichtsdestotrotz große Befriedigung erbringen.

12 Den Wirbelwind zähmen

Kreativität im Beruf

Nichts ist so gefährlich wie eine Idee, wenn sie Ihre einzige ist.
Emilé Chartier

Reife ist die Fähigkeit zur Unreife.
Dave Rioch

Ein Vorteil von Familienunternehmen besteht oft darin, daß ihre Struktur und Corporate Culture Energie und Kreativität freizusetzen vermag; vielleicht werden sie ja tatsächlich vom Geist des Gründers inspiriert. Für jedes Unternehmen ist Kreativität unbezahlbar – aber erreichbar –, doch nicht richtig gehandhabt, kann sie ins Chaos führen.

Logisch denkende, ordentliche und von der linken Gehirnhälfte geprägte Menschen zu führen ist ein Vergnügen. Die Unternehmenswelt entspricht ihren spezifischen Fähigkeiten. Sie analysieren gerne alles und jedes, und Vorschriften und Regeln geben ihnen Sicherheit. Sie tun stets, was angemessen und korrekt ist. Im Gegensatz dazu sind kreative Leute wie ein Sack voller Flöhe, sie marschieren nur ungern im Gleichschritt. Solche Leute können mit ihrer unorthodoxen, unordentlichen und unkonventionellen Arbeitsweise schon Erstaunliches vollbringen, dabei können ihre spielerischen, intuitiven Methoden ein nach Lehrbuch geführtes Unternehmen aber auch zum Kentern bringen. Weil sie querdenken, assoziieren und Dinge in Beziehung setzen, kreisen sie Probleme zickzackmäßig ein, bis eine Erleuchtung die Lösung bringt.

Doch bevor Sie zu dem Schluß kommen, daß das erfolgreiche Unternehmen alle von der rechten kreativ-intuitiven Gehirnhälfte geprägten Menschen wie Unkraut ausmerzen sollte, bedenken Sie folgendes: Wenn Sie wollen, daß Ihr Unternehmen in der Welt herumkommt, daß es im globalen Wettbewerb erfolgreich abschneidet, dann brauchen Sie diese kreativen Menschen. Oft sind gerade die Chaoten die Quelle für innovative Produkte oder Prozesse, die Sie zu den Besten im Wettbewerb machen.

Doch was unterscheidet diese kreativen Menschen von normalen Sterblichen? Woran kann man sie erkennen? Wie können Sie sie für Ihr Unternehmen gewinnen und wie sie pflegen?

Heutzutage ist es schwierig zu unterscheiden, was Kreativität wirklich ist. Das Wort wird häufig überstrapaziert. Wir sind versucht, fast jedem, der uns über den Weg läuft, dieses Attribut zuzuschreiben. Umgekehrt ist es fast schon eine Beleidigung, jemanden als »unkreativ« zu bezeichnen. Schließlich ist in diesem Zeitalter der Selbsthilfebücher und -seminare alles möglich, auch der Erwerb einer kreativen Ader. Die Kraft des positiven Denkens soll der Kreativität garantiert einen enormen Schub geben, und das für wenig Geld und geringe Monatsbeiträge.

Von den Schamanen der Kreativität hören wir: »Auch Sie können ein berühmter Raketenforscher werden! Wollen auch Sie den Nobelpreis gewinnen? Dann befolgen Sie einfach die folgenden fünf Schritte. Der Grund, warum Sie noch nicht Ihr Traumziel erreicht haben, liegt darin, daß Sie Ihr kreatives Potential noch nicht ausgeschöpft haben. Es ist in Ihnen. Sie benötigen lediglich die richtige Umgebung, damit Ihr Genie sich ausdrücken kann. Das Potential Ihrer rechten Gehirnhälfte ist da und wartet nur darauf, aktiviert zu werden!«

So oder ähnlich sprechen die neuen Wunderheiler. Allzuoft schwenkt Kreativität jedoch in Lächerlichkeit um, wenn Leute sich dem kreativen Korbflechten, kreativen Monopoly oder gar dem kreativen Sex zuwenden. Doch dabei wird folgendes übersehen: Wenn heute jeder ein kreativer Geist sein kann, ist Kreativität dann überhaupt noch etwas Besonderes?

An dieser Stelle sollte ein Wort zur populistischen Vorstellung von Kreativität gesagt werden: Die meisten Menschen besitzen ein gewisses unverwirklichtes Potential und könnten produktiver sein, wenn sie entsprechende Bedingungen zu dessen Entfaltung vorfänden. Fähigkeiten lassen sich verbessern, Talente entwickeln. Doch *wirkliche* Kreativität erfordert eine spezielle Begabung. Meiner Ansicht nach ist Kreativität sehr selten und sehr flüchtig – etwas Begnadetes. Wahrhaft kreative Leute experimentieren ständig und setzen ihr Wissen völlig neu um oder werfen Voreingenommenheiten gleich zum Fenster hinaus. Oftmals zerstören sie sogar herkömmliche Strukturen, um neue Paradigmen aufzustellen. So geht Kreativität über Innovation und die Umsetzung guter Ideen weit hinaus.

Ich glaube, daß Kunst und Musik Erfindungen und Entdeckungen und neue Theorien von Ordnung und Chaos wahre Kreativität erfordern. Das Flugzeug ist ein Beispiel für eine wahrhaft kreative Idee genauso wie die Erfindung des Rades zu seiner Zeit. Die Entdeckung des Penizillins fällt meiner Ansicht in die gleiche Kategorie wie eine Mahler-Symphonie. Und natürlich bilden Gedankengebäude kreativer Genies wie Kopernikus, Newton, Darwin, Freud und Einstein Eckpfeiler der abendländischen Kultur.

Meiner Ansicht nach sind kreative Menschen in hohem Maße gedanklich flexibel, das heißt, sie können in sehr kurzer Zeit sehr ungewöhnliche Ideen entwickeln. Wo immer sie ein Problem auch hinführen mag, sie werden folgen. Sie können buchstäblich »geistige Sprünge« nach vorn machen und Lösungen ersinnen. Sie haben ungeheuer viel Energie und Willenskraft. Sie sind zudem sehr unabhängig in ihrer Urteilskraft und verhalten sich meistens nonkonformistisch; sie sind spielerisch, folgen ihren eigenen Impulsen und verfügen über eine reiche – sogar bizarre – Phantasie.

Lassen sie mich noch etwas näher auf die Eigenschaften kreativer Menschen eingehen. Zuerst muß ich ihre Neugierde hervorheben. Wirklich kreative Menschen sind außergewöhnlich wißbegierig. Sie sind auch intuitiv. Intuition ist einfach eine andere Form von Verstand, die von ungewöhnlichen Informationskanälen gespeist wird. Ihre erhöhte Intuition macht kreative Persönlichkeiten empfänglicher für Reize um sie herum: Sie nehmen Dinge wahr, die andere Menschen unbewußt ausgrenzen. Das liegt zum Teil daran, daß sie ungewöhnlich gut mit kognitiver Komplexität umgehen können; sie können sich ganze Wälder vorstellen, aber gleichzeitig noch den einzelnen Baum sehen.

Sie erkennen dort ein System, wo andere nur das Chaos sehen. Darüber hinaus verinnerlichen sie ihre vielfältigen Eindrücke und ziehen Querverbindungen. Im Verhalten kreativer Menschen existiert zumeist ein visionäres Element. Sie werden von einer Art »herrlicher Besessenheit« zu einem fernen Ziel getrieben. Sie sind ausdauernd und bezwingend, und sie haben keine Angst vor dem Risiko; auch wenn ihre Arbeit dem nicht informierten Beobachter mühelos erscheint, so ist sie doch das Ergebnis zahlreicher Versuche und Rückschläge. Wahrhaft kreative Menschen sind in der Regel auch sehr autonome und unabhängige Menschen. Konformität und soziale Normen sind nichts für sie; da sie nicht das Bedürfnis haben dazuzugehören, haben sie den Mut, anders zu sein. Zudem zeichnen sich kreative Menschen durch eine hohe Toleranz für Ambivalenzen aus; sie drängen nicht darauf, daß eine Sache schnell zu ihrem Ende kommt. Sie können die Spannung einer offenen Frage ertragen. Andererseits sind sie oft ängstlich, vielleicht weil sie mit dem, was sie hervorbringen, nicht zufrieden sind.

Doch wie steht es um den Rest von uns? Ist es möglich, in gewissem Grade kreativ zu sein und das Beste daraus zu machen? Es gibt Anlaß zu Hoffnung – und eine Reihe von Möglichkeiten, um weniger begnadeten Sterblichen zu mehr Kreativität zu verhelfen, etwa durch abweichendes, assoziatives Denken, das flüssiger und flexibler als analytisches (konvergentes) Denken ist. Zu Beginn dieses Kapitels habe ich mich über die Do-it-yourself-Methoden zur Kreativitätssteigerung lustig gemacht. Denn oft genug ist der Inhalt des Geldbeutels das einzige, was sich bei diesen Methoden ändert. Doch es gibt auch Techniken, die durchaus ihren Sinn und Nutzen haben. Obwohl auch sie keinen Einstein oder Goethe hervorbringen, so können sie doch unsere Wahrnehmung schärfen und uns vor Augen führen, daß es jenseits von Schwarzweiß auch noch andere Welten gibt. Zumindest können Sie einem helfen, Kreativität in anderen Menschen zu entdecken.

Um folgende Techniken geht es dabei:

- *Brainstorming:* Ideenfindung in einer Gruppe, wobei kritische Beurteilungen bewußt ausgeklammert werden.
- *Eigenschaftsauflistung:* Untersuchung aller Grundattribute, Eigenschaften und Details eines Problems und die Suche nach Alternativen oder Variationen.
- *Synektik:* Anwendung von Analogie und Phantasie, um durch bewußte Verfremdung eines Ausgangsproblems neue Ideen zu entwickeln.
- *Laterales Denken:* Einordnung von Informationen in neue Strukturen.

Um ehrlich zu sein, ist es manchmal sehr schwierig, zwischen den einzelnen Techniken zu unterscheiden. Bei allen Techniken wird jedoch jegliche kritische Beurteilung zunächst einmal beiseite gelassen, damit die Assoziationen frei fließen können.

Manche Leute befürworten auch bewußtseinserweiternde Drogen als Kreativitätsstimulans. Das kann sicherlich auch möglicherweise zu interessanten Ergebnissen führen. *Samuel Taylor Coleridges* Bericht über seinen Opium-induzierten Traum von Kubla Khan ist hierfür ein gutes Beispiel, ebenso Aldous Huxleys Beschreibung seiner LSD-Experimente.

Um dem Ursprung der Kreativität auf die Spur zu kommen, wird der schöpferische Prozeß wissenschaftlich in verschiedene Phasen unterteilt: die *Vorbereitungsphase* (Informationssammlung zu dem zu lösenden Problem), die *Inkubationsphase* (Brüten über voneinander unabhängigen Informationsfetzen, Aktivierung des Unterbewußtseins zur Problemlösung), die *Erleuchtungsphase* (Verwirklichung einer Lösung: Denken Sie an Archimedes, als er laut »Heureka!« rufend durch die Straßen von Syrakus lief, nachdem er herausgefunden hatte, wie er die goldene Krone des Königs wiegen könne) und schließlich die *Verifizierungsphase* (Testen der Ergebnisse).[17]

Man kann diesen Prozeß auch mit den »drei B« beschreiben. Diese B beziehen sich auf Orte, die den kreativen Fluß stimulieren. Erstens das *Bett* – entweder der Traum oder die Grauzone zwischen Schlafen und Aufwachen –, wenn der Geist von aller Festgefahrenheit losgelöst und wirklich frei ist. Denken Sie an den deutschen

Forscher *Friedrich August Kekule*, der von einer Schlange träumte, und als er aufwachte, den Benzolring als Struktur eines bestimmten Kohlenwasserstoffs entdeckte. Und wir wissen auch, was Archimedes widerfuhr, als er im *Bad* war. Das letzte B steht für *Bus* (und schließt auch schnelle Autos ein) – Fahrzeuge gehören zu den wenigen Orten, wo wir entweder allein sein oder zumindest unsere Mitmenschen ignorieren können (es sei denn, wir sind mit Autotelefon oder Fax ausgestattet). In allen drei Situationen kommt es zu fast hypnotischen Zuständen. In solchen Zuständen findet bisoziatives Denken statt – Verbindungen werden hergestellt, wo vorher keine bestanden.

Wenn wir weiter eintauchen in den kreativen Prozeß und uns einmal etwas genauer mit den »Heureka-Schreiern« oder den »Aha«-Erlebnissen beschäftigen, fällt hier die Häufigkeit von »Zufällen« auf. Entdeckung erfordert oft auch eine gewisse Gabe dazu. Kreative Menschen sehen oft auch dort noch Möglichkeiten, wo andere schon gar nichts mehr sehen. Stellen Sie sich vor, welche Konsequenzen es gehabt hätte, wenn *Alexander Fleming* den Dingen keine Aufmerksamkeit geschenkt hätte, die da in seinen Petrischalen vor sich gingen. Kein bahnbrechendes Medikament des zwanzigsten Jahrhunderts war so zufallsbedingt wie die Entdeckung des Penizillins. Vielleicht erinnern Sie sich, daß die erste entdeckte Penizillin-Spore per Zufall vom Londoner Wind durch das offene Fenster auf Flemings Petrischalen geweht wurde. *Fleming* konnte den seltsamen Pilz, der sich bald darauf bildete, deuten. Er war insofern reif für die Entdeckung, als er sich fast ausschließlich mit dieser Art von Experiment beschäftigt hatte. Wie schon ein Sprichwort sagt: Wenn dein Geist ein Hammer ist, sieht er nur noch Nägel. Und auch Pasteur sagte einmal: »Der Zufall bevorzugt den vorbereiteten Geist.«

Der kreative Mensch ist ein Paradoxon: Er oder sie ist zwar ein Rebell gegen jegliche Konformität, hat jedoch gleichzeitig eine sehr sensible Wahrnehmung für alles, was um ihn herum vorgeht. Kreative Menschen haben ein feines Gespür für die sich ändernden Bedürfnisse ihrer Kunst oder Wissenschaft. Sie nehmen sehr genau wahr, wenn über den gegenwärtigen Zustand Unzufriedenheit herrscht. Oft sind sie die ersten, die erkennen, daß etwas neu gemacht werden muß.

Doch nicht nur das – sie tun auch etwas dagegen. Der wahrhaft kreative Mensch ist, übertrieben gesagt, ein Prometheus, dessen Name ja wörtlich bedeutet »weise vor dem Ereignis«. Es ist, als besäßen kreative Menschen eine Art prophetischer Gabe, um in die Zukunft zu sehen.

Wie kommt es nun, daß manche Menschen diese große Kreativität besitzen? Was macht sie so anders als die anderen? Ist es Vererbung, ein biologisch festgelegter Charakterzug? Oder ist Kreativität primär entwicklungsbedingt? In diesem Zusammenhang ist auch die Frage der Verbindung von Kreativität und Verrücktheit interessant. Angesichts des oft unorthodoxen Verhaltens von kreativen Menschen ist es verständlich, wenn solche Assoziationen auftauchen. Wo ziehen wir die Grenze zwischen Genie und Wahn?

Ohne allzu tief in die Kontroverse, ob Veranlagung oder Erziehung kreative Fähigkeiten hervorbringen, einzudringen, können wir mit Sicherheit davon ausgehen, daß genetische Faktoren eine Rolle spielen. Doch auf diese biologische Matrix legt sich unsere Entwicklung. Bei begabten Menschen kommt es immer noch auf ihre Entwicklung an. Von besonderem Interesse ist daher für uns, welche Faktoren in der Entwicklung eines genialen Menschen eine wesentliche Rolle spielen.

Denken Sie einmal an Ihre Kindheit zurück. Vielleicht erinnern Sie sich, daß Sie als Kind in zwei Welten lebten: im Alltag mit seinen Anforderungen und in Ihrer innerpsychischen Welt – eine innere Wirklichkeit, in der Sie Ihre Wünsche, Bedürfnisse und Triebe beherrschten. Diese äußeren und inneren Welten trennten sich später und wurden unterscheidbar; doch als Kind existierte noch eine *dritte* Welt für Sie; ein eigener Raum von Phantasie und Illusion, wo zwischen beiden Sphären Verbindungen hergestellt wurden.

Erinnern Sie sich, wie Sie in Ihren Spielen eine Phantasiewelt schufen? Dies war ein Raum zwischen Wirklichkeit und Vorstellung. In dieser Welt herrschten Übergangsobjekte wie Bänder, Decken, Puppen und andere Dinge zum Spielen – Alltagsgegenstände, welche die Verbindung zwischen der äußeren und der inneren Realität herstellten. Diese Welt ist, um mit dem Psychoanalytiker *Donald Winicott* zu sprechen, »der Erfahrungsbereich zwischen dem Daumen und dem Teddybär«.

Die Fähigkeit des Erwachsenen zu Neugierde und Erforschen, die Entwicklung einer inneren Wahrnehmung vom Zusammenhang der Dinge und einer äußeren Wahrnehmung der Realität hat seinen Ursprung in diesem Phantasiebereich. Diese Zwischenwelt spielt in unserer Entwicklung eine wichtige Rolle: sie ist notwendig für unser Selbstwertgefühl. Für die meisten Menschen dient diese Zwischenwelt zur Verarbeitung kindlicher Entwicklungsaufgaben, um sich zu einem reifen Erwachsenen mit eigener Individualität zu entwickeln. Doch bei kreativen Menschen ist das anders. Die Phase wird bei ihnen nie völlig abgeschlossen, sie geben ihre Zwischenwelt nie ganz auf. Folglich prägt diese Zwischenwelt ihr Verhalten ihr ganzes Leben lang.

Eltern spielen für die »Spielwiese« des Geistes eine substantiell wichtige Rolle. Sie können den freien Fluß der Assoziationen fördern, ihn aber auch ersticken, wenn sie dem Kind nicht genügend Freiraum geben. Wenn sie nicht bereit sind, an der Phantasiewelt teilzuhaben, können sie das freie Spiel von Phantasie und Illusion abblocken. Fördern Eltern dagegen die Phantasiewelt ihres Kindes, wird sie zum Brutkasten für kreatives Denken. Hier liegt der Ursprung für Symbolisierung, Wandlungsfähigkeit, Illusion, Tagträumen, Verspieltheit, Neugierde, Phantasie und Wunder.

Jeder Mensch nutzt diese Prozesse in gewissem Grade, doch wirklich kreative Menschen können auch als Erwachsene viel leichter in diese Welt eintreten als wir anderen. Folglich sind sie mehr als wir mit ihren irrationalen Seiten vertraut und stehen in engerem Kontakt mit ihrem Unbewußten. Und sie legen diese Fähigkeit zur »Innenschau« niemals wirklich ab. Als Erwachsene können sie diesen Zwischenbereich immer wieder betreten und dort unorthodoxe Ideen und Lösungen finden. In diesem Zusammenhang haben Psychoanalytiker über den Begriff »Regression im Dienste des Ego« geschrieben. Damit meinen sie die Fähigkeit, zwischen diesen verschiedenen Welten hin- und herzuwandern und aus dieser Schnittstelle das Optimale herauszuholen.

Verallgemeinernd läßt sich sagen, daß ein kreativer Mensch einen der beiden folgenden Wege gehen wird: Entweder wird er oder sie eine konstruktive Form der Kreativität entwickeln oder, wenn die Entwicklung nicht glücklich verläuft, sich in reaktiver Form ausdrücken. In beiden Fällen haben wir es mit Menschen zu tun, die ihre Zwischenwelt nicht aufgeben wollen.

Bei Menschen mit einer konstruktiven Kreativität können wir von einer Kindheit ausgehen, in der das Spielen gefördert wurde. Die Eltern eines solchen Menschen spielten Sprachspiele mit ihm oder ihr und nahmen die Übergangsobjekte ernst, statt sie als etwas zu behandeln, das unterdrückt oder weggeworfen werden muß. Außerdem nahmen die Eltern an den Spielen des Kindes Anteil und freuten sich über dessen Neugierde und Forschungsdrang. Sie akzeptierten phantasievolle und irrationale Kommunikation; ja, sie genossen sogar den Unsinn, den ihr Kind produzierte. Sie belohnten selbständige Leistung, bestärkten es in seinen Leistungen und machten sich über seine Fehler nicht lustig. Oft sind solche Eltern dabei Vorbilder, weil sie selbst unabhängig und phantasievoll sind.

Natürlich können Eltern auch Kreativität so sehr überbetonen, daß sich das Kind unzulänglich fühlt. Das tritt insbesondere dort auf, wo Eltern große Ambitionen für ihre Kinder auf Gebieten haben, wo sie selbst Frustrationen erlebten. Ihr Kind soll dann an ihrer Stelle Erfolg haben. Im allgemeinen sollte daher in der Erziehung nur eine vorsichtige Unterstützung erfolgen.

Für reaktiv kreative Menschen stellt sich die Situation hingegen ganz anders da. Für sie ist die Übergangswelt eine Zuflucht vor der schmerzhaften Wirklichkeit der Außenwelt. *John Milton* sagt in *Das verlorene Paradies*: »Der Geist ist selbst sein eigner Ort und macht aus dem Himmel Hölle sich, aus Hölle Himmel.« Die Zwischenwelt wird ein sicherer Hafen für schmerzhafte Erfahrungen, die diese Menschen als Kinder gemacht haben. Aber diese Welt ist kein Allheilmittel; ein psychisches Gleichgewicht läßt sich so nicht dauerhaft aufrechterhalten. Unter Umständen kommt es zu psychischen Reaktionen, wie zum Beispiel Stimmungsstörungen, die bei reaktiv kreativen Menschen häufiger sind als bei normal Begabten.[18]

Interessanterweise kann der Zusammenhang von Stimmungs-
schwankungen und Kreativität einige Merkmale für außergewöhn-
liches Talent erklären. Unter anderem sind Menschen mit Stim-
mungsschwankungen emotional reaktiver, das heißt, sie sind für
äußere und innere Reize äußerst empfänglich. Außerdem können
sie völlig in einer Sache aufgehen, was ihnen eine überragende
Konzentrationsfähigkeit verleiht. Sie denken zumeist weniger
strukturiert, haben damit freien Zugang zu ihrem Unbewußten und
bringen so häufiger neue Assoziationen zustande.

Doch worum geht es bei dieser reaktiven Kreativität? Warum ist
eine Zwischenwelt für manche Menschen so wichtig? Wie kommt
es, daß ihr psychisches Gleichgewicht so labil ist? In der Regel
versuchen reaktiv kreative Menschen mit unterschiedlichen Trau-
mata fertig zu werden. Ihre Umgebung macht sie auf irgendeine
Weise chronisch ängstlich. Sich ihrer Kreativität hinzugeben ist für
sie daher oft die einzige Möglichkeit, mit ihren Ängsten umzugehen.

Der Katalysator für ihr kreatives Werk ist oft ein frühkindliches
Erlebnis, als sie noch sehr empfindlich waren. Zum Beispiel der
Tod einer Bezugsperson oder eines anderen Kindes in der Familie,
eine schwere Krankheit, eine Mißbildung, übermäßige Konkurrenz
unter den Geschwistern oder äußere Ereignisse, wie Krieg oder
Entwurzelung. Spätere, ähnliche Erfahrungen können schwer auf
dem Erwachsenen lasten. Der schöpferische Ausbruch hilft diesem Menschen, mit der grenzenlosen Angst und Depression fertig
zu werden oder gar einen schizoiden Zustand zu überwinden. Dabei steht das Bedürfnis nach Wiedergutmachung im Mittelpunkt,
die Suche nach einer kreativen Lösung für ihren inneren Kampf.
Beispiele für kreative Versuche zur Wiedergutmachung sind in der
Kunst nicht schwer zu finden. Dieser Kampf spiegelt sich in den
Nachbildungen der verinnerlichten Bilder vom eigenen Körper:
den Selbstportraits. Sie sind Projektion des inneren Zustands des
Malers. Man sehe sich hier nur die Selbstbildnisse von *Munch,
Schiele, Kahlo, de Chirico, van Gogh* oder *Goya* an.

So bezeichnete *Edvard Munch* Krankheit und Verrücktheit als
schwarze Engel, die an seiner Wiege gestanden hätten. Er war als
kleiner Junge Zeuge des Todeskampfes seiner Mutter geworden

und hatte eine tiefgreifende seelische Zerstörung davongetragen. Diese Erfahrung mag den düsteren und zerstörerischen Stil seiner Bilder erklären. *Egon Schiele* malte sich kastriert, deformiert und verstümmelt. Eine mögliche Erklärung hierfür ist seine problematische Kindheit, die geprägt wurde vom Tod seines Vaters und vier seiner Geschwister und einer schwierigen Beziehung zu seiner Mutter. *Frieda Kahlo*, die über lange Jahre ihres Lebens bettlägrig und behindert war (als Spätfolgen eines Unfalls und der Kinderlähmung, die sie als kleines Kind bekam), stellte in ihrem Werk vor allem den Körper in Verzerrung dar.

Depression und Entpersonalisierung waren die Hauptelemente der Persönlichkeit *Giorgio de Chiricos*. Seine Selbstentfremdung spiegelt sich in seinen Bildern, in denen Themen wie Abschied, Melancholie, Entfremdung, unheimliche Leere und Stille vorherrschen. Sein Werk war wahrscheinlich vom Tod seiner Schwester und der starken Ablehnung durch seine Mutter geprägt. Um die tragische Selbstverstümmelung *Vincent van Goghs* zu erklären, bedarf es nicht vieler Worte. Bei ihm hatte der Liebesentzug durch eine trauernde Mutter, für die er ein Ersatz für den totgeborenen ersten Vincent war, eine verheerende Langzeitwirkung. Auch *Francisco Goyas* spätere Krankheit hatte einen ähnlich dramatischen Effekt auf seine Malerei. Man braucht kein Kunstkenner zu sein, um die Unterschiede in seiner frühen und späten Malerei zu sehen. Grauenvoll offenbart sich dieser Stilbruch etwa in dem Werk »Saturn verschlingt einen seiner Söhne«.

Doch nicht nur Maler stehen im Bann ihrer Lebensgeschichte. Auch viele Dichter und Komponisten ringen in ihren schöpferischen Werken in Wahrheit mit sich selbst. *Nicolai Gogol* beispielsweise litt unter seinem Aussehen. Zweifellos war es seine große Nase, die ihn veranlaßte, die Erzählung »Die Nase« zu schreiben. *Franz Kafkas* »Verwandlung« ist bezeichnend für sein Selbstbild. Die Beschreibung seiner eigenen Verwandlung in ein abscheuliches, monströses Insekt bedarf keiner Erklärung. Dies war sicherlich nicht das Ergebnis einer einfühlsamen Erziehung. Wer *Kafkas* »Brief an meinen Vater« gelesen hat, in dem er die Schrecken seiner Kindheit beschreibt, weiß, wovon ich rede. Bei *Edgar Allen Poe* haben wir es mit einem Vater zu tun, der die Familie verließ, als Edgar zwei Jahre alt war, und einer Mutter, die an Tuberkulose starb, als er drei war. Ähnlich bei *Johann Sebastian Bach*, dessen Eltern starben, als er neun Jahre alt war. Dazu kam, daß nicht viele seiner sieben Geschwister die Kindheit überlebten.

Kein Wunder, daß wir in seiner Musik die Themen von Tod und Auferstehung so oft wiederfinden. Dann *Gustav Mahler* und seine Kindertotenlieder. Sie wurden aus einem einzigen Grund komponiert: dem Tod vieler Geschwister, als er ein Junge war, und dem Tod seiner eigenen kleinen Tochter. Auch *Ingmar Bergman* ist ein Mann, der mit seinen inneren Widersachern, seinen Eltern, kämpft, die ihn erstickten. Dieser Kampf führte in sehr neurotisches, aber auch extrem kreatives Verhalten. Dies sind hier nur einige wenige Beispiele, mit denen ich noch seitenlang fortfahren könnte.

Kreativität, ob reaktiv oder konstruktiv, ist dabei jedoch nicht allein auf die Kunst beschränkt. Die Natur- und Sozialwissenschaften drängen sich ebenfalls auf, wenn wir von Kreativität reden. Beim Bau des ersten Automobils, der Entdeckung der Quantenphysik und der Konstruktion des Eiffelturms war mit Sicherheit auch Genie am Werk. Auch im Berufsleben finden sich kreative Köpfe, aber die schöpferische Leistung ist hier zumeist nicht so spektakulär wie zum Beispiel in der Kunst. Kreativität zeigt sich hier eher unterschwellig. Kennt irgend jemand den Erfinder der doppelten Buchführung? Wer hat die Zeitstudien eingeführt? Und wie steht es mit dem Entwickler der divisionalen Organisationsstruktur oder der Matrixorganisation? Alle diese Innovationen erforderten jede auf ihre Art Kreativität.

Kreativität im Unternehmen hat noch einen anderen Haken: Während Künstler und Wissenschaftler oft abgeschirmt arbeiten können, ist das im Unternehmensumfeld selten möglich. Schließlich bestehen Unternehmen aus Gruppen. Und mit Gruppen kommt Gruppendynamik ins Spiel. Der hochgelobte Teamgeist in Unternehmen kann vor allem bei kreativen Menschen zu Problemen führen. Wie bereits erwähnt, gehen diese Menschen nicht gern mit anderen konform. Man könnte von einer Art »Gresham-Gesetz der Kreativität« sprechen: In diesem Fall ist es nicht die schlechte Bezahlung, die gute Bezahlung austreibt, sondern es sind die Konformisten, welche die Kreativen vertreiben. Wie ich oben bereits erwähnte, gelten kreative Menschen in Unternehmen eher als Störenfriede. Das führt dann oft dazu, daß sie tatsächlich Schwierigkeiten bekommen und dann gehen.

Wie kann man aber nun diese Einzelgänger führen und gleichzeitig wertvolle Leute nicht verlieren? Was können Führungskräfte tun, um kreative Menschen anzuziehen, zu fördern und zu halten? Außerdem wäre es eine gute Idee, in Begriffen wie »kreatives Management« zu denken. Die Aufgabe eines Unternehmens besteht jetzt darin, Spontaneität und Impulsivität in konstruktives, organisationsbezogenes Verhalten zu übersetzen. So wie Eltern das phantasievolle Spiel ihres Kindes unterstützen sollten, so sollten Führungskräfte Bedingungen schaffen, die Innovation und unorthodoxe Methoden in ihrem Unternehmen fördern.

Richard Branson ist hier ein gutes Beispiel für einen außerordentlich kreativen Unternehmenschef mit einem ebenso kreativen Managementstil. *Branson* ist der charismatische Gründer der *Virgin Group*, ein Imperium, das nach Abstoßen seines Schallplattengeschäfts am bekanntesten für seine äußerst erfolgreiche Fluggesellschaft und der Megastore-Einzelhandelskette ist. *Bransons* Führungsstil ist inzwischen schon sprichwörtlich. Er gehört nicht nur zu den reichsten Männern der Welt, sondern ist gleichzeitig auch eine internationale Berühmtheit. In Großbritannien ist er ein Volksheld; Teenager und Eltern gleichermaßen nennen ihn als Vorbild. Er erhielt Auszeichnungen für seine unternehmerische Leistung und wurde zum populärsten Geschäftsmann des Jahres gewählt.

Als Unternehmensplaner ist *Branson* ein sehr ungewöhnlicher Mensch. Er hat keine wirkliche Zentrale (anfangs war es ein Hausboot auf der Themse) – was man von jemandem, der 6 000 Menschen in fünfzehn verschiedenen Ländern beschäftigt, nicht gerade erwarten würde.

Statussymbole und Machtsymbole sind für ihr unwichtig. Dezentralisation ist für ihn zur Religion geworden. Seiner festen Überzeugung nach sollte, sobald mehr als siebzig Leute in einem Gebäude arbeiten, dieses in neue Einheiten aufgeteilt werden, denn sonst laufen die Menschen Gefahr, ihre Identität zu verlieren. Der

Arbeitsstil seines Unternehmens zeichnet sich durch informelles Management aus, lässige Kleidung, fehlende Hierarchie, eine lockere Arbeitsatmosphäre und kein Konformitätszwang. Im Gegenteil, er legt Wert darauf, sein Unternehmen für Einzelgänger attraktiv zu machen – und er selbst genießt diese Außenseiterrolle sehr, wie seine Verrücktheiten, zum Beispiel die Ballon- und Schnellbootabenteuer, beweisen.

In der *Virgin Group* ist der laterale Informationsaustausch besonders groß. *Branson* gefällt die Vorstellung vom *grenzenlosen* Unternehmen. Er ermuntert die Leute zu Beweglichkeit, er möchte nicht, daß sie in eng definierten Arbeitsplätzen festfahren. Er glaubt an organisches Wachstum und nicht an Firmenübernahmen zur Sicherung von Marktanteilen. Außerdem vertritt er die Ansicht, daß jemand, der eine gute Idee hat, mit den notwendigen Ressourcen ausgestattet werden sollte. In dieser Hinsicht benimmt er sich wie eine Art »Super-Projektchampion«, der anderen bei der Entwicklung und Umsetzung ihrer Ideen hilft. Für ihn ist es besser, um Verzeihung zu bitten als um Erlaubnis. Ihm gefällt es, wenn Leute Risiken eingehen, gleichzeitig aber liebt er es, Risiken zu managen. Und das Belohnungssystem für diejenigen, die riskante Klippen glücklich umschiffen, ist entsprechend gut ausgelegt: Wer kreative Ideen für neue Geschäftätigkeiten hat, bekommt selbst ein Stück vom Kuchen ab. Dies ist *Bransons* Methode, um seine Führungskräfte zu halten; er will, daß sie unter dem *Virgin*-Schirm Millionäre werden.

Im Grunde geht es ihm darum, in seinem Unternehmen eine Gemeinschaft zu schaffen, die effektiv zusammenarbeitet, sich gegenseitig hilft, Spaß hat und alles aufregend findet. *Spaß* ist ein zentraler Wert in *Virgins* Unternehmensphilosophie. Und als »Obernarr« geht *Branson* oft genug mit gutem Beispiel voran. Dabei folgt er dem einfachen Gedanken, daß glückliche Menschen produktive Menschen sind. Darüber hinaus möchte er, daß *Virgin* in allen Bereichen das beste Unternehmen ist, hingegen nicht unbedingt das größte. Seine hohen Leistungserwartungen stacheln seine Leute an, an der Herausforderung zu wachsen. Seine Fluggesellschaft *Virgin Atlantic* ist hierfür ein gutes Beispiel für diese Philosophie.

Was können wir also von *Virgin* hinsichtlich kreativen Managements lernen? Vor allem, daß für Organisation, Kultur und Führung einiges getan werden muß. Schauen wir uns zunächst die *unternehmensspezifischen* Variablen an, die einen kreativen Arbeitsplatz ausmachen.

Dazu lohnt es sich, wenn Sie sich einmal die Organisationsstruktur Ihres Unternehmens sehr genau ansehen. Ist sie vorwiegend bürokratisch oder organisch? Natürlich ist eine fließende, flexible und grenzenlose Struktur am empfehlenswertesten. Eine stark reglementierte Umgebung erstickt jede Kreativität. Auch gezielte Dezentralisierung ist geeignet, weil damit auch Verantwortungsteilung und direktes Feedback verbunden ist. Das Ergebnis ist, daß die Angestellten erkennen, daß sie Einfluß auf das eigene Umfeld haben. Nach Ansicht der Streßforschung wirkt dies wie ein Puffer gegen Streß. Die Menschen fühlen sich wohler, was wiederum einen positiven Effekt auf die Arbeit hat. In streng hierarchischen Unternehmen, das heißt in Unternehmen mit vielen Managementebenen, ist für Kreativität in der Regel wenig Raum. Um den Menschen ihr Bestes zu entlocken, ist jedoch in hohes Maß an persönlicher Freiheit notwendig. Kreative Menschen brauchen mehr als andere das Gefühl, selbstbestimmt arbeiten und Ideen entwickeln zu können.

Ein exzessives Berichtswesen und reglementierte Abläufe erweisen sich daher als kontraproduktiv. Andererseits sollten die Leistungsbewertungs- und Gehaltssysteme Innovation belohnen. Gibt es ein entsprechendes Belohnungssystem, das die kreativen Leute hinter einem erfolgreichen Projekt sichtbar macht und ihnen Anerkennung verleiht? Haben sie Anteil an den Vergünstigungen und Boni als Anerkennung ihrer Arbeit? Obwohl Belohnung nicht die Hauptmotivation für kreative Leute ist – für sie ist es viel wichtiger zu sehen, wie ihre Ideen umgesetzt werden –, so kann bei ihnen ein Anteil am großen Kuchen doch Wunder in bezug auf ihr Empfinden für Gleichberechtigung bewirken.

Im Unternehmen sollte die Kommunikation regelmäßig, leicht und lateral angelegt sein, um den Lernprozeß und neue Ideen anzuregen. *Unkonventionalität* sollte keine sträfliche Vokabel sein. Die Unternehmensangehörigen sollten nicht gezwungen werden, bestimmte Dienstwege einzuhalten, und die Stellenbeschreibungen sollten nicht zu eng definiert sein. Aufgabenspezifische Interdependenz und Job-Rotation können ebenfalls nützlich sein, damit Detailwissen über andere Arbeitsplätze zu breiterem Wissen führt. Multidisziplinäre Teams sind ebenfalls ein Plus.

Personalmanagement ist ein weiterer kritischer Bereich. Vielfalt sollte akzeptiert werden. Offenheit gegenüber Nonkonformisten ist angebracht, denn ihre Ideen sind das intellektuelle Ferment. Gerade sie stellen oft die ungewöhnlichen Fragen, schlagen effektivere Organisationsmethoden vor und entdecken neue Produktnischen. Sie sollten ihren Platz im Unternehmen haben.

Noch ein paar Worte zum äußeren Erscheinungsbild des Unternehmens: Wie sieht das Gebäude aus? Regt die Arbeitsumgebung zu Kreativität an, oder erinnert der Arbeitsplatz eher an stalinistische Architektur? Zuletzt ist es wichtig, daß das Unternehmen die notwendigen Ressourcen hat – finanziell, materiell und personell. Steht auch für anfänglich wenig aussichtsreiche und für das Unternehmen nicht von unmittelbarem Nutzen erscheinende Projekte Raum und Geld zur Verfügung? Sind diese Ressourcen relativ leicht anzuzapfen? Jemand, der permanent um Ressourcen und um Zeit für ein Projekt kämpfen muß, kann nicht produktiv sein.

Die *Corporate Culture* ist eine andere Variable. Wie sieht das Wert- und Glaubenssystem aus? Existiert genügend Risikobereitschaft? Sind Fehler erlaubt? Denken Sie daran – wenn die Leute keine Fehler machen dürfen, treffen sie auch keine Entscheidungen und sind nicht bereit, ein Risiko einzugehen. Kreative Leute hält es in solchen Umgebungen nicht lang.

Der Zugang zu Informationen ist ein weiterer wichtiger Faktor. Eine Unternehmenskultur, die Geheimniskrämerei hervorbringt, ist vielleicht gut darin, Paranoia zu schaffen, aber keine kooperative Atmosphäre. Statt dessen werden in solchen Unternehmen eher Stellvertreterkriege geführt.

Im Grunde lassen sich all diese Faktoren mit dem Begriff *Vertrauen* zusammenfassen. Wenn es im Unternehmen kein Vertrauen gibt, wenn die Leute damit beschäftigt sind, sich ihren Rücken freizuhalten, zerbricht der psychologische Vertrag zwischen dem einzelnen und dem Unternehmen, und Kreativität ist dann das erste Opfer.

Bei alledem sollten wir *Spaß* nicht vergessen (denken Sie an das Virgin-Beispiel). Normalerweise bringen wir ein Unternehmen nicht mit Spaß in Verbindung. Doch eine unbeschwerte Arbeitshaltung baut Streß und Spannungen ab. Und langfristig sind Menschen, die Spaß an ihrer Arbeit haben, kreativer und arbeiten härter.

Schließlich möchte ich noch erwähnen, daß ein wichtiges Element der Unternehmenskultur Offenheit gegenüber Neuem ist. Führungskräfte müssen ein veränderliches Unternehmen schaffen – eines, das die Fähigkeit hat, zu lernen und sich zu verändern. Wo es keinen Wandel gibt, gibt es auch keine Kreativität.

Die dritte Variable, zur Förderung von Kreativität im Unternehmen, betrifft die Rolle der Führung. Wie sieht der Führungsstil aus? Ist er demokratisch und partizipativ – oder eher autokratisch?

Natürlich fühlen sich kreative Menschen bei ersterem Führungsstil wohler. Tatsächlich tötet ein autokratischer Führungsstil Kreativität ab, denn Menschen in einem derart geführten Unternehmen hinterfragen nicht, warum etwas so und nicht anders getan wird; sie verhalten sich einfach konform. Es ist für die Menschen wichtig zu spüren, daß auch eine andere Meinung akzeptiert wird.

Und wie steht es mit einer gemeinsamen Vision? Haben die Angestellten eine klare Vorstellung darüber, was das Unternehmen leisten will? Sind die Ziele klar genug? Neben der detaillierten Beschreibung der Unternehmensziele ist eine allgemeine Richtungsangabe notwendig, die zum Beispiel durch Vorbilder, Mentoren, Ideenchampions etc. »vorgelebt« werden kann. Ein Unternehmen braucht solche Leute – wie immer man sie auch nennen mag – als gutes Beispiel.

Ausbildung und Hingabe spielen in der Erzeugung neuer Ideen eine wichtige Rolle. Ein kreatives Ergebnis mag wie zufällig aussehen, doch gewöhnlich ist es das Produkt intensiver Vorbereitung und harter Arbeit. Natürlich gehört auch eine Portion Glück dazu; aber nach meinen persönlichen Erfahrungen haben Sie um so mehr Glück, je härter Sie arbeiten. Nicht nur vorbereitet muß der Mensch sein, sondern er muß auch bereit sein, es trotz aller Rückschläge immer wieder zu versuchen.

Kreative Menschen sollten gefordert werden, und vor allem sollte man ihnen ein Gefühl von Wichtigkeit für das Unternehmen vermitteln. Topmanager müssen ihren Mitarbeitern Macht geben, indem sie von ihnen erwarten, daß sie kreativ arbeiten werden. Vor allem aber sollten Führungskräfte bereit sein, die verrückten Ideen zu fördern. Wenn Sie hohe Erwartungen und die notwendigen Ressourcen zur Verfügung stellen, werden die Menschen versuchen, diesen Erwartungen zu entsprechen.

Kreativität im Unternehmen ist eine sehr zarte Pflanze. Es braucht nicht viel, um sie zu töten. Wenn Sie also nicht vorsichtig sind, werden die kreativen Mitarbeiter und Mitarbeiterinnen gehen (oder erst gar nicht kommen). Hier ist die Einstellung der Unternehmensführung von größter Bedeutung. Führungskräfte sollten sich darüber bewußt sein, welche Grundstimmung sie im Unternehmen verbreiten. Sie sollten nicht vergessen, daß sie es sind, die den Ton angeben. Die Ansicht, es gebe nur die eine richtige Methode und nur eine richtige Antwort auf ein Problem, schließt Kreativität bereits von vornherein aus. Führungskräfte, die solche Sprüche wie »So etwas hat es hier noch nie gegeben« verbreiten, werden dem Unternehmen sehr schaden. Ähnlich ist es, wenn alle sagen, sie seien »nicht zuständig«. In solchen Unternehmen herrscht große Angst vor Neuland. Solche Einstellungen sollten als ernste Gefahrenzeichen interpretiert werden!

Schließlich und endlich habe ich auch Führungskräfte kennengelernt, die der Meinung sind, daß Spielen albern sei und man Albernheiten tunlichst vermeiden solle. Ich weise dann immer darauf hin, wie wichtig es für einen kreativen Menschen ist, einen »Übergangsraum« zu haben. Wird der Zugang zu diesem Bereich versperrt, wie sollen sie dann kreativ sein? Um Kreativität anzuregen, müssen Führungskräfte bereit sein, unterentwickelte Ideen anzunehmen und Regeln außer Kraft zu setzen. Unausgereiftes sollte toleriert und Verständnis gezeigt werden. Außerdem sollten sie bereit sein, schnelle Entscheidungen zu treffen, anstatt beredte Untersuchungsausschüsse zu gründen. Und schließlich sollen sie (wie bereits erwähnt) Fehler erlauben (und sich nicht über sie auslassen). Denken Sie daran: Chaos erzeugt Leben, Ordnung Gewohnheit. Für die Konkurrenz ist es sehr leicht, Ihre Gewohnheiten zu kopieren, aber die kreativen Talente in Ihrem Unternehmen sind Ihr einmaliger unnachahmlicher Vorteil.

13 Abschied nehmen fällt schwer

Nachfolge und Pensionierung

Nicht, daß ich Angst vor dem Sterben habe, ich möchte nur nicht da sein, wenn es passiert.
Woody Allen

Altern ist wie eine zunehmende Bestrafung für ein Verbrechen, das Sie nicht begangen haben.
Anthony Powell

Ich vertat mein Leben kaffeelöffelweise.
T. S. Eliot

Ein Unternehmenschef muß sich im Laufe seiner Karriere mit vielen der bisher beschriebenen Situationen auseinandersetzen. Abschließend bleibt noch ein Thema anzusprechen, dem keine Führungskraft ausweichen kann und das für viele ein Problem ist: das Ende ihrer Karriere – ein Lebensabschnitt, der oft qualvoll den eigenen Selbstwert in Frage stellt und die eigene Sterblichkeit vor Augen führt.

In meinen Führungsseminaren höre ich immer wieder folgende Äußerung: »Jetzt bin ich fünfundfünfzig Jahre. Ich bin seit mehr als fünf Jahren Präsident unseres Unternehmens. Die Vorstellung, daß ich weitere zehn Jahre so weitermachen werde, macht mich verrückt. Was können Sie mir empfehlen?« Auf diese Frage gibt es keine leichte Antwort.

Natürlich wäre es einfach zu sagen: »Kündigen Sie!« Aber wozu? Um wohin zu gehen? Meistens ist es sehr schwer, noch eine Zugabe zu finden, nachdem man es bis zum CEO gebracht hat, vor allem wenn es sich um ein Großunternehmen handelt. Die Macht, die Vergünstigungen, der Ruhm, der mit dieser Stellung einhergeht, können stark süchtig machen. Danach wird jeder andere Posten ein Rückschritt sein.

Über das Unbehagen dieser Menschen, die schon zu lange eine solche Position bekleiden, gibt es nichts zu lachen. Es nagt an der Wurzel ihres Seins und untergräbt ihr Selbstwertgefühl. Was können sie mit den verbleibenden Lebensjahren anfangen?

Neben diesen persönlichen Belangen müssen auch noch andere Faktoren erwogen werden. Wir alle wissen, daß Firmenchefs sehr großen Einfluß auf das Leben der Unternehmensangehörigen haben. Und gerade deshalb ist die Frage, wie ein CEO weiterhin gesund, kreativ und effektiv arbeiten kann, so wichtig. Wie läßt sich dysfunktionales Verhalten minimieren, wenn der CEO zu lange bleibt? Leider enthält das spanische Sprichwort, daß »der Fisch am Kopf zu stinken beginnt«, sehr viel Wahrheit!

Vielleicht spüren Sie die Schwermut selbst. Vielleicht erleben Sie hin und wieder eine gewisse Unruhe. Vielleicht haben Sie den Eindruck, je länger Sie diese Arbeit tun, desto öfter wiederholt sich alles. Die Routine lastet wie Blei auf Ihnen. Vielleicht suchen Sie nach neuer Spannung; vielleicht ist es an der Zeit, die Dinge beim Namen zu nennen und zuzugeben (so schwer dies auch fallen mag), daß Sie sich allmählich langweilen. Ist das der Fall, wäre es nicht besser, jetzt etwas zu tun, anstatt die Dinge weiter schleifen zu lassen?

Ich habe mich oft gefragt, was die optimale Amtsdauer für einen CEO ist. Wann beginnen Begeisterung, Motivation und Engagement abzubröckeln? Wieviel Zeit vergeht dann noch, bis der Kopf des Unternehmens an Effektivität verliert? Wann ist der richtige Zeitpunkt gekommen, etwas anderes zu tun?

Über diese Frage herrscht unter Unternehmenschefs keine Einigkeit. Die Antworten gehen weit auseinander. Schließlich hängen sie von vielen Faktoren ab. Zum Beispiel ob Sie in einer sehr turbulenten oder eher stabilen Umgebung arbeiten. Unter welchen Zwängen stehen Sie (von seiten des Aufsichtsrats, des Vorstands, der Anteilseigner, der Börsen, Banken, Kunden und Kapitalgeber)? Arbeiten Sie für ein Familienunternehmen? (Dies kann einen entscheidenden Unterschied machen: Der Eigentümer eines Unternehmens hat wahrscheinlich eine ganz andere Auffassung von

Engagement und Motivation als der Chef einer Publikumsgesellschaft.)

Die optimale Amtszeit von CEOs wird mit zehn – plus/minus zwei – Jahren angegeben. Doch es gibt Studien, nach denen etwa fünfzig Prozent aller Unternehmensleiter länger als zwölf Jahre in dieser Position bleiben.[19] Diese Zahl sieht für Familienunternehmen und Neugründungen natürlich anders aus, denn oft wird ein Familienmitglied oder ein Unternehmer in jungen Jahren Geschäftsführer und bleibt dies auch über lange Jahre. Denken Sie an Menschen wie *Armand Hammer* von *Occidental Petroleum* und *William Paley* von *CBS*. Diese Männer mußten im Sarg aus ihren Unternehmen getragen werden. Eine zeitliche Grenze war in ihrer Karriereplanung nicht vorgesehen.

Ich persönlich bevorzuge die magische Zahl *Acht*. Meiner Ansicht nach sind es nicht mehr als acht Jahre, die ein Mensch in einer mit teilweise sehr starkem Streß verbundenen Position höchst effektiv arbeiten kann.

Im allgemeinen werden CEOs zum ersten Mal in dieses Amt berufen, wenn sie Anfang Fünfzig sind. Viele potentiell produktive Jahre liegen dann vor ihnen. Die Frage ist: Wie viele von diesen Jahren werden wirklich produktiv sein? Wie lang kann ein CEO oder ein Geschäftsführer das Unternehmen effektiv führen? Visionen vermitteln, inspirieren, ermutigen, strukturieren, kontrollieren, belohnen – die Aufgaben eines Chefs können sehr erschöpfend sein. Wie lang kann ein Vorstandsvorsitzender seine Truppen motivieren? Wie lang ist er in der Lage, das Unternehmen zum Tanzen zu bringen und Kreativität, Innovation und Produktivität zu stimulieren?

Gibt es so etwas wie einen Lebenszyklus für hochrangige Führungskräfte? Läuft das Leben in Spitzenpositionen nach einem bestimmten Muster ab? Wenn ja, gibt es dann so etwas wie eine feste Abfolge bestimmter Phasen? Wie entwickelt sich alles?

So wie es einen Produktzyklus gibt – eine Zeitspanne, in der ein Produkt gute Verkaufszahlen und Gewinne sichert –, so gibt es auch einen Lebenszyklus für die fruchtbare Zeit eines CEO. (Wobei wir uns vergegenwärtigen sollten, daß Produkte und Technologien sich immer schneller überholen und so gleichzeitig der Druck auf die Unternehmenschefs, im Rennen mitzuhalten, enorm wächst.)

Theoretisch durchläuft ein CEO folgende drei Phasen: Die erste ist die *Anfangsphase*, wo unter Umständen noch experimentiert werden kann, gefolgt von der *Konsolidierungsphase*, auf welche schließlich die *absteigende Phase* folgt. (Es gibt durchaus Fälle, in der die letzte Phase erkannt und umgangen wird und in eine Phase der Erneuerung führt.) In den vorangehenden Kapiteln habe ich mich auf die ersten beiden Phasen konzentriert. Lassen Sie mich nun einmal näher auf den dritten Abschnitt eingehen.

Gehen wir davon aus, daß in den ersten beiden Führungsphasen alles gut gelaufen ist. Bei den verschiedenen Wählerschaften wurde Vertrauen aufgebaut und eine Machtbasis konsolidiert. Dann wird der CEO zunehmend seine Träume umzusetzen versuchen, das also, was ihm sein inneres Theater vor allem vorschreibt. Mit Verstreichen der Zeit konzentriert er sich vielleicht mehr und mehr auf eine bestimmte Sache, die immer sein großer Wunsch war oder wie ein roter Faden durch sein Leben läuft. Das kann so weit gehen, daß es zu einem Zwang wird, der ihn nicht mehr losläßt.

Da er alles zunehmend unter Kontrolle hat, zieht Routine ein. An dieser Wegkreuzung geht es vor allem um Wiederholung eines bestimmten Themas; der CEO versucht ein bestimmtes Thema zu meistern, das nie wirklich gelöst wurde – etwas, mit dem er oder sie kämpft, ob bewußt oder unbewußt. Gefährlich wird es dann, wenn Abweichungen von diesem Lieblingsthema ungern gesehen werden; langsam setzt Rigidität ein. Substanstiell neue Initiativen sind nicht mehr zu erwarten. Ehemals als aufregend empfundene Herausforderungen verlieren gänzlich ihren Reiz. Die einzigen Veränderungen finden in den Umsatzzahlen statt. Das einzige, was nun wirklich zählt, ist sein Lieblingsthema und dessen Ausfeilung, es wird seine Hauptsorge, ein Pfeiler seines Selbstbildes. Mitarbeiter, die es wagen, das Thema oder die Strategie in Frage zu stellen, wissen, daß sie sich aufs Glatteis begeben.

Welche Anzeichen deuten nun darauf hin, daß ein CEO diese Karrierephase erreicht hat? Ein Hauptsignal ist, daß sich in der Produktpalette nicht mehr viel tut: Für die nahe Zukunft sind keine neuen Produkte geplant. Der Kundenstamm verändert sich kaum noch, es gibt keine Initiativen, um neue Kunden zu erwerben. Auch frisches Blut kommt nicht mehr ins Unternehmen. Das hält vielmehr an der müden alten Führungsriege fest – an jenen, die sich an den speziellen Ansichten des Chefs orientieren. Daneben akkumuliert das Unternehmen zuviel Bargeld. Gleichzeitig gehen den Führungskräften die Ideen aus, wie sie das verfügbare Geld einsetzen können. Und hier, in dieser dritten Phase, fangen die Probleme an – sowohl für das Unternehmen als auch für seinen obersten Chef. Was passiert mit ihm in dieser Phase? Er scheint festgefahren; Kurzsichtigkeit setzt ein; er hört nicht mehr zu. Gegenteilige Meinungen werden nicht mehr gern gehört und mit hoher Wahrscheinlichkeit abgeschmettert. Auch die Aufgabe selbst ist nicht mehr so reizvoll, die Routine setzt ein. Gelangweilt von ihrer täglichen Arbeit, lassen sie sich treiben. Sie klingen allmählich wie eine Schallplatte, die einen Sprung hat. Weil die alte Spannung weg ist, läßt die Leistung nach.

Als gutes Beispiel für ein solches Verhalten eignet sich *Sewell Lee Avery*, der ehemalige Chef von *Montgomery Ward*, eine große amerikanische Kaufhauskette. Seine Hauptsorge war Kostensenkung und Liquidität (er fürchtete eine bevorstehende Wirtschaftsdepression), ein Thema, das sicher seine Gültigkeit besaß, als er noch andere Funktionen innehatte. Leider brachte diese einseitige Fixierung sein Unternehmen so weit, daß es schließlich eher einer Bank mit einer Kaufhausfassade glich. Seine fixe Idee führte schließlich dahin, daß seine Kunden letztendlich nicht mehr viel bei ihm zu kaufen hatten – was den Interessen des Unternehmens nicht gerade zuträglich war.

Ken Olsen, der Gründer und ehemalige Unternehmenschef von *Digital Equipment Corp.*, ist ein ähnlicher Fall. *Olsen* kann als Pionier der Computerbranche angesehen werden. Seine Vision von der Computerindustrie stand einmal im Einklang mit den Bedürfnissen der Konsumenten. Doch seine ständige Beschäftigung mit technischer Perfektion und seine mangelnde Aufmerksamkeit gegenüber den sich ändernden Kundenbedürfnissen führte am Ende zu Unternehmensstarre und schlechter Marktanpassung. Die Gewinne litten dadurch extrem, was wiederum die Aktienkurse drastisch fallen ließ und ihn zum Rücktritt zwang.

Aus den unterschiedlichsten Gründen (die Ursache liegt im inneren Theater) war es für diese Unternehmensleiter sehr schwierig, sich den ändernden Marktbedingungen anzupassen. Ihre Dickköpfigkeit, ihre Fixierung auf ein bestimmtes Thema, selbst als es nicht mehr in die Zeit paßte, wurde schließlich dysfunktional und zerstörerisch. Natürlich zeichnet sich in dynamischen und turbulenten Branchen ein solcher Niedergang schneller ab. CEOs, die in einer relativ stabilen Umgebung operieren, können hingegen über einen gewissen Zeitraum ihre Routine halten, weil von ihnen kein so hoher Innovationsgrad verlangt wird.

Diese dritte Phase kann für das Unternehmen fatal sein. Das Festhalten an einem veralteten oder nicht mehr gültigen Thema kann dem Unternehmen sehr schaden und es sogar in den Bankrott treiben.

Zu diesem Szenario existieren viele Variationen. Es gibt Geschäftsführer, die langsam vom Alltag ihres Unternehmens Abstand nehmen und zusehends abgehoben werden. Da sie neue Reize benötigen, interessieren sie sich immer mehr für andere Dinge – die das Unternehmen nur peripher, wenn überhaupt, betreffen –, wobei sie ihre alte Routine beibehalten. Sie verbringen unter Umständen mehr Zeit außerhalb des Büros bei der Verfolgung ihrer glamouröseren Interessen, wie gesellschaftlichen oder sportlichen Veranstaltungen, als sich um die Belange der Firma zu kümmern.

All das wäre völlig akzeptabel bei einem CEO, der delegieren und loslassen kann. Leider bedeutet eine Vernachlässigung der Unternehmensdetails nicht immer auch ein Mehr an Delegation. Der Unternehmenschef mag innerlich befürchten, daß die Mitarbeiter dann auf die Idee kommen könnten, sein Lieblingsthema in Frage zu stellen (und das selbst einzusehen ist nicht mehr opportun).

Andere Führungspersönlichkeiten verschwenden die knappen Unternehmensressourcen für zu große Privilegien, wie das unternehmenseigene Flugzeug, unternehmenseigene Feriendomizile oder große Betriebsfeiern. Wieder andere lassen sich zu riskanten Abenteuern hinreißen. So bieten Mergers and Acquisitions eine gute Möglichkeit für immer neue Kicks und Beseitigung der inneren Unruhe, egal wie teuer so etwas wird. Und dieses Herumbasteln am Imperium ist natürlich nicht immer das effektivste für das Unternehmen. Wieder andere engagieren sich (recht vorbildlich) im sozialen Bereich oder als Mäzene. Das ist alles schön und gut, solange es nicht auf Kosten der laufenden Geschäfte geht.

So sind auch *Lee Iacoccas* mediengerechte und zeitintensive Aktivitäten außerhalb des Unternehmens – das Sammeln von Geldern für die Freiheitsstatue und öffentliche Gedankenspielerei über eine Präsidentschaftskandidatur zu einer Zeit, als Chrysler um sein Überleben kämpfte – Beispiele für gute Ideen zu einem schlechten Zeitpunkt. Ein ähnliches Beispiel bietet der Chef von *SAS, Jan Carlzon*, in dessen Kopf nur Übernahmen und Medienauftritte Platz hatten. In beiden Beispielen stellte sich schließlich die Frage, wer denn das Unternehmen leite und sich um das Alltagsgeschäft kümmere. Solche Entwicklungen, zusammen mit der fehlenden Bereitschaft, ein ehemals erfolgreiches Thema fallenzulassen, sind erste Symptome für eine Niedergangsphase.

Diese beschleunigt sich, wenn der Aufsichtsrat seine Kontrollfunktion nicht ernsthaft genug erfüllt. Wenn ein CEO erst einmal seine Probezeit bestanden hat, läßt der Aufsichtsrat die Zügel oftmals locker. Ebenso ist die Möglichkeit, daß die Aufsichtsratsmitglieder sich mit den Problemen des CEO überidentifizieren – schließlich waren sie ja selbst einmal an seiner Stelle –, der Sache nicht sehr dienlich. So kann es passieren, daß der Aufsichtsrat nicht erkennt, was wirklich abläuft, und erst eingreift, wenn es schon zu spät ist.

Aber auch ganz persönliche Aspekte, die im Zusammenhang mit der Arbeit stehen, können zum Niedergang eines Unternehmenschefs beitragen. Ein gutes Beispiel hierfür ist ein Traum, den mir ein CEO erzählte, der die Lebensmitte überschritten hatte und dem die vor ihm liegenden Aufgaben zunehmend angst machten. In seinem Traum saß dieser Mann vor seinem Computer und wollte einen Bericht zu Ende schreiben. Alles lief recht gut, bis ihn plötzlich Panik ergriff. Er ahnte, daß etwas Schreckliches passieren würde. Als er wieder auf den Bildschirm sah, war sein Text nicht mehr lesbar, und die Buchstaben begannen herunterzutropfen. Alles, was er geschrieben hatte, war zerstört. Seine ganze Arbeit war unleserlich und nicht mehr zu gebrauchen. Daraufhin wurde der Bildschirm zu einer Art Spiegel, in dem er sein eigenes Gesicht erkannte, das schrecklich entstellt war. An dieser Stelle wachte er schweißgebadet und zu Tode erschreckt auf.

Als er von diesem Traum berichtete, erzählte dieser Mann auch von einem wachsenden Gefühl der Sinnlosigkeit in bezug auf seine Arbeit. Er habe den Eindruck, sie führe zu nichts. Wozu noch einmal den Vorjahresumsatz überbieten? Das Budget unterschreiten? Den Marktanteil erhöhen? Er sorgte sich auch, daß er das von ihm verlangte Tempo nicht mehr lang halten kann. Kurz gesagt, er hatte Angst, wie in dem zuvor geschilderten Traum zerrissen zu werden. Immer häufigere Schmerzen im Brustkorb verstärkten seine Panik. Er machte sich Sorgen, daß er schwer krank war.
Vergleichen Sie diesen Traum mit der Eröffnung der »Göttlichen Komödie« von Dante, die dieser während seiner Midlife-crisis schrieb. Er war damals aus seiner Heimatstadt Florenz verbannt worden und sorgte sich um seine Identität und Karriere:

Als unseres Lebens Mitte ich erklommen,
Befand ich mich in einem dunklen Wald,
Da ich vom rechten Wege abgekommen.

Wie schwer ist's, zu beschreiben die Gestalt
Der dichten, wilden, dornigen Waldeshallen,
Die, denk' ich dran, erneuern der Furcht Gewalt!

Der Traum des CEO und die Eröffnungssätze von Dantes Gedicht gewähren uns Einblick in das, was Menschen umtreibt, wenn sie sich der Lebensmitte nähern. Der Mensch wird sich bewußter über das Älterwerden, über Krankheit und die damit verbundene Abhängigkeit. Wie der Traum ebenfalls vergegenwärtigt, gehen mit dem Altern viele Veränderungen einher. Als wir jünger waren, haben wir uns das vielleicht auf einer bestimmten Ebene zugestanden, aber erfassen konnten wir es nicht so wie heute. Damals war das alles noch abstrakt und weit weg, es wurde uns nicht wirklich klar, und wir konnten es nicht persönlich an uns heranlassen. Für junge Menschen ist der Tod ein fernes Gerücht. Für diejenigen, die unter vierzig sind, ist es leicht zu glauben, daß das alles einen persönlich noch nicht betrifft – und vielleicht ist es besser so.
Ist die Lebensmitte erreicht, ändert sich das. Wir sehen die Zeit mit anderen Augen. Wir erleben sie jetzt als etwas Begrenztes und daß

davon nicht mehr viel übrigbleibt. Wir denken jetzt rückblickend darüber nach, wie lange wir noch zu leben haben. Unser Tod läßt sich nicht länger ignorieren, vor allem dann nicht, wenn wir sehen, wie unsere Kollegen oder Mentoren altern oder sterben – Menschen, die für uns wichtig waren und deren Tod uns angst macht. Unter vierzig meinen wir unsterblich zu sein, danach dämmert es uns, daß unsere Zeit begrenzt ist. Die Unausweichlichkeit des Todes und sein unaufhaltsames Näherrücken wird uns immer bewußter. Ganz klar wird uns das, wenn wir in den Spiegel schauen und sehen, wie sich unser Gesicht verändert. Wie bei dem CEO kann das auch für uns erschreckend sein. Wie *Jean Cocteau* einmal sagte, ist der Spiegel der Ort, an dem wir den Tod sehen können.

Dieser Satz enthält ein großes Maß an Wahrheit, denn der Spiegel zwingt uns das Eingeständnis auf, daß tatsächlich etwas in unserem Körper passiert. Wir dürfen nicht vergessen, daß unser Ego vor allem ein Körperego ist. Das Bild des Körpers (und des Gesichts) spielt eine wichtige Rolle bei der Stabilisierung der eigenen Identität. Körperliche Veränderungen können auch einen tiefen psychischen Eingriff bedeuten, der unsere Lebenseinstellung grundlegend zu ändern vermag. Wenn wir körperlich altern, beginnen wir damit, unseren Körper genauer zu überwachen, was zu einer Verstärkung der hypochondrischen Angst führt.

Die Veränderungen sind offensichtlich – die Haare gehen aus oder werden grau, eine Brille wird notwendig, der Bauch setzt an, die Brüste hängen, Falten bilden sich, Zahnprobleme stellen sich ein. Besonders narzißtisch veranlagte Frauen, die Beachtung und Selbstbewußtsein vor allem über ihren Körper erzielen, haben besonders große Schwierigkeiten, mit den sichtlichen Spuren des Älterwerdens fertig zu werden. Obwohl sie gegen das Altern ankämpfen und auch ein paar Schlachten gewinnen, werden sie langfristig doch den Krieg verlieren. Wie oft kann ein Mensch sich letztendlich liften lassen?

Der wunde Punkt bei Männern ist die Veränderung ihrer Gesichtszüge und ihrer Sexualität. Viele Männer haben große Ängste vor dem Verlust ihrer sexuellen Potenz, wenn sie in der Lebensmitte erleben, daß ihre Vorstellung vom Don Juan nicht mehr haltbar ist.

Selbst wenn CEOs nicht öffentlich darüber reden, so teilt sich diese Angst Freunden und Mitarbeitern in Form von Männerwitzen mit. In Therapiesitzungen werden solche Ängste hingegen natürlich ausgesprochen. Der Umgang mit dem Verlust der sexuellen Potenz ist für viele Männer sehr schwierig. Hier kann die tiefer liegende Ursache für Gereiztheit und Ärger liegen. Jungen Menschen wird ihr Jungsein verübelt, Neid – eine der wichtigsten ausgleichenden Kräfte der Menschen – kommt gegenüber der jüngeren Generation auf, die ungerechterweise solche Sorgen nicht hat. So werden Stellvertreterkriege geführt, um Aggressionen loszuwerden.

Dies ist ein Grund, warum ich oft sage, daß der Sagenkönig *Laius* lebt und in Unternehmen sein Unwesen treibt. Bildlich gesprochen, wollen »Väter« ihre »Söhne« töten. Ich habe viele hochrangige Führungskräfte kennengelernt, die ihren Ärger über Dinge, die sie nicht ändern konnten (den Alterungsprozeß und ihre schwindende Sexualkraft), und ihre Frustration an den jüngeren Führungskräften auslassen. So zeigen sie der Welt, daß sie noch Macht haben, selbst wenn sie auf einer anderen Ebene liegt.

Unternehmen mit einer hohen Fluktuation junger Führungskräfte – wo Aussagen wie »Wir übertragen unseren jungen Leuten viel Verantwortung« sich als doppelschneidig erweisen, weil nur sehr wenige die Prüfung bestehen und sich als würdig erweisen – werden wahrscheinlich von einem König *Laius* regiert, dem die Felle davonschwimmen. Die vielen dramatischen Erbfolgekriege, von denen in den Finanzblättern zu lesen ist, lassen sich unter Umständen auf ähnliche Schwierigkeiten zurückführen. Dabei geht es oft darum, daß hochrangige Führungskräfte den Weg für die nachfolgende Generation nicht freimachen wollen. Statt dessen werden die jungen aufgehenden Sterne wieder hinausgedrängt, wenn sie als zu mächtig empfunden werden.

Schwindende Potenz und Generationsneid stehen im Zusammenhang mit verständlichen Sorgen einiger Unternehmenschefs, ob sie auch in Zukunft in der Lage sein werden, ihren Arbeitsplatz effizient auszufüllen. Sie mögen sich zunehmend gefangen und überflüssig vorkommen.

Vielleicht ist es die Routine, in der sie nichts mehr dazulernen, und die Tatsache, daß sie nicht mehr so produktiv sind.

Das drückt sich unter anderem in Langeweile aus. Doch jeder Psychologe wird Ihnen sagen, daß Langeweile ein komplexer Gemütszustand ist, der viele negativen Gefühle überdecken kann, zu denen auch die nackte Angst gehört, gleichzeitig aber auch Ruhelosigkeit, Gereiztheit, Nervosität und Depression. Was auch immer der Grund sein mag, für Arbeitszufriedenheit und Produktivität sind solche Gefühle nicht zuträglich.

Es gibt da auch noch ein anderes Problem. Manche Unternehmenschefs fühlen sich aufgrund ihrer vergangenen Erfolge jetzt langsam wie ein »falscher Fünfziger«, wie ein Hochstapler. Trotz ihrer offensichtlichen und meßbaren Leistungen fragen sie sich mit einem Mal, ob sie tatsächlich so gut sind, wie die Leute meinen. Sie schreiben ihren Erfolg dem Glück zu, harter Arbeit oder äußeren Faktoren wie körperliche Attraktivität oder Beliebtheit. Solche Menschen können nur schwer ihre Talente und Leistungen anerkennen. Irgendwie ist bei ihnen die Vorstellung verinnerlicht, daß sie ihre Umgebung an der Nase herumgeführt haben. Obwohl diese Einstellung am Beginn ihrer Karriere vielleicht nicht so problematisch war, steigt mit dem Erfolg auch die irrationale Angst, daß man sie letztendlich entlarven und entdecken könnte, daß sie auf tönernen Füßen stehen. Solche Sorgen machen große Angst.

Bei Menschen, die sich wie Hochstapler vorkommen, geistert auch die Vorstellung von Perfektion durch den Kopf. Sie rührt aus einer Erziehung her, bei der die Eltern mit der Leistung des Kindes nicht richtig umgingen. Im Kopf des Kindes kam es stets zu Verwirrung, inwieweit die Leistung von ihm selbst hervorgebracht wurde. Als Heranwachsende fangen solche Kinder dann an, ihren Eltern zu mißtrauen (und letztendlich auch sich selbst). Ihre Leistungen und Fähigkeiten erfahren sie als falsch und hohl. Kein Wunder, daß diese Kinder sich vorkommen wie Betrüger; kein Wunder, daß sie ihre Leistungen auch als Erwachsene nicht genießen können.

Die Sache verkompliziert sich dann, wenn unbewußt der Wunsch auftritt, es besser machen zu wollen als die Eltern. Diese Angst wird begleitet von einer ebenfalls unbewußten Angst, daß die Eltern vielleicht neidisch werden und Vergeltung üben könnten.

Dann wird die Ödipusphase nie überwunden, weil eine angemessene Identifikation mit den Eltern nie wirklich stattfand. Die Elternbeziehung bleibt konfliktbeladen.

Infantile und teilweise durchaus berechtigte Ängste vor Vergeltung können sich bis ins Erwachsenenalter halten. Solche Ängste werden durch die Tatsache noch verstärkt, daß Erfolg diesen Menschen tatsächlich von seiner Familie abhebt und Anlaß zu realistischen Trennungs-, Entfremdungs- und Abweisungsängsten gibt. So begleitet den Aufstieg keine Freude, sondern nur Verzagtheit und Angst.

Viele Führungskräfte, die eine Spitzenposition erreicht haben, fragen sich dann langsam: »Und was jetzt? War das alles?« Für einige stellt sich das Erreichen der lang erkämpften Position als wahre Enttäuschung dar. Statt Freude empfinden diese Menschen eine tiefe Enttäuschung. Sie leiden am sogenannten »Faust-Syndrom« – der Melancholie, alles erreicht zu haben. Was sie als ihre Lebensaufgabe ansahen, haben sie erreicht; es gibt kein Ziel mehr. Wer unfähig ist, sich neue Ziele und Aufgaben zu suchen, wird depressiv.

Andere Sorgen, die nichts mit dem Beruf zu tun haben, finden ihren Ursprung in der Beziehung zu Kindern und Ehefrau. Dem erfolgreichen Manager wird plötzlich schmerzhaft bewußt, wie einseitig er auf seine Arbeit fixiert war. Er spürt, wie der Kontakt zu den Kindern abbricht. Ihre wachsende Unabhängigkeit schmerzt ihn. Nun gefällt dem Vater nicht immer, was er sieht und was aus seinen Kindern wird. Einige Väter versuchen jetzt verzweifelt, das als inakzeptabel empfundene Verhalten ihrer Kinder zu ändern. Doch dafür ist es nun zu spät. Die Zeit ist vertan – die Zeit, als sie ihrer Familie nicht zur Verfügung standen, weil sie zu sehr mit ihrer Karriere beschäftigt waren, läßt sich nicht zurückholen.

Hätte man sie zu ihren Beziehungen gefragt, als sie noch jung waren, hätte man wohl über ihre Karriere folgendes gehört: »Am Anfang investiere ich viel Energie in meine Karriere, damit meine Frau und meine Kinder es später besser haben.« Die Gegenwart sollte der Zukunft geopfert werden.« Nur die Zukunft scheint zu zählen.

Daran glauben Führungskräfte (in der Regel Männer) mit Eifer und verhalten sich entsprechend. Die meisten bringen viel mehr Zeit und Energie für ihre Karriere als für ihr Privatleben auf. Danach befragt, bedauern sie zwar ihr geringes Privatleben und behaupten, sie täten alles, um mehr Freizeit zu haben. Aber schaut man etwas genauer hin, zeigt sich bei vielen, daß diese guten Vorsätze lediglich Wunschdenken sind. Das traurige ist, daß ihre Frau und Kinder nicht mehr da sind, wenn sie schließlich das erreicht haben, was sie immer erreichen wollten. Indem sie die Belohnung vertagen, geht ihnen das Familienleben verloren. Um die Lebensmitte, wenn alles gerichtet ist, wollen sie die verlorene Zeit aufholen. Dabei hätten sie sich viel eher um das Hier und Jetzt kümmern sollen. Die Beziehung zur Familie und das Verhalten der Kinder läßt sich in dieser späten Phase nicht mehr einfach ändern.

Auch Eheprobleme gehören zur Krise. Wenn die Kinder aus dem Haus sind, sieht das Familienleben ganz anders aus. Werden die Ehepartner miteinander zurechtkommen, wenn die Kinder als Vorwand dafür fehlen, daß es nicht mehr klappt? Vielen Paaren fällt diese neue Situation schwer. Es ist nicht ungewöhnlich und geschieht auch nicht bewußt, daß sie sich »Problemkinder« heranziehen, damit sie ein Thema haben, über das sie reden können. Umgekehrt verzögern die Kinder ihren Auszug aus dem Elternhaus. Andere Paare tun alles, um sich nur nicht mit echten Beziehungsproblemen zu konfrontieren.

Andere verlieben sich neu, haben Affären und lassen sich schließlich scheiden. Eine ganze Menge Leute suchen eine solche Art der Belebung. Männer fangen Affären mit jungen Frauen an, um zu verleugnen, daß sie alt werden. Diese Peter Pans wollen letztendlich ewig jung bleiben. Manche gründen sogar eine neue Familie in der Hoffnung, daß sie dieses Mal alles richtig machen. Sie suchen eine neue Chance.

Andere Führungskräfte haben Probleme mit der Begeisterung ihrer Frau für außerhäusliche Aktivitäten. Viele Frauen, die mit einem wichtigen und oft abwesenden Unternehmenschef verheiratet sind, haben wegen der Kinder kaum die Wahl, eine Auszeit zu nehmen, um mit ihm Zeit zu verbringen. Wenn die Kinder unabhängiger sind, nehmen diese Frauen ihre frühere Berufstätigkeit wieder auf. Ihre neuen Energien und Interessen können beim Ehemann Neid und Unwille auslösen, vor allem wenn sein Beruf ihn ermüdet und erschöpft hat.

Auch die eigenen Eltern werden jetzt älter. Zeuge des geistigen und körperlichen Verfalls der Eltern zu werden kann eine große Belastung sein, ein Vorbote des eigenen Schicksals, ein Anzeichen für das, was vielleicht noch bevorsteht, eine Karikatur seiner selbst. Der bevorstehende Tod der Eltern erinnert an die eigene Sterblichkeit. Gleichzeitig verlangt die zunehmende Abhängigkeit der Eltern mehr Engagement. Zeuge zu werden, wie sich Autorität und Unterwerfung bei den eigenen Eltern umkehrt, ist oft belastend und schwer zu verkraften.

Ich kenne eine Reihe von Führungskräften, die an sogenannter »Jahrestagsreaktion« leiden. Damit meine ich eine anfangs diffuse Angst, die bei näherem Hinsehen mit dem Todestag eines nahestehenden Menschen zu tun hat. Im allgemeinen äußert sich dies als Depression und ist nichts anderes als eine starke emotionale Reaktion auf ein Ereignis, dessen Jahrestag sich jetzt nähert. Je näher der Tag rückt, desto mehr spitzt sich die Krise zu. Es gibt Menschen, die dann sogar ähnliche Symptome entwickeln wie der oder die Verstorbene (meistens das gleiche Geschlecht). Dabei wird eine tiefe verborgene Rivalität und insgeheime Wünsche, der andere möge sterben (was sich jetzt ja erfüllt hat), wieder wach. Auch dies kann zu komplexen Unruhegefühlen führen.

Auch der Ruhestand wird gleichzeitig und in ähnlicher Weise zur Realität und kann nicht länger ignoriert werden, stellt also einen weiteren Anlaß zur Sorge dar. Wie gut hat man sich darauf vorbereitet? Wie kann man am besten damit umgehen? Wer sich stark mit seiner Arbeit identifizierte, für den/die kann der Ruhestand sehr bedrohlich sein. Während finanzielle Sorgen mit Sicherheit auch dazu gehören, ist die Hauptsorge eine ganz andere: Allzuoft bereiten sich Topführungskräfte weder finanziell noch psychologisch auf ihre Pensionierung vor – einfach weil sie nicht daran denken *wollen*. Das ist verständlich, weil für viele die Arbeit alles war im Leben. Und genug Menschen sterben bald nach der Pensionierung.

Die Frage der Nachfolge, die jetzt nicht mehr zu umgehen ist, ist kritisch und nie frei von Konflikten. Nachfolge bringt viele psychologische Aspekte auf den Plan – ein Hauptaspekt ist der Tod. Nachfolge erinnert den Unternehmenslenker an seine eigene Sterblichkeit und ist entsprechend unwillkommen. Folglich versuchen sie, der Frage aus dem Weg zu gehen und sie zu sabotieren. So legen sie etwa für ihren ausersehenen Nachfolger Fallen aus. Die Ernennung zum Kronprinzen erwies sich schon für viele Thronfolger als Todeskuß. Denken Sie nur an aufstrebende Führungskräfte, die mit den zwei Chefs arbeiten mußten, die ich bereits erwähnt habe: mit *William Paley* von *CBS* und *Armand Hammer* von *Occidental Petroleum*. Beide haben gleich mehrere potentielle Nachfolger wieder von ihren Plätzen vertrieben. Diese beiden Titanen der Geschäftswelt entschliefen sicherlich nicht leicht.

Zu diesem Thema gibt es eine nicht bestätigte Geschichte über Konrad Adenauer. Er soll einmal seinen Enkel auf den Schoß genommen und ihn gefragt haben, was er einmal werden wolle. Der Junge antwortete: »Ich will einmal Bundeskanzler werden wie du.« Adenauer erwiderte: »Nein, nein, nein mein Junge; Bundeskanzler gibt's nur einen.« Zu dieser Zeit war Adenauer siebenundachtzig Jahre alt!

Wie Shakespeares König Lear, so scheinen auch Führungspersönlichkeiten oft bereit zu sein, ihre Autorität aufzugeben, aber gleichzeitig an ihrer Machtbasis festzuhalten. Vorstandsvorsitzende, die Experten in der Ökonomie der Macht sind, sehen es nicht unbedingt gern, wenn Menschen ihre Loyalität auf jemand anderen richten, wenn die anderen Führungskräfte plötzlich dem Thronfolger mehr Aufmerksamkeit schenken. Insgesamt kann Loslassen ein sehr unattraktives Geschäft sein.

Wie in Shakespeares Stück können Generationsfragen sehr unerfreulich werden. Der Mensch, der gehen muß, macht sich Sorgen um sein Erbe und fragt sich, ob sein Nachfolger das, was er über Jahre so mühsam aufgebaut hat, respektieren wird. Und das Erbe selbst kann viele Formen annehmen – angefangen beim Gebäude, über die immateriellen Aspekte der Unternehmenskultur, wie der Führungsphilosophie, einer ganz bestimmten Auffassung von der Unternehmensaufgabe oder einem bestimmten Arbeitsstil. Der Zwang, das persönliche Erbe zu schützen, kann ein großes Hindernis beim Loslassen sein und letztendlich zu dem weitergehenden

Gedanken führen, ob es wirklich so klug ist, die Macht insgesamt aufzugeben.

Welchen Rat können wir also Unternehmensführern geben, die sich in ihrer Position festgefahren fühlen und gleichzeitig Angst haben, ihre Effektivität zu verlieren und aufzugeben? Und wie können wir ein Bewußtsein dafür wecken, daß es diese Probleme am Ende einer Karriere auch bei solchen Topmanagern gibt, die selbst meinen, keine Probleme zu haben, die aber von anderen gesehen werden? Das beste ist natürlich immer, sich klarzumachen, was los ist, sich die zunehmende Ineffizienz einzugestehen und nach neuen Möglichkeiten Ausschau zu halten, solange alles noch im reinen ist. Natürlich ist ein eleganter Abgang wünschenswert und in aller Interesse. Im nachhinein betrachten CEOs ihre Entscheidung zu gehen meist als die klügste, die sie je getroffen haben (so schmerzhaft sie auch in der Situation war). Das Weggehen hat sie wachgerüttelt und ihnen den notwendigen Anstoß gegeben, den sie benötigen, um vielleicht auf anderen Gebieten weiterhin Erfolg zu haben.

Entsprechende Schulungen können nützlich sein. Sie bieten den scheidenden Unternehmenschefs die Möglichkeit, Gedanken mit anderen Kollegen, die sich in der gleichen Situation befinden, auszutauschen. Ein Schritt weiter wäre ein Ferienjahr. Das mag sehr vielversprechend aussehen, wird jedoch angesichts der realen Unternehmenspolitik kaum in Anspruch genommen. Vielen CEOs erscheint eine monatelange Abwesenheit zu riskant. Sie fürchten (zu Recht) unangenehme Überraschungen bei ihrer Rückkehr; etwa daß ihr Arbeitsplatz nicht mehr existiert. Schließlich gilt auch hier oft die Parole: Aus den Augen aus dem Sinn.

Doch einige Unternehmensführer, die den Sprung wagten, nachdem sie das Unternehmen so eingerichtet hatten, daß es während ihrer Abwesenheit effektiv weiterfunktionierte, beurteilten diesen Urlaub als sehr verjüngend und belebend.

Andere CEOs bereiten ihren Abgang durch die Übernahme einer Mentorenrolle vor. Sie ziehen große Befriedigung daraus, jüngeren Führungskräften dabei zuzusehen, wie sie sich auf eigene Beine stellen, Risiko tragen und Entscheidungen treffen. Natürlich funktioniert diese Lösung nur, wenn der Unternehmenschef ein Klima des Vertrauens und des Dialogs schafft, in dem Dinge hinterfragt werden können. Mit dieser Lösung zieht Kontinuität ins Unternehmen ein. Wenn die nächste Generation bereit ist, dann hat hoffentlich die Führungsriege den Mut, die Zügel abzugeben und sich elegant zu entfernen.

Dies ist eine wirklich konstruktive Lösung des Generationsproblems. Auf diese Weise entsteht ein lernendes Unternehmen, und so läßt sich der Kreislauf von Geburt, Wachstum, Reife, Niedergang und Untergang unterbrechen. Die jungen Leute können aus der Erfahrung der älteren lernen, und das Unternehmen kann sich erfolgreich den wandelnden Bedingungen anpassen. Statt zu versteinern, sorgen solche Führungspersönlichkeiten für weitsichtige Initiativen. Sie helfen anderen dabei, die Anforderungen des Marktes zu erkennen, neue Möglichkeiten auszutesten und Kontinuität zu schaffen, statt in uneffektiven Lernmustern verhaftet zu bleiben. Der Dreh- und Angelpunkt hierbei ist ein Klima des Dialogs, in dem die Führungskräfte ständig dazulernen und sich an das Umfeld anpassen.

Die Herausforderung für viele Vorstandsvorsitzende liegt darin, den richtigen Zeitpunkt für die Übergabe zu erkennen – den Moment, in dem sie, wenn sie sich nicht erneuern, zu einer lebenden Leiche degenerieren. Wenn (um einmal in diesem morbiden Bild zu bleiben) ein solcher Moment ungenützt verstreicht, hinterläßt der CEO, wenn er schließlich geht, einen Friedhof.

Führungskräfte, die zu neuen Horizonten aufbrechen, sind über das Ergebnis oft selbst überrascht. Manche halten es mit dem Maler *Gauguin*, brechen vollständig mit ihrem bisherigen Leben und finden Erfüllung in ganz anderen Aufgaben. Wenn sie den Mut besitzen, das zu tun, was sie schon immer tun wollten, sich aber bisher nie zugestanden, werden sie schließlich sie selbst; sie leben nicht länger die Phantasien der Eltern oder ihre Vorstellungen, wie sie sein *sollten*.

Andere wiederum finden neue Erfüllung in ihrer Familie, wobei sie jetzt alles daransetzen, in engerem Kontakt mit ihrer Ehefrau, den Kindern und vor allem den kleinen Enkelkindern zu stehen. Sie nehmen wieder Verbindung zu ihren Gefühlen auf. Andere finden außerhalb ihres Unternehmens neue reizvolle Aufgaben, was von sozialem Engagement über Kunstinteresse bis Freizeitvergnügen reichen kann.

Der amerikanische Theologie *Reinhold Niebuhr* soll einmal gesagt haben: »*Gott, gib uns die Geduld, die Dinge anzunehmen, die wir nicht ändern können, den Mut, die Dinge zu ändern, die wir ändern können, und die Weisheit, zwischen beidem zu unterscheiden.*« Weise Unternehmensführer wissen, was gemeint ist.

14 Haben Workaholics mehr Spaß?

Die richtige Balance zwischen Arbeit und Vergnügen

Im Leben geht es um mehr, als immer schneller zu werden.
Mahatma Gandhi

Ich wette, dein Vater hatte während deines ersten Lebensjahres nichts Besseres zu tun, als Steine nach dem Storch zu werfen.
Irving Brecher

Um eine Verhaltensweise zu verstehen – sei sie beneidenswert (wie Kreativität) oder destruktiv (wie Arbeitssucht, die wir uns als nächste Schattenseite der Führung vornehmen) –, ist es wichtig, sich klarzumachen, daß psychische und zwischenmenschliche Prozesse unser Handeln und unsere Entscheidungen bestimmen. Mit der Zeit entwickelt sich im Umgang mit den Menschen, die uns versorgen, mit Lehrerinnen und Lehrern und anderen einflußreichen Menschen ein inneres Theater. Die sich daraus ergebenden habituellen Verhaltensregeln werden zur Matrix des menschlichen Verhaltens. Dieses innere Theater beeinflußt unser Verhalten während unseres ganzen Lebens. Führungskräfte machen da keine Ausnahme, und leider kann eine Führungskraft durch ihr unangemessenes Verhalten einen negativen Einfluß auf das ganze Unternehmen haben. Arbeitssucht ist ein sehr verbreitetes dysfunktionales Verhalten beim Menschen. Viele Topmanager sind wie lebende Dynamos; sie sind ständig in Aktion. Solche Leute werden am Wochenende ziemlich rastlos. Sie mähen den Rasen zweimal, waschen das Auto, räumen die Garage auf und fühlen sich trotzdem unruhig. Mit Freizeit wissen sie nichts anzufangen. Vielleicht geben sie es nicht zu, aber in Wahrheit freuen sie sich auf Montagmorgen.

Warum nehmen sie keine Arbeit mit nach Hause? Wahrscheinlich weil ihre Familie sich dann beschwert, daß sie nie für sie Zeit hätten. Rational wissen sie auch, daß sie mehr Zeit für ihre Familie aufbringen sollten. Aber Zeit mit der Familie ist für diese Arbeitspferde nicht so spannend wie Arbeit. Zumindest im Büro haben sie das Gefühl, daß ihr Leben einen Sinn hat. Da gibt es so viel zu tun, da müssen so viele Termine eingehalten werden. Zu Hause ist ihre Rolle viel weniger klar definiert.

Erkennen Sie sich selber wieder? Arbeiten Sie vierzehn bis sechzehn Stunden pro Tag? Wenn ja, darf man Ihnen gratulieren? In der Regel wird dies von den meisten verneint. Vielen Unternehmen gefällt es aber, wenn bei ihnen strebsame Workaholics herumlaufen. Sie sind Feldwebel und Leutnant zugleich. Sie bringen Dinge in Bewegung. Gibt man ihnen eine Aufgabe, wird sie mit Sicherheit erfüllt (obwohl sie vielleicht murren und sich über die vielen Überstunden beschweren). Doch wie gut sie in der Zusammenarbeit mit anderen sind, steht auf einem anderen Blatt. Workaholics haben im allgemeinen nicht viel Geduld. Schließlich kann es niemand so gut wie sie (zumindest glauben sie das), und niemand sonst ist auch bereit, soviel zu arbeiten wie sie. Also nehmen Arbeitssüchtige anderen noch Arbeit ab. Sie wollen alles selber machen, delegieren ist ihnen ein Greuel.

Natürlich zahlen sie gesundheitlich einen hohen Preis. Ist es wirklich ratsam, siebzig bis achtzig Stunden pro Woche zu arbeiten? »Zum Teufel«, sagen sie sich. »Zumindest befriedigt mich das, was ich tue.«

Solche Menschen können wir mit Sisyphus vergleichen. Lesen Sie in der griechischen Sage nach, wenn Sie sich nicht an seine Bestrafung erinnern. Er hatte Zeus irgend etwas angetan, und Zeus vergibt bekanntlich nicht leicht. Er fand dabei eine besonders schöne Strafe für Sisyphus: Der arme Mann mußte einen riesigen Felsblock den Berg hinaufrollen. Leider war es mit einem Mal nicht getan. Wann immer Sisyphus nach großen Mühen mit dem Felsblock oben ankam, rollte dieser wieder hinunter, und die Arbeit begann von vorn.

Workaholics sind wie Sisyphus. Was immer sie tun, sie haben nie das Gefühl, daß ihre Arbeit abgeschlossen ist. Sie sind nie wirklich zufrieden. Zudem sind sie noch ihre schlimmsten Kritiker. Ständig treiben sie andere an und nörgeln an ihnen herum. Und sie fordern nicht nur von sich das Optimum. Weil Arbeitssüchtige Getriebene sind, leidet ihre Umgebung mit. Fast ist es so, als säße ihnen eine kleine Stimme im Nacken, die ihnen ständig sagt, daß es noch nicht genug sei, daß sie noch mehr und Besseres können. *Oskar Wilde* faßte dieses Problem einmal zusammen: »In dieser Welt gibt es zwei Tragödien. Die eine ist, daß wir nicht bekommen, was wir wollen, die andere ist, daß wir es doch bekommen.«

Man vergleicht Arbeitssüchtige auch mit A-Typen aus der Streßliteratur. Ein A-Typ ist ein aggressiver Arbeitssüchtiger, der seine Aggression nach innen richtet. Als erste klassifizierten die Kardiologen *Meyer Friedman* und *Ray Rosenman* den A-Typen im Zusammenhang mit der Neigung zu Herzkranzgefäßerkrankungen. Sie entdeckten – ohne dabei andere Faktoren wie genetische Veranlagung, Übergewicht, Rauchen, Bluthochdruck, mangelnde Bewegung, hoher Cholesterinspiegel und ähnliche auszuschließen –, daß bestimmte Persönlichkeitsmerkmale zum Herzinfarkt prädisponieren.

Sie unterschieden hierbei zwischen A- und B-Typen. In ihrer Studie kamen sie zu dem Ergebnis, daß unter Berücksichtigung der genannten Faktoren Typ A doppelt so häufig an einer koronaren Krankheit erkrankt als Typ B. Bei Typ A ist die Wahrscheinlichkeit eines zweiten Herzinfarkts darüber hinaus fünfmal höher und ein tödlicher Ausgang doppelt so häufig.

Woran erkennen Sie den A-Typ? Es ist nicht allzu schwierig. Erinnern Sie sich an Ihren letzten Stau? Es waren die A-Typen, die für den ganzen Lärm sorgten, die ständig auf die Hupe drückten und wild gestikulierten. Sie gelten auch als die idealen Gäste im Restaurant: Sie essen schnell, trinken schnell und zahlen schnell. Sie sind wirklich freundlich zu den Besitzern, weil sie für einen schnellen Umschlag sorgen und nach dem Essen nicht lange sitzen bleiben. Jemand sagte einmal, daß der typische A-Typ jemand ist, der die Toilette spült, bevor er sie benutzt hat.

Typ B läßt es dagegen ruhiger angehen. Diese Menschen nehmen sich Zeit beim Essen. Sie genießen den Wein, beeilen sich nicht mit der Rechnung und gehen nicht so bald. Typ A leidet sozusagen an der »Eilkrankheit«. Weil solche Menschen Probleme mit dem Nichtstun haben, sind sie ständig in Bewegung. Da sie sehr ungeduldig sind, tun sie immer zwei Dinge gleichzeitig. Sie drängen andere Menschen beim Sprechen oder unterbrechen sie. Sie meinen, andere immer in Frage stellen zu müssen. Wenn man sie warten läßt, können sie sehr ärgerlich werden. Sie achten pingelig auf Pünktlichkeit. Darauf sind sie sehr stolz. A-Typen beherrschen auch die Unterhaltung und überschlagen sich oft beim Sprechen. Weil sie Schuldgefühle haben, wenn sie sich entspannen, versuchen sie immer mehr in immer weniger Zeit zu schaffen. Arbeitssüchtige haben auch nervöse Ticks und eine ruhelose Gestik, wie Fäusteballen, auf den Tisch hauen, die Mundwinkel herunterziehen, markerschütternd lachen oder mit den Zähnen knirschen.

Vielleicht wußten Sie anfangs noch nicht, ob Sie ein Arbeitssüchtiger sind oder nicht. Wissen Sie es jetzt? Haben Sie sich wiedererkannt? Gehören Sie dazu?

Es gibt Branchen und Unternehmen, die sind geradezu Reservate für den A-Typ. Dort gibt es für andere Typen auch gar keinen Platz. Denken Sie zum Beispiel daran, welches Leben Investmentbanker an der Wall Street führen; stellen Sie sich vor, was in Werbeagenturen abgeht. Viele Beraterfirmen oder Warenbörsen ziehen gerade solche Menschen an. Die Streßforschung schätzt, daß etwa fünfundfünfzig bis sechzig Prozent[20] aller Mitarbeiter eines Unternehmens A-Typen sind. In besonders schnellebigen Unternehmen ist dieser Prozentsatz sogar noch höher. Angesicht des Drucks, unter dem diese Leute stehen, und ihrer Empfänglichkeit für Streß könnte man davon ausgehen, daß die Fluktuation in diesen Firmen sehr hoch ist.

Betrachtet man ihre Herumrennerei und ihre Bemühungen, wichtig auszusehen – haben Workaholics mehr Spaß? Ich möchte das ernsthaft bezweifeln. Es sieht fast so aus, als liefen sie dem Leben davon. Und tatsächlich gibt es einen starken selbstzerstörerischen Anteil im Verhalten von Arbeitssüchtigen. Oft zerbricht am Ende ihre Ehe, sind ihre eigenen Kinder ihnen fremd geworden, und sie leiden an einer Vielfalt von psychosomatischen Symptomen (einschließlich, wie zuvor angesprochen, dem Herzinfarkt).

In seinem Buch *Point Counter Point* zeichnet *Aldous Huxley* ein eher düsteres Bild von diesen Menschen: »Die Arbeit gibt ihnen die beruhigende Illusion zu existieren, ein Gefühl von Wichtigkeit. Hörten sie auf zu arbeiten, dann würde ihnen klar, daß sie gar nicht da sind, die meisten jedenfalls. Nur Luftlöcher. Sonst nichts.«

Was den Spaß angeht, so ist das Verhalten des A-Typen eher feindselig. Tatsächlich sind viele A-Typen Menschen, die sich häufig ärgern. Ihre Wut- und Zornausbrüche bereiten ihnen viel Streß. Weil ihr Ärger und ihre Feindseligkeit sie für Herzerkrankungen so anfällig macht, kann man durchaus sagen, daß diese Menschen sich selber töten. Die Japaner haben ein eigenes Wort dafür: *karoshi*, Tod durch Überarbeitung.

Die Persönlichkeitsstruktur von Typ A läßt ihn die Welt als gefährlich wahrnehmen. Überall lauert Gefahr. Die Wahrnehmung funktioniert so, daß jede zwischenmenschliche Begegnung das Alarmsystem zu Flucht und Kampf aktiviert. Steht der Körper ständig unter soviel Druck, wird das System überladen. Die Widerstandskraft reibt sich auf, Erschöpfung und Zusammenbruch sind die Folge.

Wie bereits erwähnt, können Arbeitssüchtige mit anderen Menschen sehr hart ins Gericht gehen. Sie machen Druck, sind reizbar und selbstgerecht. Noch schlimmer – sie merken nicht, wie sie den anderen gegen den Strich gehen. Aber Arbeitssüchtige erwarten von anderen nichts, was sie nicht auch von sich erwarten.

Wenn wir noch ein bißchen tiefer eintauchen, finden wir, daß viele Arbeitssüchtige sehr verunsicherte Menschen sind. Insgeheim und im tiefsten Innern glauben Arbeitssüchtige, daß sie unzulänglich und nicht liebenswert seien, daß andere sie nur aufgrund ihrer Leistung wertschätzten und nicht für das, was sie sind. Das macht sie sehr ängstlich und unsicher. Einzig eine besondere, herausfordernde Leistung gibt ihnen ein gutes Gefühl. Leider hält die so erlangte Befriedigung nicht lange an. Diese Menschen müssen immer wieder ihr Bestes geben. Die alte Angst, den Erwartungen nicht gerecht zu werden, bestätigt sich immer wieder selbst und macht Arbeit, um das seelische Gleichgewicht zu halten, zwanghaft.

Wir könnten das Verhalten von Arbeitssüchtigen als Bestreben deuten, anderen zu gefallen. Diese »anderen« Ansprüche und Anforderungen scheinen fast unerreichbar hoch. Und wer sind diese geheimnisvollen »die anderen«? Eigentlich sind sie gar nicht geheimnisvoll. Die »anderen« sind die Menschen, die uns dabei helfen, uns selbst die Norm zu setzen. An erster Stelle stehen unsere Eltern, sie sind die wichtigsten Normträger.

Der Nobelpreisträger *Elias Cannetti* meinte einmal, es wäre gut, wenn eine Mutter nur mit der reinen Mutterrolle zufrieden sein könnte. Und er wußte besser als viele andere, daß Eltern sehr fordernd sein können. Sie bürden ihren Kindern übermäßige Erwartungen auf, stellen ihnen unmögliche Aufgaben und vergessen dabei die Bedürfnisse des Kindes.

Lassen Sie mich erklären, was passiert, wenn Erwartungen zunächst von außen an die Kinder gestellt und dann von diesen verinnerlicht werden. Dazu muß ich mir ein paar metaspychologische Begriffe aus der Psychoanalyse borgen: das *Über-Ich* und das *Ich-Ideal*. (Viele Psychoanalytiker betrachten das Ich-Ideal als Funktionszusammenhang des Über-Ichs.) Das Über-Ich repräsentiert eine Reihe von Vorschriften. Es kann als eine selbstkritische Institution angesehen werden, die einen Moralkodex enthält, den man Gewissen nennt. Dieses wird für die Psyche zum Stellvertreter der Gesellschaft. Verhalten, das mit dem Gewissen in Konflikt gerät, ruft Schuldgefühle hervor.

Im Gegensatz dazu ist das Ich-Ideal die Summe aller Ziele, Ideale und Wertvorstellungen eines Menschen. Es steht für das, was der Mensch gern sein möchte. Es ist eine Art Checkliste, anhand derer wir uns selber messen können. Das Ich-Ideal wird früh im Leben geformt und dann während des Heranwachsens durch Erfahrungen modifiziert.

Die eigentliche Quelle für die Entwicklung des Über-Ichs (und des idealen Ichs) sind die Eltern und die Hauptbezugspersonen. Während es aufwächst, verinnerlicht das Kind die Verbote und Einschränkungen der Eltern, aus Angst vor Bestrafung und aus Sehnsucht nach elterlicher Liebe und Anerkennung. So können sich die elterlichen Anforderungen und Strafmaße in der Psyche des Kindes einnisten. Später üben natürlich auch die Geschwister, andere

Familienmitglieder und Lehrer ihren Einfluß aus. Die Art und Weise, wie diese Verinnerlichung funktioniert, bestimmt unsere persönlichen Normen von richtig und falsch (unser Gewissen) sowie unsere Ziele und Ambitionen (unser ideales Ich). Also belohnt uns diese geistige Institution mit positiver Wertschätzung, wenn wir »gut« sind (was heißt, wir entsprechen den Normen), und bestraft uns, wenn wir »böse« sind. Im letzteren Fall erleben wir Scham- und Schuldgefühle sowie einen geringen Selbstwert.

Leider werden Normen nicht von allen Eltern vorsichtig eingeführt. Unter Umständen besteht bei ihnen der Wunsch, daß ihre Kinder es besser machen sollen als sie selbst. Sie sollen stellvertretend für sie erfolgreich sein. Viele Eltern leben stellvertretend durch ihre Kinder. Dabei ignorieren ihre hohen Anforderungen deren eigene Wünsche und Bedürfnisse. Die Kinder können nicht sie selbst sein. Und weil sie von den Eltern abhängig sind, haben sie keine andere Wahl, als eine entsprechende Fassade aufzubauen und nachzugeben. Denn schließlich sind die Erwachsenen viel mächtiger als sie. Wenn Kinder sich mit einem solchen Rucksack unerfüllbarer Anforderungen auf den Weg ins Erwachsenenalter machen, dann haben die Eltern dazu einen ganz entscheidenden Beitrag geleistet.

Was das Ganze verkompliziert, ist die Tatsache, daß die Verinnerlichung dieser Normen unbewußt abläuft. Bewußt erfahren Arbeitssüchtige nur die nackte Angst, Ruhelosigkeit, Unsicherheit und Probleme mit der Selbstwertschätzung.

Es überrascht nicht, daß Eltern vom Typ A auch Kinder vom Typ A hervorbringen. Laborstudien über die Interaktion zwischen Eltern und Kindern zeigen, daß Eltern mit sehr vielen Merkmalen des Typs A ihre Kinder öfter kritisieren und loben, ihre Leistung eher mit anderen Kindern vergleichen und ihren Kindern mehr Anleitung geben, wie sie etwas machen sollen. Dieser elterliche Druck sorgt dafür, daß das Kind ständig das Bedürfnis hat, Leistung zu bringen, begleitet von Versagensängsten. Dabei kommt es in Konkurrenzsituationen zu Überreaktionen. Eine Studie zeigt, daß Kinder von Eltern des Typs A schließlich viel ängstlicher und unsicherer und eher anfällig für Streßsymptome sind als Vergleichskinder.[21] So geht es Arbeitssüchtigen vor allem darum, die harten Normen, die sie verinnerlicht haben, zu erfüllen. Nicht wenige hören nie auf, ihren Eltern zu Gefallen zu sein. Was immer sie tun, sie tun es nie gut genug. Immer bleibt ein Rest von Unzufriedenheit zurück.

Um ihr überstrenges Über-Ich zu versöhnen, arbeiten Arbeitssüchtige hart. Harte Arbeit wird zu einer Art Wiedergutmachung. Doch selbst wenn sie bei Beendigung einer Aufgabe eine gewisse Erleichterung empfinden, so ist diese Atempause nur vorübergehend. Bald danach taucht schon wieder das alte nagende Gefühl von Unzufriedenheit, Angst und Unsicherheit auf.

Für Workaholics sind Selbstwertschätzung und Leistung am Arbeitsplatz eng miteinander verbunden. Sie setzen ihr gesamtes Selbstwertgefühl auf eine Karte: Arbeit. Wie Kinder, die mit überstrengen Eltern fertig werden müssen, leben sie am Arbeitsplatz in dem Eindruck (so falsch er auch sein mag), daß die »anderen« immer etwas an ihnen auszusetzen haben, daß sie den Erwartungen nie gerecht werden können. Dabei arbeiten sie in Wirklichkeit sehr effektiv. So stehen sie unter dem Zwang, es immer besser machen zu müssen.

Obwohl wir Arbeitssüchtige als das Rückgrat unserer Arbeitsethik loben könnten, sollten wir uns auch fragen, ob ihr Verhalten nicht letztlich selbstzerstörerisch ist. Wie lang kann man ständig Höchstleistung erbringen? So definierter Erfolg kann zum Problem werden, wenn ein Arbeitssüchtiger im Unternehmen aufsteigt. Wie lang kann man ihnen kurzfristige und klar umrissene Projekte geben? Beim Aufstieg wird für sie die Tatsache, daß der Zeithorizont sich verschiebt, zu einer großen Belastung. Es dauert immer länger, bis sich Erfolg abzeichnet. Außerdem wird die Luft oben dünner. Wenn so viele Menschen nach dem Gipfel streben, dann stellen sich meßbare Ergebnisse nicht mehr so einfach ein, und das Über Ich kann nicht mehr so leicht versöhnt werden.

Außerdem schnappt die Unternehmensfalle zu: Je mehr Arbeitssüchtige arbeiten, desto mehr Arbeit wird ihnen gegeben und damit der Boden bereitet für letztendliches Versagen und Zusammenbruch. Sie sind am Schluß so überarbeitet, daß sie zuerst frustriert, dann geistig und körperlich erschöpft sind und sich schließlich selbst ruinieren. Bedenken Sie, daß ständige Aktivität nicht gleichbedeutend ist mit sinnvoller Aktivität. Erstere kann in schlichte Beschäftigungstherapie ausarten. Ein gutes Beispiel hierfür ist der Zwang, etwas immer wieder auf seine Richtigkeit zu überprüfen. Hier geht es vor allem um die Frage: Wie kann man solchen Menschen helfen? Läßt sich das Verhalten von Arbeitssüchtigen ändern? Kann man ihnen ein liebevolleres Über-Ich geben? Will man diesen Menschen helfen, besteht die größte Schwierigkeit darin, daß sie ihr Problem selbst nicht sehen (natürlich, weil alles unbewußt abläuft). Sie *erinnern* sich nicht daran, warum sie so handeln. Und ihre manische Arbeitsweise macht sie nicht gerade nachdenklich. Oft erinnern sie sich nur an die Gefühle, die auch mit ihren frühen Erlebnissen einhergingen: Ruhelosigkeit, Unzufriedenheit und Angst. Doch diese Gefühle können sie nicht erklären. Da ein Großteil ihres Verhaltens ihnen nicht bewußt ist, können sie sich nur sehr schwer eingestehen, was sie sich selbst antun. Wenn man ihnen bestimmte Verhaltensweisen vor Augen führt, streiten sie ab, was sie dort hören, und holen zu langatmigen Rationalisierungen aus. Zyniker könnten jetzt sagen, dann sei doch in der Tat ein kleiner Herzinfarkt das Beste, was einem Arbeitssüchtigen passieren könne. *Marcel Proust* sagte einmal, daß Krankheit am schnellsten kuriere, denn für gütige und weise Worte hätten wir nur Versprechungen als Antwort, Schmerz dagegen gehorchen wir.

Leider hat Proust hier wohl recht gehabt. Körperliches Leid ist wohl die beste Methode, solche Leute zu stoppen. Wenn ihr Körper nicht länger mitmacht und sie sich auf einmal im Krankenhaus wiederfinden, dann erlauben sich Arbeitssüchtige endlich einmal nachzudenken – überhaupt erst mal die Voraussetzung dafür, etwas zu ändern. Es ist nötig, daß sie lernen, sich zu erinnern, um die Gründe zu finden, die hinter ihrem manischen Getriebensein stecken. Sie müssen ihre Gefühle artikulieren und sich bewußter werden, was sie tun und warum sie es tun. Sie müssen erkennen, daß ihr bisheriges Verhalten nicht länger gut für sie ist. Doch ohne das Verstehen ihrer inneren Welt ist es sehr schwer für sie, ihr Verhalten zu ändern.

Im allgemeinen ist ein Mensch allein nicht dazu in der Lage, sein Verhalten zu ändern. Dazu benötigt er die Hilfe eines guten Freundes, eines Ehepartners, Kollegen oder Vorgesetzten. Doch meistens benötigt er die Hilfe eines Psychotherapeuten. Der Therapeut, der neutraler ist als solche Helfer, kann Probleme und Ereignisse deutlicher aufzeigen und dem Arbeitssüchtigen dabei helfen zu sehen, was er oder sie tut. Eine solche Therapie kann allein oder in der Gruppe erfolgen. Es läßt sich sehr leicht eine Selbsthilfegruppe für Arbeitssüchtige wie zum Beispiel die Anonymen Alkoholiker vorstellen.

In der Psychotherapie können mittels Konfrontation und Klärung die Probleme von Arbeitssucht näher beleuchtet werden. Leider reicht Erkennen allein, so wichtig es auch ist, nicht aus, um eine Verhaltensänderung herbeizuführen. Workaholics bauen oft enormen Widerstand gegen jedwede Verhaltensänderung auf. Zur Erklärung führe man sich vor Augen, daß sich ein Arbeitssüchtiger sein Verhalten auch über viele Jahre hinweg angeeignet hat. Außerdem zieht er daraus vielleicht einen unterschwelligen Nutzen. Was ich damit meine, ist ein besonders dysfunktionales Verhalten, das, so stressig es für den Betreffenden sein mag, ihm auch einen gewissen, wenn auch kurzfristigen Genuß bereitet. Eine Aufgabe erfüllt zu haben, vermittelt zum Beispiel ein vorübergehendes Gefühl der Erleichterung. Doch Workaholics wissen genau, daß dieses Gefühl nicht lange anhält.

Der Arbeitssüchtige muß lernen, andere Verhaltensweisen auszutesten. Wir sollten hier aber keine sofortige und radikale Verhaltensänderung erwarten. Die kleinen Schritte zählen. Ein Arbeitssüchtiger muß langsam und allmählich seiner zerstörerischen Verhaltensweise entwöhnt werden. Wunder sind nicht zu erwarten. Über Nacht wird sich gar nichts ändern.

Im Grunde haben Workaholics das Spielen verlernt. Sie haben die Kontrolle über ihr eigenes Leben verloren und sie anderen Menschen überlassen. Jene kindliche Übergangswelt – in der es echte Wunder, Staunen, Aufregung und Überraschung gab – ist vollkommen vergessen. Arbeitssüchtige können sich lediglich durch Aktivität ausdrücken, durch zwanghaftes Verhalten, das mit keinem wirklichen Vergnügen verbunden ist.

Was Arbeitssüchtige brauchen, ist Kontrolle über ihr Leben. Wie ich bereits betont habe, müssen sie sich bewußt werden, was sie sich selbst antun. Der erste Schritt dabei ist, sich einmal näher zu betrachten. Arbeitssüchtige müssen sich nicht nur fragen, wovor sie weglaufen, sondern auch, wohin sie laufen. Sind ihre Ziele realistisch? Kennen sie ihre Grenzen? Haben sie je darauf geachtet, wie sie mit schwierigen Situationen umgehen? Haben sie sich je gefragt, wie sie Streß, Angst und Enttäuschung bewältigen? Was können sie über ihre zwischenmenschlichen Beziehungen sagen? Gibt es Menschen, an die sie sich um Hilfe wenden können? Nehmen sie sich für andere Zeit?

Arbeitssüchtige haben durch Einschränkung ihres Raums zum Spielen und Nachdenken ihre persönliche Freiheit eingeschränkt. Sie müssen von vorne anfangen und eine neue Lebensweise ausprobieren, Arbeits- und Privatleben besser in Einklang bringen. Das kann einfach Freizeit bedeuten, lernen abzuspannen. Sie müssen auch nach körperlichen und geistigen Ventilen suchen. Und schließlich brauchen sie Zeit für Spaß und Humor. Um der Tretmühle zu entkommen, müssen sie den Sprung wagen vom Tun ins Sein. Und wahrscheinlich ist dann auch ihre Lebensqualität besser, denn sie werden ausgeglichener und glücklicher. *Friedrich Schiller* muß von diesen Dingen gewußt haben, als er sagte, daß ein Mensch nur wenn er spiele wahrhaft Mensch sei, und nur dann wahrhaft Mensch sei, wenn er spiele. Und stimmt es nicht, daß die Leute, die am meisten zu tun haben, auch die meiste Freizeit haben?

15 Zombies im Nadelstreifen

Alexithymie im Unternehmen

Ronald Reagan ist ein Triumph der Kunst des Einbalsamierens.
Gore Vidal

Ein Mensch ist nur groß, wenn er aus Leidenschaft handelt.
Benjamin Disraeli

Alan Ayckbourns Theaterstück *Man of the Moment*, das vor einigen Jahren im Globe Theatre London aufgeführt wurde, stellt ein unschönes Bild einer Führungskraft dar, wie sie manchmal in Unternehmen anzutreffen ist. In dem Stück geht es um die Abenteuer von Jill Rillington, eine Talkmasterin/Produzentin, die ihre neueste Serie dreht. Den Hintergrund dieses Stücks bildet ein Vorfall, der zehn Jahre zurückliegt. Damals versuchte *Vic Parks*, jetzt Talkmaster in einer sehr erfolgreichen und beliebten Kindershow, eine Bank auszurauben. Einer der Bankangestellten, *Douglas Beechey*, stellte sich ihm dabei in den Weg. Er hatte die Nerven (oder war so verrückt), auf den Bankräuber zuzustürzen und ihm dessen Pistole zu entreißen, obwohl dieser eine der Angestellten als Geisel hielt. Die Pistole wurde ihm im Zweikampf aus der Hand geschlagen, ein Schuß löste sich, verletzte und entstellte die Frau, die später Beecheys Ehefrau wurde.
Jetzt ist es Rillingtons Plan, Beechey und Parks zusammenzubringen, um zu sehen, was für ein Drama sich daraus entwickelt. Also organisiert sie ein Treffen in Parks luxuriösem Strandhaus mit Swimmingpool und Dienern an der spanischen Riviera. Dieses Haus steht im scharfen Gegensatz zu dem Leben, das Beechey und seine entstellte Frau führen, die jetzt unter Platzangst leidet. Ril-

lington hofft, daß dieser Gegensatz – dem Bösewicht geht es weit besser als dem Opfer – für emotionalen Sprengstoff sorgen wird.

Doch was immer Rillington unternimmt (und sie führt ziemlich schwere Geschütze auf), nichts scheint Beechey aus der Ruhe zu bringen. Sein Leben hat etwas von einer Teflonpfanne: Nichts bleibt haften. Alles scheint einfach in Ordnung zu sein. Rillington unternimmt verzweifelte Versuche, ihm die Maske der Sanftheit abzureißen, doch Beechey spult unbeirrt nur Platitüden ab. Nichts scheint ihn aus der Fassung zu bringen.

Vielleicht können Sie sich Beechey in der Bank vorstellen: vor sich hin arbeitend, ehrlich und ohne die geringste Spur von Humor. Er gehört zu den Menschen, die man am liebsten schütteln möchte, um zu sehen, was dann an Leben abfällt. Der Banküberfall war offensichtlich das einzige Mal, daß er zum Leben erweckt wurde.

Zuweilen wird Leuten wie Beechey das Etikett *Alexithymie* verpaßt. Sie kennen diesen Begriff nicht? Kein Wunder, denn das Wort ist relativ neu. Peter Sifneos, ein in Boston/USA lebender Psychiater, hat diesen Begriff geprägt, obwohl zuvor bereits zwei französische Psychiater dieses Verhalten zum ersten Mal beschrieben.[22] Der Begriff kommt aus dem Griechischen und bedeutet wortwörtlich: »keine Wörter für Gefühle«. Solche Menschen zeigen keine Leidenschaft – Menschen wie Beechey scheinen kein Feuer im Bauch zu haben.

Wie stellt man nun Alexithymie fest? Einige Symptome sind etwa geringe Phantasie, Armut an innerer emotionaler Erfahrung und die Tendenz zu lebloser, detailversessener Sprache. *Winston Churchills* Beschreibung des russischen Politikers *Wjatscheslaw Molotow* scheint die eines alexithymischen Menschen zu sein: »Ich habe nie einen Menschen getroffen, welcher der modernen Vorstellung eines Roboters perfekter entspricht.«

Bei solchen Menschen findet man kaum Anzeichen von Leben. Ihr Verhalten hat etwas Mechanisches. Sie scheinen unberührt von Dingen, die andere Menschen aufrühren. Der Tod eines Familienmitglieds, Untreue des Partners, Übergangenwerden bei der Beförderung, ein Beinaheunfall – nichts scheint sie aus der Fassung zu bringen. Alles verschwindet in einem schwarzen Loch der Ausdrucks- und Sprachlosigkeit. Eine spontane Reaktion von ihnen scheint unmöglich.

Die Wurzeln für diese Störung, die häufiger bei Männern als bei Frauen zu finden ist, liegen in den ersten Lebensjahren. Teilweise geht man davon aus, daß es eine überbeschützende Mutter gab, die Individualität und Abenteuergeist des Kindes bremste und dem Kind nicht die Möglichkeit gab, sich selbst zu spüren. So eine Mutter behandelt ihr Kind wie eine Verlängerung ihrer selbst und spricht dem Kind seine natürlichen Gefühle ab. Sie übernimmt gleichsam eine Barometerfunktion für dessen Gefühle.[23]

Kommt Ihnen dieses Verhalten bekannt vor? Haben Sie solch einen Menschen schon einmal getroffen? Wie verhielten Sie sich ihm gegenüber? Kamen Sie sich ziemlich unbeholfen vor? Große Unternehmen sind offenbar beliebte Verstecke für solche Menschen. Man denke nur an die vielen Männer in grauen Flanellanzügen, die sich so höflich benehmen und immer das Richtige sagen. Doch oh, sie können so furchtbare Langweiler sein! Sie produzieren Laute, aber keine Musik. Sie sind wie tote Fische. Es mangelt ihnen an Aufrichtigkeit und Ursprünglichkeit. Der Umgang mit ihnen ist ziemlich anstrengend, weil ihnen Leben fehlt. Sie haben ständig das Gefühl, an ihnen rütteln zu müssen, um eine Reaktion zu bekommen. Doch zumeist ist es aussichtslos: Sie lassen sich keinen Gefühlsausbruch entlocken.

Man könnte doch meinen, daß dies ihre Privatsache sei, und wenn es ihnen gefalle, dann solle man sie doch gewähren lassen. Das mag sehr richtig sein, doch sind diese Menschen wirklich gesund? Fühlen sie sich wirklich wohl in ihrer Haut? Ihre Streßsymptome sprechen eine ganz andere Sprache. Wenn Sie nachhaken, dann finden Sie eine Vielzahl psychosomatischer Symptome. (Körperliche Beschwerden sind ihnen mit Sicherheit nicht fremd.) Vom psychologischen Standpunkt her sind sie wirklich krank.

Solche Menschen handeln nicht unbedingt allein. Ihr Verhalten – vor allem, wenn sie eine hohe Position innehaben – geht auch ihre Mitmenschen an. Indem sie ihre typischen inhaltsleeren Laute von sich gegeben haben, haben es doch einige zu erheblicher Leitungsverantwortung gebracht und wurden für andere Führungskräfte zum Vorbild. Und angesichts der charismatischen Aufgabe einer Führungskraft (siehe Kapitel eins) – wozu beispielsweise Begeisterungsfähigkeit und Anleitung zu selbstbestimmtem Arbeiten gehören – kann, wenn diese Führungskräfte das Ruder in der Hand haben, alexithymisches Verhalten für die Effektivität des Unternehmens verhängnisvolle Folgen haben.

Leider hat es den Anschein, als würden die meisten Großunternehmen dieses Verhalten noch fördern. Schließlich sind solche Menschen sehr vorhersagbar, und Unternehmen lieben Vorhersagbarkeit. Viele Unternehmen wollen keine verrückten Leute, die das Herz auf der Zunge haben, die Unruhe ins Haus tragen, stören und die Routine durcheinanderbringen.

Alexithymiker dagegen spielen gerne die sichere Karte und suchen eine Umgebung, in der es riskant ist, den Kopf zu heben und Profil zu zeigen – so findet ihre Risikovermeidung entsprechende Belohnung. Wer keine wirklichen Entscheidungen trifft, macht auch keine Fehler. Und um noch einmal auf das Greshamsche Gesetz zurückzukommen – schlechtes Geld verdrängt gutes Geld – Mittelmäßigkeit verdrängt Höchstleistung!

Offensichtlich ist die Unternehmenskultur einiger Unternehmen für alexithymisches Verhalten sehr förderlich. In einem meiner Bücher, *Unstable at the Top*, beschreibe ich zwei Arten von Unternehmen, die für solche Tendenzen wohl besonders prädestiniert sind: das »zwanghafte« und das »depressive« Unternehmen.

Das *zwanghafte* Unternehmen ist extrem bürokratisch und nach innen gerichtet. Die Hierarchie wird streng eingehalten. Prestige gründet sich ausschließlich auf Titeln. Die Führung dominiert das Unternehmen von oben nach unten und fordert strikte Konformität. Rigide, festgelegte Abläufe dominieren alle Aspekte des Unternehmenslebens und der Beziehung Arbeitgeber–Arbeitnehmer. Wer durch die verschiedenen Telekommunikationsunternehmen, Autohersteller, Versicherungsgesellschaften und Banken streift, dem werden die Augen aufgehen. Doch zwanghafte Unternehmen finden sich in allen Branchen. Gefühlsausdruck ist selten eine Stärke solcher Angestellten.

Das *depressive* Unternehmen ist sogar noch konservativer und nahezu unfähig zur Marktanpassung. Die depressiven Unternehmen, die ich gesehen habe, lassen sich treiben; sie überleben nur, weil es Protektionismus gibt. Zielvorstellungen sind dort nur sehr vage formuliert, es gibt keine starke Führung, dafür aber Bürokratie und starre Abläufe. Entscheidungen werden verschoben, es wird nur wenig zur Verbesserung des Betriebsergebnisses oder der Reputation getan, und Veränderung wird mit großer Skepsis betrachtet. Einige inzwischen in Konkurs gegangene Unternehmen in der Stahlindustrie und im Maschinenbau passen genau in dieses Bild.

Offensichtlich fühlen sich alexithymisch veranlagte Führungskräfte in solchen Unternehmen sehr wohl, denn die Unternehmenskultur dort entspricht ihrer Persönlichkeit. Außerdem werden ein paar der nichtalexithymischen Führungskräfte sich ihnen aus der Erfahrung heraus, daß sie so am weitesten kommen, problemlos anpassen. Wer sich nicht anpaßt, geht freiwillig oder auf Anraten. Alexithymische Menschen finden in solchen Unternehmen einen Arbeitsplatz, wo sie am wenigsten auffallen.

Wenn auch andere Unternehmenstypen vielleicht ähnlich sind, so hat doch keiner eine so betäubende Wirkung wie die beiden hier beschriebenen. Leider ist der Lebenszyklus eines Unternehmens, das von diesem dumpfen, alexithymischen Verhalten geprägt ist, sehr kurz. Dieses Unternehmen stagniert, geht bankrott oder (was wahrscheinlicher ist) wird Opfer einer Übernahme.

Lenken wir an dieser Stelle unsere Aufmerksamkeit auf Führungskräfte, die alexithymische Züge tragen. Haben Sie schon mal für einen »toten Fisch« gearbeitet? Hatten Sie je mit einem Menschen zu tun, der keinerlei Gefühlsregung zeigte, der immer auf Abstand blieb? So eine Führungskraft kann ein ganzes Unternehmen durcheinanderbringen. Wenn ein Chef keinerlei Reaktion zeigt oder sich schizoid verhält (zum Beispiel durch Angst vor Nähe), wissen die anderen Führungskräfte nicht mehr, was von ihnen erwartet wird, und wenden sich eher Machtspielen zu als der konkret anfallenden Arbeit. Das Endresultat ist oft eine konfliktgeladene Atmosphäre, in der unproduktive politische Spielchen getrieben werden.

Ich erinnere mich an ein Unternehmen, wo aufgrund der extremen Gleichgültig- und Ausdruckslosigkeit des Vorstandsvorsitzenden die Führungskräfte nicht mehr wußten, welche Art von Verhalten akzeptabel war. Die Folge: Die Kompetenteren gingen. Die anderen wurden zunehmend provinzlerisch und waren fast ausschließlich mit Grabenkämpfen beschäftigt. Schließlich mußte das Unternehmen Konkurs anmelden. Die Gefühlskälte des Chefs sorgte ihrerseits bei den einzelnen Führungskräften für unangemessene emotionale Reaktionen, womit die Katastrophe ihren Lauf nahm.

Im Hinblick auf dieses Phänomen müssen wir uns vergegenwärtigen, daß es eine Hauptaufgabe des Chefs ist, »Behälter« für die Gefühle seiner Mitarbeiter zu sein. Wie ich bereits in Kapitel eins erwähnte, hat ein guter Chef auch eine soziale Funktion. Wenn etwa der berufliche Aufstieg ins Stocken gerät, dann hat das meiner Erfahrung nach gewöhnlich nichts mit mangelndem technischen Können zu tun (was relativ leicht erlernbar ist), sondern mit mangelnden Fähigkeiten zur Menschenführung. Exzellente Führungskräfte messen ihrem Unternehmen täglich den Puls. Sie wollen wissen, ob ihre Mitarbeiter tanzen, toben oder trauern. Zu wissen, was in den Mitarbeitern vorgeht, ist notwendige Voraussetzung für gute Motivationsarbeit.

Denjenigen, die mit dieser Rolle Probleme haben, bietet sich ein bequemer Ersatz für den zwischenmenschlichen Kontakt. Warum mit Menschen reden, wenn man doch mit Dingen kommunizieren kann! Die Revolution im Bereich Computer, Informationstechnologie und in der Telekommunikation leistet der Alexithymie einen Bärendienst. Kein Wunder, daß es für jeden neuen Computer und jedes Videospiel einen bereitwilligen Markt gibt. Wer braucht schon menschliche Wärme beim Umgang mit einem Bildschirm? Hier ist es nicht nötig, auf verbale und nonverbale Signale zu achten. Es überrascht nicht, daß viele alexithymische Menschen in der Datenverarbeitung einen sicheren Hafen gefunden haben. »Systematiker« beschäftigen sich am liebsten mit unpersönlicher Arbeit: Ihre zwischenmenschlichen Kontakte sind entpersonalisiert, mechanisch und oft intellektuel geprägt. Diese Menschen führen feste Routinen aus und beschäftigen sich mit Abstraktionen, wobei sie reale Beziehungen mit realen Menschen abschaffen. Gefühle werden überflüssig!

In dieser Gemäldegalerie sollten wir die Angeber nicht vergessen – Menschen, die scheinbar Gefühle zeigen, aber denen eigentlich die echte Überzeugung, Wärme und Ehrlichkeit fehlt. Sie spielen die Rolle eines »Empfangskomitees«. Dabei ist ihre zwanghafte Geselligkeit symptomatisch für ihre Unfähigkeit zur echten Anteilnahme. Hinter der maskenhaften Extrovertiertheit verbirgt sich ihre innere Leere.

Da solche Menschen Probleme mit Empfindungen haben (so wie Farbenblinde Probleme mit der Unterscheidung von Farben haben), brauchen sie jemanden, der ihnen sagt, was sie fühlen sollen.

Alexithymische Menschen besitzen die chamäleonhafte Eigenschaft, die Signale ihrer Umwelt aufzunehmen und sich entsprechend zu verhalten.

Sind Sie in letzter Zeit mit einer großen Fluglinie gereist? Erinnern Sie sich an das breite Willkommenslächeln? Sicher ist dies angenehmer als ein feindseliger Blick oder gar eine feindselige Behandlung, aber haben Sie sich je gefragt, was sich dahinter verbirgt, was in diesen lächelnden Flugbegleiterinnen wirklich vorgeht? Meinen Sie nicht, daß sie zuweilen auch versucht sind zu sagen: »Verdrück dich« oder Schlimmeres? Ich hoffe es für sie, auch wenn sie dann nicht gerade dem Unternehmensideal entsprechen.

Es gibt Unternehmen, die ausdrücklich auf ihre Kundenfreundlichkeit stolz sind. Zu diesen Unternehmen gehört auch die *Disney Corporation*. Hier gibt es Inspektoren, die dafür sorgen, daß es nie zu solchen Entgleisungen kommt. Jeder und jede Angestellte wird so indoktriniert, daß es fast schon an Gehirnwäsche grenzt. Es gibt ausführliche Handbücher darüber, in welcher Situation wie zu reagieren ist. Diese Unternehmen verlangen von ihren Angestellten, daß sie im richtigen Augenblick das richtige Verhalten zeigen, unabhängig von ihrer Stimmung. Doch diese Art, mit menschlichen Gefühlen umzugehen, kann langfristig zu Entfremdung, Entpersönlichung, Depression und anderen Störungen führen.

Trotz gegensätzlicher Vorlieben einiger Unternehmen sollte der graue Flanellanzug nicht der Idealtyp sein. Die Kosten sind einfach zu hoch, nicht nur für den einzelnen, sondern für das gesamte Unternehmen. Um geistig gesund zu bleiben, müssen Führungskräfte ein gewisses Maß an Authenzität beweisen. Angesichts der ihnen verliehenen Autorität besitzen sie ein erhebliche Vorbildfunktion. Es liegt in ihrer Verantwortung zu zeigen, daß sie selbst lebendig sind, daß sie leidenschaftliche Aussagen befürworten und daß ehrliche Gefühlsregungen keine negativen Konsequenzen für das Fortkommen haben. Daß sie dieser Verantwortung gerecht werden, macht Unternehmenschefs wie *Jack Welch*, *Richard Branson* und *Sir John Harvey* zu den wahren Helden im Geschäftsleben. Diese mit Sicherheit nicht alexithymischen Führungspersönlichkeiten haben keine Angst davor, ihre Gefühle und Ansichten offen auf den Tisch zu legen.

Der Komiker *Groucho Marx* sagte einmal über jemanden, dem er begegnet war: »Entweder ist dieser Mensch tot, oder meine Uhr ist stehengeblieben.« So witzig dieser Satz sein mag – wenn er auf Ihr Unternehmen zutrifft, sollten Sie ernsthaft darüber nachdenken, die »toten Fische« aus dem Weg zu räumen. Glauben Sie mir: Sie vergiften nur Ihre Umgebung.

16 Abgang à la Maxwell

Die Schattenseiten des Unternehmertums

Er lockt die Vögel vom Baum, um sie dann zu erschießen.[24]
Gewerkschaftsführer Bill Keyes über Robert Maxwell

Unternehmer sind der Motor ihres Geschäfts, doch ihre Führungsrolle macht sie anfällig für Exzesse. Oft ist ihr Verhalten schlicht abscheulich, wie der verstorbene *Robert Maxwell* beispielhaft zeigte.

Es stand in allen Zeitungen, Sie haben es mit Sicherheit gelesen. Alle Facetten eines Kriminalromans waren dabei. Während eines Segeltörns vor den Kanarischen Inseln ertrinkt ein berühmter Magnat unter mysteriösen Umständen. Unfall, Selbstmord oder Mord? Die Autopsie gibt Hinweise auf Herzprobleme und Ertrinken und scheint nicht schlüssig. Das Endergebnis? Ein global verzweigtes Kommunikationsimperium – die *Mirror Group Newspapers and Maxwell Communications Corporation* – zerfällt!

Das war aber erst der Anfang. Schon bald nach seinem Tod wird der verstorbene »sozialistische Multimillionär« als »Jahrhundertbetrüger« angeklagt. Es stellte sich heraus, daß er die Pensionsfonds seiner Unternehmen dazu benutzte, den instabilen Kurs seiner Aktien zu stützen. Durch dieses Manöver hat er seine Unternehmen um mindestens 1,4 Milliarden Dollar betrogen. Mehr als fünfundzwanzig Banken und Investmentunternehmen standen plötzlich tief in den roten Zahlen und versuchten, durch den finanziellen Sumpf hindurchzukommen. Eine griechische Tragödie der Neuzeit.

Im nachhinein fragen wir uns, was wohl in *Maxwell* auf seiner Yacht *Lady Ghislaine* vor sich ging. Ahnte er, daß seine Tage gezählt waren? Er war sich sicherlich darüber im klaren, daß sein Unternehmen ins Trudeln geraten war. Die Tilgung mehrerer Kredite war fällig. (Tatsächlich hatte er an dem Tag, an dem er starb, dem Schweizerischen Bankverein die sofortige Rückzahlung eines Kredits über 100 Millionen Dollar versprochen.) Hätte er seine Gläubiger noch viel länger vertrösten können? Wie lange hätte er weiterhin die linke Hand bestehlen können, um die rechte auszuzahlen? Wußte er, daß das Spiel aus war?

Für viele Menschen war *Robert Maxwell* ein Übermensch. Mit Sicherheit war er ein Mensch voller Gegensätze und Widersprüche. Seine Lebensgeschichte liest sich wie ein Abenteuerroman. Und trotz all seiner Vergehen war *Maxwell* zweifellos ein Mann von bemerkenswertem Mut und Energie.

Abraham Lajbi Hoch alias Robert Maxwell (er änderte seinen Namen insgesamt dreimal) wurde 1923 als Sohn jüdischer Eltern in einem slowakischen Bauerndorf geboren. Seine Familie lebte in extremer Armut. Selten gab es genug zu essen (was seine spätere Essenssucht wohl zum Teil erklärt). Seine Schulbildung war bereits nach drei Jahren beendet, weil seine Eltern ihn nicht mehr für die Schule einkleiden konnten. Trotz aller Probleme war der Zusammenhalt in der Familie sehr groß, und Abraham war das Lieblingskind der Mutter, was in seiner Kindheit eine wichtige Rolle spielte.

Maxwell wuchs in unruhigen Zeiten auf: Die Tschechoslowakei wurde das erste Opfer von Hitlers Expansionsplänen. *Maxwells* Familie erkannte die drohende Gefahr und schaffte es, den damals Sechzehnjährigen nach Budapest zu schicken und damit aus der unmittelbaren Gefahr zu bringen.

Maxwell überlebte als einziger seiner Familie die Konzentrationslager. Die Tatsache, daß er überlebte, hat wahrscheinlich zu seiner Skrupellosigkeit, seinem Eigenantrieb, seiner Zielstrebigkeit und außergewöhnlichen Entschlußkraft beigetragen. Solche Eigenschaften finden sich oft bei Menschen, die, um mit dem Psychologen *William James* zu sprechen, »zweimal geboren« werden, die ein neues Leben anfangen.

Maxwell kämpfte kurz in der tschechischen Armee in Frankreich, bevor er nach England evakuiert wurde. Als Soldat der britischen

Armee kehrte er auf den Kontinent zurück und wurde für heldenhaften Kampfeinsatz ausgezeichnet und zum Captain befördert. Er wurde durch Einbürgerung britischer Staatsbürger und heiratete gegen Ende des Krieges Elisabeth Meynard, eine französische Protestantin, mit der er neun Kinder haben sollte (davon leben sieben heute noch). Als sie heirateten, prophezeite er, daß er Millionär und Mitglied des Parlaments werden würde. Jahre später wurde er als vehementer Verfechter des demokratischen Sozialismus tatsächlich Parlamentsabgeordneter der Labour Party.

Als Führungskraft war *Maxwell* außerordentlich erfolgreich. Im Nachkriegsdeutschland erkannte er die großen Möglichkeiten für Macht und Profite, die im Informationsgeschäft steckten. Das veranlaßte ihn zur Grundsteinlegung seines Imperiums, der *Pergamon Press*, die wissenschaftliche Literatur veröffentlichte. Mit der Zeit schaffte *Maxwell* es, dieses zwar profitable, aber unscheinbare Druck- und Verlagsgewerbe in ein expandierendes, sehr publicityträchtiges globales Medienimperium zu verwandeln. Aufgrund seiner Fähigkeit, das Ruder eines Unternehmens herumzureißen, trug er anerkanntermaßen wesentlich zur Umstrukturierung der britischen Druckindustrie bei.

Aber während des Aufbaus seines Imperiums zogen Wolken am Himmel auf. Viele Leute fühlten sich von ihm auf den Schlips getreten. Zwar konnte er, wenn er wollte, sehr charmant sein, doch generell war sein Umgangston sehr rauh. Seine Aggressivität erschreckte die meisten Menschen. Vielen war seine Geschäftsethik nicht geheuer. Das Kürzel »der Maxwell-Faktor« kam auf, was bedeutete, daß die Maxwell-Aktien zu einem niedrigeren Preis gehandelt wurden, als es der Fall gewesen wäre, hätte jemand anderes das Ruder gehalten.

Dafür mag es eine Reihe guter Gründe gegeben haben. Manche erinnern daran, wie die Londoner City ihn schon früh in seiner Karriere als jemand verurteilt hatte, »dem man die Verwaltung einer Publikumsgesellschaft nicht anvertrauen kann«. Dies war die abschließende Beurteilung des Überwachungsausschusses der Londoner Börse in einer Untersuchung, die sich mit dem Verkauf der *Pergamon Press* beschäftigte. Dieses Urteil sollte ihn während seiner gesamten Geschäftskarriere verfolgen.

Die Untersuchung war aufgrund einer Beschwerde des Käufers ausgelöst worden, daß er über den wahren Wert der *Pergamon Press* getäuscht worden sei. Der Bericht des Untersuchungsausschusses wurde am 2. Juni 1971 veröffentlicht und befand, daß *Maxwells* Aussagen gegenüber Aktenteilhabern einen »rücksichtslosen und ungerechtfertigten Optimismus an den Tag lege, der ihn manchmal dazu veranlasse, etwas zu sagen, von dem er wissen müsse, daß es nicht wahr sein könne«. Der Bericht verurteilte vor allem die Tatsache, daß *Maxwell* die Verkaufszahlen des Pergamon-Enzyklopädie-Bereichs künstlich aufgebläht hatte, indem er einer amerikanischen Tochter einen Teil seiner Holding verkaufte.

Wenn man bedenkt, was man alles über *Maxwell* weiß und wie er sein Imperium aufbaute, fragt man sich, wie er immer wieder mit einem blauen Auge davonkam, nachdem doch einmal ein derartiges Urteil über ihn gefällt worden war. Wie konnte es so weit kommen? Dachte nie jemand daran, daß das tschechische Stehaufmännchen wieder in seine alten Tricks verfallen könnte, wenn er unter Streß stand? War er wirklich geläutert?

Es muß viele Leute gegeben haben, die im Laufe der Jahre zur Hatz hätten blasen können. Er hatte die Boards der *Mirror Group Newspapers* und der *Maxwell Communications Corporations* mit verdienstvollen Persönlichkeiten aus London und Whitehall nur so vollgestopft. Was hatten diese Perückenträger nur die ganze Zeit über getan? Ihr Auftrag war es doch, die jeweiligen Interessengruppen in seinen Unternehmen zu überwachen; doch niemand erhob die Stimme gegen *Maxwells* Führung. Waren sie eingeschüchtert worden? Verstanden sie all die vielen Geschäfte, in die *Maxwell* verwickelt war, nicht ganz und wollten nicht zugeben, daß sie aus dem Wirrwarr der ineinander verschlungenen Unternehmen seines Imperiums nicht schlau wurden? Da der Großteil von *Maxwells* privater Holding in geheimen Familientrusts in Gibraltar und Liechtenstein lag, konnten sie die Grenzen zwischen privat und öffentlich nicht mehr genau erkennen. Dennoch muß klar gewesen sein, daß er mit privaten und geschäftlichen Vermögenswerten jonglierte. Die veröffentlichten Jahresgewinne des Maxwellschen Imperiums im März 1991 waren offensichtlich ein undurchschaubares Knäuel der Ergebnisse aus dem Hauptgeschäft. Merkte denn hierbei niemand, daß er in einem verzweifelten Versuch, seine Cash-flow-Probleme zu lösen, mit Währungstransaktionen Geld machen wollte und dabei sein Hemd verlor? Es hätte eigentlich kaum überraschen sollen, daß *Maxwells* Imperium unter einem Schuldenberg von fast 4,4 Milliarden Dollar zusammenbrach. Doch niemand hatte ihn gewarnt, daß viele seiner Übernahmen erheblich überteuert waren. Niemand schien sich über seinen Schuldenberg Sorgen zu machen. 1988 soll er 3,35 Milliarden Dollar für *Macmillan and Official Airline Guides* gezahlt haben. Und damals waren die meisten Experten der einhelligen Meinung, daß dieses Buyout alles andere als ein Schnäppchen gewesen sei. Dieser Transaktion folgte dann noch sein sehr kostspieliges und fehlgeschlagenes Übernahmegebot für *Harcourt Brace Jovanovich*, Investitionen in Osteuropa, Käufe von Fernsehsendern in Frankreich und Israel und ein Potpourri von Übernahmen (einschließlich Zeitungs- und Nachrichtenagenturen, Computer-, Hubschrauber- und Pharmaunternehmen). Alles in allem befanden sich unter dem Dach der Maxwell-Holding zum Zeitpunkt seines Todes mehr als 400 Unternehmen weltweit.[25]

Dennoch wurden *Maxwells* ehrgeizige und oft unrealistische Pläne von einer Unzahl von Finanzinstituten unterstützt. Sie ignorierten seine befleckte Reputation und finanzierten ihn fleißig weiter. Waren sie wirklich Tölpel oder einfach nur blind aus Gier? Es ist jetzt klar, daß die beteiligten Finanzinstitute wahrscheinlich bis zu zwei Milliarden Dollar an der Maxwell-Affäre verloren haben. Es ist dabei richtig, daß die Banken sich in den achtziger Jahren vom M&A-Rausch anstecken ließen und jede verrückte Idee mittrugen. Außerdem galt *Maxwell* als einer der streitsüchtigsten Männer in England, berühmt für seine Fähigkeit, jeden Kritiker zum Schweigen zu bringen. Aber reichen diese Gründe aus, um zu erklären, was geschah? Ein Aspekt, dem bisher nicht genügend Aufmerksamkeit geschenkt wurde, ist *Maxwells* Persönlichkeit und wie sie seine Umgebung beeinflußte. Was für eine psychologische Dynamik war im Spiel, als er seinen Weg nach oben machte?

In vieler Hinsicht war *Maxwell* ein typischer Unternehmer. Das ist keine Abwertung. Über Unternehmer läßt sich viel Gutes sagen.

Unternehmer sind die treibende wirtschaftliche Kraft in jedem Land. Sie repräsentieren den Reichtum der Nation und ihr Potential zur Schaffung neuer Arbeitsplätze. Unternehmer sind diejenigen, die etwas bewegen, die neue Ideen haben und sie umsetzen, die begeistern und deren Zielstrebigkeit anderen Vorbild ist. Leider haben sie auch eine Schattenseite. Viele Unternehmer haben Eigenschaften, die anfangs eine Quelle großer Stärke sind – aber wenn sie exzessiv gelebt werden, können sie zum Untergang führen.

Lassen Sie mich erklären, was ich damit meine. Da sie mehr Verantwortung als andere Menschen tragen wollen, haben Unternehmer eine sehr ambivalente Einstellung zu Kontrolle. Aus Angst, auf die Gnade anderer angewiesen zu sein, wollen sie über jedes kleinste Detail, das in ihrem Unternehmen vor sich geht, informiert sein. Was für ein Kleinunternehmen durchaus tragbar ist, ist jedoch in einem Multi-Dollar-Unternehmen fehl am Platz. So sprach ich einmal mit dem Vorstandsvorsitzenden eines 15-Millionen-Dollar-Unternehmens, der darauf bestand, alle Post selbst zu öffnen. Das mag eine gute Idee gewesen sein, als das Unternehmen noch in den Kinderschuhen steckte, doch später ist das schon ein pathologisches Zeichen.

Viele Unternehmer haben ein Problem mit Dominanz und Unterwerfung. Autoritätsfiguren lassen ihnen die Haare zu Berge stehen. Strukturen sind ihnen fremd, wenn sie nicht von ihnen selbst geschaffen wurden. Alles soll so getan werden, wie sie es gern hätten. Manche schaffen sogar bewußt eine Unternehmenskultur, die jede Art von Andersdenken verbietet oder wo es völlig unmöglich ist, eine andere Meinung zu haben. Selbständig denkende Mitarbeiter werden hier nicht geduldet, Geben und Nehmen, echter Dialog sind nicht erlaubt.

Maxwell legte solche Eigenschaften an den Tag. Für Rat war er unempfänglich. In vielen Unternehmen gab es nur eine Methode: seine oder keine. Er war alles andere als ein guter Zuhörer. Er mußte alles um sich herum kontrollieren, egal ob Menschen oder Unternehmen. Er kannte nur eine Beziehung: *Herr und Sklave*. In *Maxwells* Unternehmen waren die Vorstands- und Aufsichtsratssitzungen eine Farce. *Maxwell* schüchterte alle Mitglieder ein, so daß niemand mehr wagte, den Mund aufzumachen. Er ging sogar so weit, daß er einen Aufsichtsrat dazu zwang, ihm alle Macht zu übertragen – so kann man Aufsichtsrats- und Vorstandssitzungen dann gleich völlig abschaffen! Um seine Politik durchzusetzen, walzte *Maxwell* alles nieder.

Mitarbeiter mußten seine Anordnungen buchstabengetreu ausführen. Er erwartete absoluten Gehorsam. Wenn er sagte: »Spring!«, war die einzig akzeptable Antwort: »Wie hoch?« Seine Anordnungen zu hinterfragen war völlig abwegig. Absolute Kontrolle war sein Ziel. Er stellte Leute ein, gab ihnen imposante Titel und ließ sie dann nicht ihre Arbeit tun. Statt dessen tat er sie. Von *Maxwell* eingestellt zu werden, bedeutete das Ende jeden Einflusses auf ihn. Alles, egal wie trivial, mußte von ihm genehmigt werden – was den Entscheidungsprozeß sicherlich nicht beschleunigte.

Sein großes Bedürfnis nach Kontrolle spiegelte sich in der »Top-secret-Welt«, die er um seine privaten Unternehmen herumbaute. Weil Geheimniskrämerei und Sicherheit seine Hauptsorge waren, hegte er eine Leidenschaft für Überwachungssysteme. Er ließ sogar die Telefone seiner Direktorenkollegen der *Mirror Newspaper Group* anzapfen – natürlich ohne deren Wissen. Er ließ auch eine Lautsprecheranlage installieren, die er dazu benutzte, seine Mitarbeiter zu beschimpfen. Und nur er kannte sich in seinem Unternehmenslabyrinth aus. Es gab keine Managementstruktur, alles drehte sich um ihn und war von ihm abhängig. Diese undurchsichtige Verschachtelung gab ihm die Kontrolle über alle Entscheidungen.

Die geheime Welt, die *Maxwell* geschaffen hatte, um seine Macht und Kontrolle zu bewahren, bringt uns auf eine weitere Eigenschaft von Unternehmern: ihr Mißtrauen gegenüber ihren Mitmenschen. Viele Unternehmer leben in der Angst, von anderen betrogen zu werden. Sie fühlen sich am sichersten, wenn sie noch klein sind. Wie viele andere Menschen, die an der Spitze der sozialen Leiter stehen, fürchten auch sie sich vor dem Neid der anderen und werden mit wachsendem Erfolg immer ängstlicher. Ihre Angst klingt vielleicht etwas ab, wenn es dann zu dem von ihnen erwarteten Abstieg kommt. Dann haben sie die psychologische Schuld (das unbewußte Schuldgefühl für ihren Erfolg) abbezahlt und können von vorn anfangen. Das mag zum Teil erklären, warum so viele

Unternehmer solch bemerkenswerte Stehaufmännchen sind. Schauen wir uns die vielen Hochs und Tiefs in der Karriere *Maxwells* an, dann paßt er perfekt in dieses Bild des »tschechischen Stehaufmännchens«, das sich sehr lange am Leben halten konnte.

Wenn großes Mißtrauen sich mit dem Bedürfnis nach Kontrolle paart, können die Konsequenzen für das Unternehmen gravierend sein. Paranoiker finden immer eine reale Gefahr, die auf sie lauert. Irgendwie, und sei es noch so abstrus, findet sich immer eine Bestätigung dafür, daß es jemand auf sie abgesehen hat. In einer Unternehmenskultur, die solches Denken nährt, handeln die Menschen nicht mehr selbständig, sondern werden zu Speichelleckern und geben sich mit Vorliebe politischen Ränken hin. Da selbst Harmlosigkeiten als Bedrohung interpretiert werden und zu heftigen Temperamentsausbrüchen führen können, gehen die Mitarbeiter lieber auf Nummer Sicher und treffen keine eigenständigen Entscheidungen mehr. Ein Unternehmen mit solch einer Kultur wird nie wachsen und in der Lage sein, sich den Marktbedürfnissen anzupassen.

Eine derartige Kultur installierte *Maxwell* in sein Imperium. Er war Spezialist dafür, die Leute nach dem »Champignonprinzip« zu behandeln, das heißt, sie möglichst im dunkeln zu lassen. *Peter Jay*, ein ehemaliger Topmanager im *Maxwell*-Imperium, sagte einmal über die Führungsphilosophie seines Chefs: »Alles funktionierte danach, ob man Bescheid wissen mußte oder nicht. Wenn Sie Bescheid wissen mußten, erfuhren Sie nichts.«[26] Wer Fragen stellte, wurde schnell vom Informationsfluß ausgeschlossen. *Maxwells* unablässige Botschaft »Vertrauen Sie mir!« klang dann wie Hohn.

Eine andere häufige Eigenschaft bei Unternehmern ist ihr Wunsch nach Beifall. Dieser läßt sich als narzißtische Reaktion auf ein Gefühl der Bedeutungslosigkeit interpretieren – die Angst, ein Nobody zu sein. Solche Menschen scheinen von einer inneren Stimme verfolgt zu werden, die ihnen einflüstert, daß sie es eigentlich zu nichts gebracht haben. Dies zu widerlegen und der Welt das Gegenteil zu beweisen ist ihr einziger Wunsch. Sie werden schon gleichziehen, in Rache triumphieren und es bis an die Spitze schaffen, trotz aller Widrigkeiten. Ihr Bedürfnis, das ihnen Angetane (real oder nicht) wiedergutzumachen, wird zu einem überbordenden Antrieb. Dieser ungesunde Narzißmus mag auch bei *Maxwell* im Spiel gewesen sein.

Maxwell suchte unermüdlich nach Aufmerksamkeit (und bekam sie auch). *Roy Greenslade*, ein ehemaliger Chefredakteur des *Daily Mirror* (gefeuert), sagte einmal, daß *Maxwells* Ego größer gewesen sei »als das von Saddam Hussein. *Maxwell* war ein Einmannzirkus: Jongleur, Zauberer und Werbeagent in einem.«[27] Er brauchte ständig jemanden um sich herum und jemanden, der ihm zuhörte. Doch sein Publikum ließ er gerne warten; selten besaß er die Höflichkeit, pünktlich zu sein. Der Flur vor seiner Bürotür war immer voller Menschen, die darauf warteten, ihn sprechen zu können.

Maxwell war ein berüchtigter Eigenlober und hemmungsloser Angeber. Der Eintrag unter seinem Namen in der *Who is Who*-Ausgabe von 1990 (den er selbst schrieb) ist zweiundvierzig Zeilen lang und listet solche Nebensächlichkeiten wie einen Preis, den er 1983 in Bulgarien erhielt, auf. Vieles in seinem Verhalten deutet darauf hin, daß er sich selbst ein Denkmal setzen wollte. Er wollte das Logo »M« über den ganzen Globus schreiben, sowohl wörtlich als auch im übertragenen Sinne. Sein Ziel war es, ständig in den Nachrichten aufzutauchen, dafür nahm er sogar ein künstlich aufgeblähtes Imperium in Kauf. Der *Daily Mirror* wurde zu einer Art Familienalbum, in dem *Maxwell* seine eigenen Schlagzeilen schrieb. Ständig lag er den Redakteuren der Finanzseiten anderer Zeitungen in den Ohren, doch über seine Transaktionen zu schreiben. Er kaufte auch einen Fußballverein, eine andere sehr effektive Methode, um in der Öffentlichkeit präsent zu sein.

Es scheint, als habe *Maxwell* sich sein ganzes Leben lang an *Keith Rupert Murdoch* rächen wollen, der ihn regelmäßig in die Quere kam und ihm Zeitungen wie *Sun*, *News of the World* oder die *Times* vor der Nase wegschnappte. Diese Übernahmeschlachten führten dazu, daß *Maxwell* eine Reihe zwar funkelnder, aber finanziell unsicherer Medien erwarb. Das Rennen gipfelte schließlich in der Übernahme einer weiteren Zeitung, der *Daily News*. Sein unersättlicher Hunger ließ ihn seine Unternehmen bis an die Zähne fremdfinanzieren und führte letztlich in den Ruin.

Oft suchen Unternehmer Zuflucht in seltsam primitivem Schutz, der zu einer großen Diskrepanz zwischen der erzählten Wahrheit und der historischen Wahrheit führen kann: Die Fakten werden je nach Bedarf zurechtgestutzt. *Maxwells* Beobachtern entging nicht, daß sich Widersprüche auftaten zwischen dem, was er tat, und dem, was er sagte. Immer mehr Leute sahen, daß *Maxwell* eine sehr eigene Methode hatte, die Fakten zu interpretieren.

Schematisieren – alles in extreme Kategorien einordnen (schwarz-weiß, Freund–Feind) – ist ein sehr häufiges Verteidigungsverhalten bei Unternehmern. Auch auf *Maxwell* traf es mit Sicherheit zu. Wenn Sie nicht seiner Meinung waren, waren Sie sein Feind. Andere Ansichten verdaute er schlecht. Und er war kein Mensch, der die »Verbrechen« anderer vergab oder vergaß. Im Gegenteil, er hatte ein Gedächtnis wie ein Elefant und einen langen Atem.

Unternehmer machen schnell andere dafür verantwortlich, wenn etwas schiefläuft. Einen Sündenbock zu finden ist die leichteste Methode, sich selbst rein von aller Schuld zu fühlen. *Maxwell* war mit Sicherheit so ein Typ. Er fand an dem, was er selbst tat, keinerlei Beanstandung und war schnell bei der Hand, andere für ihre Fehler zu rügen. Er konnte im Zorn aus einem Menschen ein zitterndes Wrack machen.

Um anderen Schuld zuzuschieben, können Unternehmer jede Verantwortung für zweifelhafte Dinge von sich wegrationalisieren. Sie verfügen dabei oft über außerordentliche Fähigkeiten, sich selbst etwas vorzumachen. Es gibt immer eine Erklärung, egal wie verworren sie sein mag. *Maxwell* war eindeutig jemand, der seine eigene Glaubwürdigkeit aufs Spiel setzte, um die Gründe für sein Verhalten zu erklären.

Manche Unternehmer können nicht stillsitzen. Der Grund dafür ist, daß sie ihre Impulse nicht unter Kontrolle haben und mit ihrer Angst und Depression nicht umgehen können. Alles, was wir über *Maxwell* wissen, deutet darauf hin, daß er ein Dynamo war, ein Schlitzohr, das an allen Rädchen drehte, aber kein Mensch, der etwas ruhig angehen lassen konnte. Er war ständig unterwegs, per Concorde, Hubschrauber, Limousine oder Jacht und war ununterbrochen am Telefon. Er war ein exzessiver Tatenmensch.

Wohin führt uns nun die Maxwell-Geschichte? Sollten wir den Fall einfach schließen und dabei *Lord Acton* zitieren: »Macht macht korrupt, und absolute Macht macht absolut korrupt.«? Sollten wir schlußfolgern, daß Macht zu exzessivem narzißtischen Verhalten führt mit all seinen Nebenwirkungen: grandiosen Phantasien, Angabe und Anmaßung, Arroganz, Selbstüberschätzung, Egozentrik? Vielleicht sollten wir uns dieses Maxwellsche Drama als eine warnende Geschichte ansehen, die uns vor Augen führt, wie wichtig die ausgleichenden Kräfte in Gesellschaft und Unternehmen sind. Wie wir gesehen haben, kann der auf Führungskräfte lastende psychologische Druck sie schnell aus der Fassung bringen. Viele werden hierbei blind für die Konsequenzen ihres Tuns.

In *Maxwells* Fall funktionierten die ausgleichenden Kräfte nicht gut. Die Wächter der Pensionsfonds waren nicht wachsam. Die Myriaden von Bankern, Börsenmaklern und Investmentanalysten der Londoner City taten nichts. Zudem übten die vielen Aufsichtsratsmitglieder in den verschiedenen Räten nie wirklich ihre Aufgabe aus, sei es aus Habgier, kollektiver Selbsttäuschung oder einfach aus Dummheit. Gleiches gilt für die Rolle der verschiedenen Beraterfirmen.

Nichts von alledem spricht natürlich *Maxwell* frei. Es war seine Verantwortung (wie sie es für jeden Unternehmenschef ist), etwas für sich vorzubeugen. Ein weiserer Chef hätte sich eine Auszeit genommen, nachgedacht und dabei seine ethischen Grenzen erkannt. So einem Menschen wären die Auswirkungen seines Führungsstils und die Folgen für sein Unternehmen bewußt geworden. Ein kluger Unternehmenschef hätte eine andere Atmosphäre geschaffen – in der auch andere Stimmen gehört worden wären. Hätte *Maxwell* all dies getan, wäre es wahrscheinlich nie zur Zahlungsunfähigkeit gekommen. Die lockere Atmosphäre hätte ihn vielleicht weniger schadenfroh gemacht und ihm ein erfüllteres und glücklicheres Leben beschert. Vielleicht hätte er dem Rat *Eisenhowers* befolgen sollen: »Führen bedeutet nicht, den Leuten auf den Kopf zu schlagen – das ist Angriff und nicht Führung.« Doch angesichts *Maxwells* Herkunft und Geschichte war der Frontalangriff für ihn die einzig natürliche Verhaltensweise.

17 Warum für Dschingis-Khan arbeiten?

Den Aggressor besänftigen

In der Mitte von Prag, auf dem Wenzelsplatz, steht dieser Typ und kotzt. Da kommt ein anderer vorbei, sieht ihn an, schüttelt den Kopf und sagt: »Ich weiß genau, was du meinst.«
Milan Kundera

Meine Mutter machte sich eine kleine Puppe – oder bekam sie geschenkt. Sie hieß Ronnie, Ronald. In diese steckte sie Nadeln, und zwar in ihren Kopf, damit ich einen Herzinfarkt bekomme.
Ronald Laing

Bei der Untersuchung einer Führungsperson wie *Robert Maxwell* stellt sich die naheliegende Frage: Warum gibt es immer wieder Manager, die für einen Chef arbeiten, der sich wie *Dschingis-Khan* benimmt – der permanent seine Mitarbeiter beschimpft, erniedrigt und sie für Dinge verantwortlich macht, die ihnen noch nicht einmal im Traum einfallen würden? Was ist hier außer Pflichtgefühl noch im Spiel? Wie wir am Beispiel *Robert Maxwells* sahen, sind die *Dschingis-Khans* der Geschäftswelt nie ganz zufrieden, keine Leistung ist ihnen gut genug. Diese Schinder nutzen andere hemmungslos aus, reißen alle Macht an sich, sind sadistisch und rüde. Sie geben sich nicht nur hart, dominant und machtversessen, sondern sind dazu auch noch extrem dogmatisch, halsstarrig und gefährlich engstirnig. Diese Tyrannen haben ein übles Temperament, das bei jeder Gelegenheit mit ihnen durchgeht. Weil Streitsucht ihr wesentlicher Charakterzug ist, sind sie sehr unangenehme Zeitgenossen.
Man denke an *Leona Helmsey*, die selbsternannte Königin des

Helmsey-Hotel-Imperiums. Sie wurde für ihre Brutalität gegenüber ihren Angestellten berüchtigter als für ihr Talent der Steuerhinterziehung (das sie schließlich ins Gefängnis brachte). Die »Lady Macbeth des Hotelgewerbes« (wie die *New York Times* sie einmal nannte) wußte wie kein anderer sich wie ein Tyrann zu verhalten. Oder *Robert Abbout*, der als Banker und Finanzier eine lange und stürmische Karriere hinter sich hat. Er wurde wegen seines aggressiven und brutalen Führungsstils als Chef der *First Chicago Corporation* und *Occidental Petroleum* berühmt-berüchtigter Hitparadenstürmer in *Fortunes* Rangliste der härtesten Chefs der USA, bevor er sich dazu entschloß, seine eigene Investmentfirma zu gründen (wobei er von verschiedenen Interessengruppen in diesen Unternehmen »unterstützt« wurde). Seine Art, seine Beschäftigten bloßzustellen, ist in der gesamten Bankszene berühmt geworden.

Haben Sie je solche Leute kennengelernt oder für sie gearbeitet? Erkennen Sie jetzt die kleinen Maxwells, Helmseys oder Abbouts in ihrem Unternehmen, selbst wenn sie nicht in der gleichen Klasse wie diese kämpfen?

Von solchen Leuten gibt es viele. Nur, warum weiterhin andere Menschen für sie arbeiten, ist die große Frage – für Chefs, die nie ein Zeichen von Dankbarkeit für gute Arbeit von sich geben, von denen offenbar nur schlechte Behandlung kommt. Warum unterwerfen sich Menschen freiwillig solchen rücksichtslosen, ausbeuterischen und herrschsüchtigen Chefs? Warum stehen sie nicht einfach auf und gehen? Warum gibt es eine Gefolgschaft solch extremer Ausprägung? Wie bereits schon erwähnt: Wir leben nicht auf Probe! Bloßes Mitläufertum ist selbstschädigend. Wer für Tyrannen in einem schwierigen Arbeitsklima arbeitet, zeigt eher krankhafte Züge, denn die zugefügten Schmerzen sind oft beträchtlich. (Natürlich muß nicht gleich bei der Einstellung offensichtlich werden, was auf einen zukommt. Unter Umständen erlebt man später eine große Überraschung; worauf die meisten, wenn sie klug sind, auch bald wieder gehen.)

In der klinischen Literatur finden wir einige Charakterbeschreibungen, die hier weiterhelfen. Ich beziehe mich hier auf abhängige, vor allem masochistische Persönlichkeitsstrukturen. Solche Menschen sind bereit, für einen oben beschriebenen Chef zu arbeiten. Es ist klar, daß solche Menschen *Maxwell* eher nachgaben und sich ihm willig zur Verfügung stellten. Im Gegenteil, Führungskräfte, die nicht bereit waren, klein beizugeben, und sich ihm in den Weg stellten, wurden schnell an die Seite gedrückt oder hinausgeworfen. Zwischenzeitlich wendeten die Speichellecker weiter unten die gleichen Methoden an. Natürlich trug dies zu einem Angstklima im Unternehmen bei.

Es überrascht nicht, daß viele von *Maxwells* fähigsten Führungskräften gingen – vor allem aus den erworbenen Unternehmen, in denen niemand wußte, was *Maxwell* unter Führung verstand. Jedoch viele, die blieben, haben sich in dieser Kultur sicherlich recht wohl gefühlt und fanden mit der Zeit *Maxwells* Verhalten völlig normal.

Wer sich dazu entschließt, in einem solchen Unternehmen zu bleiben, kann leicht in einen ungewöhnlichen Gruppenzwang geraten, den ich früher bereits als »Folie à deux« beschrieben habe. Folie à deux gipfelt darin, daß eine eingeschworene Gemeinschaft geschaffen wird, in der der Realitätssinn allmählich abhanden kommt und Dinge zur Selbstverständlichkeit werden, die in anderen Unternehmen fragwürdig oder gar irrational wären.

Psychiater nennen diesen seltsamen Prozeß auch »mentale Ansteckung«. Egal wie man so etwas bezeichnen mag, Folie à deux bedeutet, daß zwei oder mehr Menschen sich dem gleichen Wahn hingeben. Dabei ist eine Person gefühlsmäßig so stark an ihr dominantes Gegenüber gekettet, daß sie zum Schaden rationaler Gedanken und Realitätsüberprüfung völlig überwältigt wird.

Führungskräfte wie *Maxwell* schaffen eine Atmosphäre, die einen solchen Wahn fördert. Mitarbeiter geraten in den Sog des Chefs und folgen ihm, egal wie irrational sein Verhalten ist. Seine brüskierende Art, wie sie auch bei *Maxwell* zu beobachten war, kann zu Regression und Hilflosigkeit führen und damit diese ungesunde Beziehung stärken. Das Horten von Informationen, Geheimniskrämerei, Bevorzugung und willkürliche Unternehmenspolitik tragen außerdem zu dieser Abwärtsspirale bei. Da sich solche Leute zunehmend machtlos und verwundbar fühlen, klammern sie sich paradoxerweise an den Aggressor, den sie auch als ihren Beschützer sehen.

Viele Menschen aus *Maxwells* Umgebung waren offenbar bereit, die Realität und jegliche rationale Entscheidungsfindung für die »Belohnung« zu opfern, von ihm akzeptiert zu werden. Es hat den Anschein, als hätten sie alles getan, um seiner Gnade würdig zu sein und ihre Bindung an ihn zu bewahren.

Diese besondere Arbeitsbeziehung – Aggressor und williges Gefolge – ist uns vielleicht unverständlich, so wie vieles andere uns bei zunächst nur oberflächlicher Betrachtung unlogisch erscheint. Es ist sicherlich schwer zu verstehen, warum ein Mensch bereitwillig Leid erträgt, nur um von dem Menschen Aufmerksamkeit zu bekommen, der ihm Schmerz bereitet.

Solche Menschen können oft nur schwer genießen. Wie schon erwähnt, besitzen sie stark masochistische Züge. Sie zeigen auffallend wenig Befriedigung – weder wenn sie etwas Großes erreicht haben noch bei den kleinen schönen Dingen des Lebens. Fast scheint es, als suchten diese Menschen (ob bewußt oder unbewußt) Schmerzzustände; offenbar möchten sie leiden und neigen zu selbstzerstörerischem Verhalten. Als fehle ihnen das Bewußtsein für ihre eigene Macht und Initiativkraft, geben sie immer wieder die Kontrolle über ihr Leben an andere ab, in der Hoffnung, daß diese sie für ihre Mängel entschädigen.

Paradoxerweise scheinen diese Menschen zu genießen, was mit ihnen geschieht. Nicht, daß sie ihren Genuß *zeigen* würden, um Gottes willen! Sie neigen eher zur Resignation. Ihr Verhalten läßt sich am besten als Teufelskreis einer schädlichen Liebe beschreiben. Als sei die erdrückende Gegenwart eines anderen nötig, um sich lebendig und ganz zu fühlen.

Es hat den Anschein, als gefalle es diesen Menschen, wenn sie vernachlässigt, bestraft oder mit Schuldgefühlen beladen werden. Ihrer Ansicht nach können sie die Aufmerksamkeit eines anderen Menschen nur durch Selbstverleugnung, Unterwerfung und Leiden erlangen. Also opfern sie sich offensichtlich unfreiwillig. Bei näherer Betrachtung zeigt sich aber, daß sie *aktiv* Menschen und Situationen suchen, von denen sie schon vorhersagen können, daß sie dabei enttäuscht werden, versagen oder mißhandelt werden (obwohl das nicht bewußt ablaufen muß). Oft erweckt es den Eindruck, als wiesen sie jede Hilfe ab oder kehrten sie bewußt ins Gegenteil. Statt dessen fühlen sie sich von Menschen angezogen, die einerseits bestrafen, sie andererseits aber für ihr Verhalten loben.

Die Beziehung zu ihren Mitmenschen ist geprägt von Ehrerbietung, Unterwürfigkeit und Kriecherei. Sie schmeicheln sich gern ein. Dagegen sind Aufmerksamkeit und Hilfe höchst unwillkommen. Erwartungsgemäß lädt solches Verhalten geradezu zu Ausbeutung und Mißbrauch ein.

Sie scheinen es auch zu genießen, ihr Licht unter den Scheffel zu stellen. Sie fordern ihre Verurteilung geradezu heraus, indem sie ungerechtfertigt Tadel und Kritik einstecken. Auch lassen sie sich gern über ihre übelsten Eigenschaften aus. Angebote, die Freude bringen, werden ausgeschlagen. Und natürlich können sie nur schwer zugeben, daß es auch so etwas wie Spaß gibt. Sich zu vergnügen oder Hilfe anzunehmen ist für diese Menschen schwierig. Außerdem tun sie sich mit Lob schwer. Tatsächlich wird Lob, so selten er ihnen zuteil wird, mit Mißtrauen aufgenommen. Dieses Mißtrauen ist auch begründet, denn ihr Chef ist ein Drangsalierer, der mit Lob auf Mäusefang geht. Wer ihm auf den Leim geht, bei dem schnappt die Falle zu.

Leider gibt nur der Schmerz diesen Menschen das Gefühl, lebendig zu sein. Damit sie Schmerz (und damit das Leben) spüren, untergraben sie sich immer wieder selbst und suchen negative Reaktionen. Der Drang nach Bestrafung erscheint bei ihnen überwältigend groß. Wie jemand mir einmal sagte: »Ich fühle nur, wenn mir jemand weh tut!«

Im Streit mit dem Chef geben diese Menschen sich selbst die Schuld. Sie werben geradezu um ungerechtfertigte Kritik und unverdienten Tadel. Sie scheinen unfähig zu realisieren, daß auch die andere Partei schuld haben könnte. Sie gehen sogar so weit, daß sie für die Gemeinheiten ihres Chefs noch Entschuldigungen finden. Als ob sie jedesmal, wenn *Dschingis-Khan* wieder zum Schlag ausholt, sagten: »Der Ärmste, er weiß ja gar nicht, was er tut.« Angesichts dieses Denkmusters kann man solchen Menschen nur sehr schwer vor Augen führen, was ihnen angetan wird. Sie haben große Probleme, der Wahrheit ins Gesicht zu sehen.

Für diese Märtyrer der Geschäftswelt wird Leiden zur beliebtesten Form der zwischenmenschlichen Auseinandersetzung. Für sie ist eine schmerzhafte Beziehung immer noch besser als gar keine. Einsamkeit und verlassen werden ist noch viel schlimmer. Bei dem Gedanken, allein zurückzubleiben, fürchten sie sich zu Tode. Der Schmerz, den sie in der Beziehung erfahren, ist dem Schmerz vorzuziehen, den sie erführen, ginge die Beziehung zu Ende. Selbstaufopferung und Demütigung sind hierbei Mittel, um dem anderen nahe zu sein.

Paradoxerweise langweilen sich diese Menschen oder verabscheuen es, wenn sie anständig behandelt werden.

Man sollte jedoch bedenken, daß, auch wenn diese Menschen nach außen hin nett sind, sich selbst ablehnen und sich aufopfern, doch innerlich eigenwillig, ambivalent, herausfordernd und ärgerlich über ihre Beziehung sind. Doch in der Regel sind sie sich dessen nicht bewußt. Jede stärkere negative Reaktion bleibt unbewußt. Wenn man ihnen vor Augen führt, was so ein Drangsalierer ihnen antut, fällt es ihnen sehr schwer, ihren Zorn zu akzeptieren. Trotz aller unwürdiger Behandlung ignorieren sie lieber, was mit ihnen geschieht.

Ihre Lieblingsrolle im Unternehmen ist die des netten Helfers, die sie zum idealen Opfer eines *Dschingis-Khans* macht. Doch in ihrem tiefsten Innern mag diese Rolle Ausdruck ihres Wunsches sein, selbst so versorgt zu werden, wie sie andere versorgen, und ist somit eine Ersatzbefriedigung. Und tatsächlich ist ihr Lieblingsverhalten, andere um etwas zu bitten. Im Geben haben sie das Gefühl, Herr der Situation zu sein. Gestehen sie sich dagegen ihr Bedürfnis nach Abhängigkeit ein und zeigen offen, fühlen sie sich verletzbar. Abgesehen davon, sind sie zutiefst davon überzeugt, daß sie nur für das, was sie tun, geliebt werden und nicht einfach so, wie sie sind.

Wie kommt es überhaupt zu solchem Verhalten? Warum entwickeln Menschen derartige zerstörerische Züge? Wo haben sie so etwas gelernt? Wer hat sie beeinflußt? Auch dazu müssen wir wieder in die Kindheit zurückgehen.

In der Regel wuchsen diese Märtyrer in einer sehr unberechenbaren Umgebung auf, in der das inkonsequente Verhalten der Eltern und ihr Unverständnis gegenüber dem Kind für eine verwirrte emotionale Bindung sorgte. »Tu, was ich sage; nicht, was ich tue« ist in solchen Familien die oberste Maxime. Dazu kommt, daß die Eltern sehr dominant, überstreng und sehr neugierig sind und dem Kind nicht den nötigen emotionalen Freiraum geben. Rationales Denken und Selbstbeherrschung sind ihre Tugenden. Für ein und dasselbe Verhalten wird das Kind einmal gelobt, dann wieder getadelt. In ähnlicher Weise klammern sie an ihren Kindern, während sie sie gleichzeitig schlagen. Das führt zu großer Verwirrung in der Kinderseele. Es weiß nicht mehr, wie es sich richtig verhalten soll.

Die Eltern solcher masochistischen Menschen sind sehr mit sich selbst beschäftigt. Ihre Reaktion auf die Bedürfnisse ihrer Kinder entspricht eher ihren eigenen Bedürfnissen und Anforderungen als denen des heranwachsenden Kindes. Solche Eltern sind extrem unsensibel und mit Sicherheit nicht in der Lage, ihre Kinder zu lebenstüchtigen Erwachsenen zu erziehen. Sie richten großen Schaden an, weil sie ihre Kinder dazu mißbrauchen, ihre eigenen Bedürfnisse zu befriedigen, und das zu einer Zeit, in der diese sehr verwundbar sind. Die Kinder werden schnell überfordert und fühlen sich ausgenutzt, doch ihre Eltern geben sich nie zufrieden; was immer ihr Kind tut, es ist nie genug. Das Ergebnis einer solchen Fehlerziehung ist eine ängstliche Bindung. Es scheint nie zu einer angemessenen Trennung und Individuation zu kommen, die wichtig ist für ein späteres autonomes »Funktionieren«.

Die Situation verschlimmert sich womöglich durch ein sadomasochistisches Element in der Ehe der Eltern, in der die Frau oft die Opfer- und der Mann die Aggressorrolle übernimmt. Solch ein Ehevorbild, das dem beeindruckbaren Kind vorgelebt wird, lädt zur Nachahmung ein, denn schließlich hält das Kind eine solche Beziehung für normal. Die Wahrscheinlichkeit ist groß, daß ein Kind sich mit einem sich abnormal verhaltenden Elternteil identifiziert und es in der Folge imitiert. Doch Kinder versuchen sich immer ein gutes Bild von ihren Eltern zu machen, und so schreiben sie jedes Problem in der Beziehung ihrer Eltern sich selbst zu. Sie verleugnen, daß ihre Eltern vielleicht selbst etwas mit den Problemen in ihrer Beziehung zu tun haben. Eine solche Möglichkeit kann ein ohnehin zerbrechliches Selbstbild zerstören. Es könnte (so denken Kinder zumindest) dazu führen, was jedes Kind am meisten fürchtet: verlassen zu werden. So ist schmerzhafte Nähe besser als Trennung. Mit diesen verwirrenden Gedanken konfrontiert, ist der erste Gedanke eines Kindes immer, daß die Schuld bei *ihm* liegt (ganz unabhängig davon, wer das Problem nun tatsächlich verursacht hat).

In diesem Kontext müssen wir uns auch die schwache Position eines Kindes in der Familie vergegenwärtigen: Es ist vollkommen abhängig von seinen Eltern. Als Abhängige reagieren sie aktiv auf die Stichworte der Eltern. Die Eltern, mit denen wir es hier zu tun haben, geben verzerrte Stichworte, die später großes Leid verursachen. Um diese Dynamik zu verstehen, sollten wir uns vor Augen halten, daß Kinder, die in gestörten Familien aufwachsen, fehlangepaßte Reaktionen zeigen. Warum? Weil die Belohnung für eine fehlangepaßte Reaktion sofort erfolgt, während der Schaden erst mit einiger Verspätung offensichtlich wird.

Experimente zeigen, daß die unmittelbare Befriedigung eines Bedürfnisses nachhaltiger wirkt als aufgeschobener Schmerz – selbst wenn der langfristige Schmerz viel größer ist als die kurzfristige Befriedigung. Ein weiterer Faktor bei der Ausbildung dieses Verhaltens ist die Meisterschaft der Eltern im Verleugnung, Verdrängung, in Reaktionsbildung, Projektion und Rationalisierung. Diese Eltern haben eine besondere Gabe, ihre Schuld nach außen zu kehren und einen Sündenbock für alles zu finden, was sie falsch gemacht haben, um sich auf eine Weise selbst freizusprechen. Unter diesem Einfluß ist von den Kindern, die eigentlich »Märtyrer in Ausbildung« sind, nichts anderes zu erwarten, als daß sie dazu neigen, sich für eingebildete und reale Vergehen die Schuld zu zuschreiben. Sie lernen schnell, daß sie so die Gunst ihrer Eltern erhalten. Die Eltern machen sich aber über die Schmerzen, die sie damit ihrem heranwachsenden Kind langfristig zufügen, keine Gedanken und sehen die verheerende Wirkung nicht.

Der so geprägte Mensch muß seinen permanenten Wunsch nach Befriedung des Aggressors mit dem Verlust einer ausgeglichenen Persönlichkeit bezahlen. Solche Menschen haben das Gleichgewicht zwischen dominant und unterwürfig verloren. Mit solch einer Sklavenmentalität reagieren sie in zwischenmenschlichen Beziehungen unangemessen. Weil sie als Kinder die Schuld ihrer Eltern vehement leugneten und weil ihre Eltern Meister darin waren, die Schuld anderen in die Schuhe zu schieben, entwickelt sich ein Rollenverhalten, das in der Herr-Sklaven-Beziehung seine Ergänzung sucht – ein Beziehungsmuster, das sich im Erwachsenenleben wiederholt.

Angesichts dieser Erziehung ist es keine Überraschung, daß die Kinder später weiterhin Menschen lieben, die ihnen nichts zurückgeben können. Sie picken sich die *Dschingis-Khans* dieser Welt heraus und glauben, daß diese Ausbeuter – so unangenehm sie sind – nichts Böses tun können. Diese erwachsenen Märtyrer werden von dem Wunsch getrieben, ihren verwundeten Selbstwert zu heilen, indem sie ihre kritischen und ablehnenden Eltern (jetzt in der Rolle des Unternehmenstyrannen) dazu bringen wollen, sie zu lieben und anzunehmen. Der Wiederholungszwang ist ungeheuer groß. Sie erwarten, daß sie durch diesen Tyrannen die Nähe erfahren, die sie als Kinder nie erlebten. Dieses innere Drehbuch, das Schmerz und Unterwerfung vorschreibt (und das ihnen zu einem frühen Zeitpunkt auferlegt wurde), erklärt weitgehend, warum Menschen sich zu denen hingezogen fühlen, die sie mißhandeln. Ihr inneres Theater wird jetzt auf öffentlicher Bühne ausgetragen.

Dazu gehört auch, daß die Aggression, die sich gegen den Aggressor richtet, unterdrückt wird. Das Verhalten eines erwachsenen Märtyrers läßt sich mit einem Hund vergleichen, der besser gehorcht, wenn er erst einmal geschlagen wurde. Bestrafung wird attraktiv, um die eigenen Aggressionen im Zaum zu halten. Außerdem verschaffen sich die Märtyrer die Illusion, Kontrolle über den Aggressor zu haben, weil sie ihn zur Bestrafung provozieren können. Aufgrund ihrer Geschichte zieht es diese Menschen vor allem zu narzißtischen Menschen – eine zentrale Eigenschaft von Tyrannen in Führungsposition. Sie erkennen in diesen narzißtischen Despoten das, was ihnen immer gefehlt hat. Wenn sie sich nur genügend anbiedern (so glauben sie), werden sie schließlich das erhalten, was sie immer gesucht haben. Mit einem *Dschingis-Khan* wollen sie jetzt ihre unbefriedigende Elternbeziehung noch einmal durchleben und so heilen.

Dieses Verhalten erfüllt zweierlei Funktion. Es verschafft nicht nur die Illusion von Macht (per Identifikation), sondern damit lassen sich auch die unterdrückten Aggressionen des Opfers befriedigen, sozusagen als »stellvertretende« Aggression.

Jetzt, da wir verstehen, welche Art Vergnügen diese Märtyrer aus ihrem Verhalten ziehen – was können wir ihnen raten? Sollten wir sie einfach gewähren lassen? Schließlich erfüllen sie eine Aufgabe, auch wenn diese ihnen schadet. Sie sind das ideale Publikum für die Tyrannen dieser Welt. Sie ergänzen sich perfekt, und alle sind zufrieden: Herren brauchen Sklaven, und Sklaven brauchen Herren.

Doch sorgt diese Beziehungsstruktur wirklich für ein effektiv funktionierendes Unternehmen? Welchen Einfluß hat sie auf die Unternehmenskultur? Können solche Verbindungen tatsächlich die Leistung steigern? Darüber bestehen echte Zweifel. Rüpelhaftigkeit und Unterwürfigkeit zählen nicht zu den Schlüsseleigenschaften erfolgreicher Führung. Die *Fortune*-Liste der härtesten Chefs ist nicht die »Ruhmeshalle«, in der man sich gern verewigt sehen würde. Außerdem hat die Geschichte dieser Leute meist kein Happy-End. Unternehmerische Höchstleistung erfordert etwas anderes als »Schleiferqualitäten«. Es erfordert die Fähigkeit, anderen zu vertrauen, ihnen Autonomie zu verleihen sowie Raum zu schaffen für Diskussion, Toleranz für Fehler und Mut zu Risiken, die sich lohnen. Rüpelhaftigkeit senkt die Effektivität anderer Menschen. Gleiches gilt für Unterwürfigkeit. Beides – glauben Sie mir – läuft Spitzenleistung diametral entgegen!

Ein Unternehmen führen bedeutet, den Menschen ihr Bestes zu entlocken. Unter bestimmten Umständen kann Rücksichtslosigkeit zwar schneller Ergebnisse zeitigen als Höflichkeit, aber gewöhnlich nur kurzfristig. Und schließlich – was für ein Erbe haben Menschen wie *Maxwell* hinterlassen?

Wo stehen *Sie* nun? Paßt dieses Profil zu Ihnen? Gehören Sie zu denen, die ständig von anderen ausgenutzt werden? Wenn ja, dann ist es höchste Zeit, daß Sie Ihre Tasche packen. Um Ihrer geistigen Gesundheit willen sollten Sie schleunigst andere Verhaltensmuster ausprobieren. Wahrscheinlich ist das ohne Hilfe kaum möglich, also suchen Sie sich jemanden, der Ihnen hilft. Ich bin mir darüber bewußt, daß solch eine grundlegende Veränderung nicht einfach ist, aber sie ist möglich. Der größte Anreiz dafür ist ein glücklicheres Leben am Ende.

In Bagdad kursiert (leise) folgender Witz über *Saddam Hussein*, einem Führer, von dem auch *Dschingis-Khan* noch einiges lernen könnte. Er lautet folgendermaßen: *Saddam Hussein* will herausfinden, wie weit er bei seinen Untertanen gehen kann. Zuerst erklärt er, daß von jetzt ab jeder Iraker sechzehn Stunden pro Tag arbeiten muß. Niemand protestiert. Die Leute tun, wie ihnen geheißen. Sein nächstes Dekret lautet, daß alle nur noch die Hälfte ihres bisherigen Lohnes erhalten. Noch immer gehorchen die Leute. Der Diktator ist über das Stillhalten seiner Bürger sehr erstaunt und beschließt, noch einen Schritt weiter zu gehen. Jetzt diktiert er, daß auf allen Brücken Bagdads Soldaten postiert werden, welche den ausdrücklichen Befehl haben, jedem Bürger, der die Brücke überquert, einen Peitschenhieb zu verabreichen. Schließlich bekommt er eine Reaktion. Ein Bürgerkomitee bittet um ein Treffen. »Großer Führer«, sagen sie, »durch die Peitschenhiebe kommen wir zu spät zur Arbeit. Wäre es möglich, mehr Soldaten zu postieren, damit es schneller geht?«

Der Gangster *Al Capone* sagte einmal, daß man mit einer Pistole und einem Lächeln viel weiter komme als mit einem Lächeln allein. Wollen Sie ständig in einen Pistolenlauf schauen? Ich hoffe nicht.

18 Wenn Führer aus dem Ruder laufen

Narzißmus und Selbstüberschätzung

Ich sehe Köpfe vor meinen Augen, die reif sind für mein Schwert.
Und ich sehe Blut glänzen zwischen Turbanen und Bärten.[28]
Al-Hadjadj bin Yuuf al-Thaqafi
Gouverneur von Kufa und Basra (Irak)

Es gibt Führungspersonen, deren Verhalten ist schon nicht mehr anormal. Es ist regelrecht verrückt. Gelegentlich kommt so etwas auch im Geschäftsleben vor, aber in der Politik, wo es vielleicht mehr Möglichkeiten zum Exzeß gibt, nimmt es dramatischere Formen an.

Iraks Diktator *Saddam Hussein* zum Beispiel ist solch ein exzessiver Führer. Daß er Führungsgabe besitzt, steht außer Frage: Er hat Charisma, Energie und die Fähigkeit, seine Gefolgsleute zu begeistern. Doch als er im August 1990 Kuwait überfiel, war er einen Schritt zu weit gegangen, der dann 1991 zum Golfkrieg führte, in dem sich der Irak der geballten alliierten Opposition unter Führung der USA gegenübersah. *Saddam Husseins* Rolle als unmittelbarer Auslöser der Golfkrise stellte viele Leute vor die Frage, was für ein Mann dieser Kriegstreiber ist.

Manche politischen Analytiker sagen, daß er schlicht verrückt geworden und nicht länger im Besitz seiner Sinne sei. Andere lehnen dies ab. Sie argumentieren, daß er lediglich nach ganz anderen Regeln handle als westliche Köpfe. Beide könnten recht haben.

Was immer auch richtig sein mag, so bringt uns *Saddam Hussein* doch zu der interessanten Frage, was eine Führungsperson dazu veranlaßt zu entgleisen. Was läuft psychologisch in ihr ab, wenn sie plötzlich seltsam wird? Worin liegen die hauptsächlichen Gründe dafür, wenn ein Führer die Grenze überschreitet? Wie nimmt sie ihren Anfang, und wo vollzieht sich eine solche Entwicklung?

Im Scherz gesagt, das Rezept für Verrücktheit ist relativ einfach. Zuerst und am wichtigsten: Man muß früh im Leben damit anfangen (je früher, um so besser). Kinderpsychologen verweisen auf die ersten drei Lebensjahre als die wichtigsten in der Entwicklung des Kindes. In diesen Jahren werden die zentralen Verhaltensmuster geformt; in dieser Zeit werden wir eine Person, die sich ihres Körpers, Namens, Geistes und ihrer persönlichen Geschichte bewußt wird. Wie wir in Kapitel siebzehn gesehen haben, wird in dieser Zeit der Grundstein für die Person gelegt, die wir wahrscheinlich unser ganzes Leben über bleiben.

»Narzißtische Entwicklung« ist der klinische Begriff für einflußreiche Veränderungen, die in diesen ersten Lebensjahren stattfinden. Narzißmus ist der Motor, der den Menschen antreibt. Und Narzißmus und Führung sind eng miteinander verwoben.

Eine gesunde Portion Narzißmus ist für das Menschsein unabdingbar. Doch die Gefahr der Übertreibung, vor allem bei Führungspersönlichkeiten, gibt dem Begriff einen schlechten Beigeschmack. Wir mögen uns über *Oscar Wildes* Satz, daß »Selbstliebe der Anfang einer lebenslangen Romanze« sei, amüsieren, doch im Grunde assoziieren wir mit dem Wort Narzißmus Egoismus, Egozentrik und übertriebene Selbstliebe. Wer will schließlich mit dem unglücklichen jungen Mann, dem Narziß aus der griechischen Mythologie, verglichen werden, der sich in sein eigenes Spiegelbild verliebte und seither nach dem Tod schmachtete?

Narzißmus und Selbstüberschätzung gehen Hand in Hand, und die Selbstüberschätzung von Führern ist allzu bekannt. Die Ruhmesgöttin ist eine große Versuchung, aber die Suche nach Ruhm kann seltsamerweise in die Selbstzerstörung führen. Oft ist der narzißtische Drang so groß, daß die *Gefahren* des Ruhms nicht beachtet werden. *Napoleon Bonaparte*, der in dieser Sache ein Experte war, sagte einmal: »Der Ruhm ist flüchtig, aber die Bedeutungslosigkeit währt ewig.« Narzißmus (in seiner klinischen Bedeutung) bezieht sich auf ein Stadium der frühkindlichen Entwicklung, in dem das

Kind Vergnügen an seinem Körper und seinen Funktionen zu empfinden beginnt. Mit dieser Phase muß sehr sensibel umgegangen werden. So wie das Kind hier behandelt wird, so wird es mit der Welt umgehen.

Wieder einmal ist an dieser Stelle die Rolle der Eltern sehr wichtig. Haben sie dem Kind Bestätigung gegeben, und waren sie konsequent? Oder waren die Familienverhältnisse im Gegenteil so, daß das Kind unter Liebesentzug litt? Die Schlüsselfrage lautet, ob das Kind genügend narzißtische Unterstützung erhielt. Wurde mit dem Aufbau stabiler Beziehungen eine solide Grundlage für ein positives Selbstbild und Unternehmungsgeist gelegt? Konnte das Kind ein gesundes Selbstvertrauen entwickeln?

Angesichts des menschlichen Bedürfnisses nach narzißtischer Unterstützung überrascht es nicht, daß eine unterstützende Mutter dabei eine große Hilfe ist. In meinen Gesprächen mit vielen erfolgreichen Führungspersönlichkeiten stach immer wieder eine Tatsache hervor, nämlich daß sie eine privilegierte Beziehung zu ihrer Mutter hatten. So liegt viel Wahrheit in *Freuds* berühmt gewordener Aussage, daß ein Kind, welches der Liebling der Mutter war, in seinem ganzen Leben ein Triumphgefühl und ein Vertrauen in den Erfolg bewahren werde, das nicht selten wirklichen Erfolg mit sich bringe.

Natürlich bedeutet das nicht, daß es nicht auch wichtig ist, einen unterstützenden Vater zu haben, aber seine Gegenwart ist nicht so wichtig wie die der Mutter. *Napoleon* hat zwar vielleicht übertrieben, als er gesagt haben soll: »Die Zukunft eines Kindes ist immer das Werk der Mutter«, doch in gewissem Sinne ist es so, daß die Hand, die die Wiege schaukelt, die Welt regiert!

Leider ist kein Elternteil perfekt. Und die Entwicklung zu einer Persönlichkeit ist gar nicht so einfach, wie es das Leben im Uterus war, als jegliche Versorgung automatisch erfolgte. Erwachsen werden bedeutet auch viele unvermeidbare Frustrationen durchleben. In einer normalen Entwicklung halten sich diese Frustrationen dabei in einem verträglichen Rahmen.

Um mit den Defiziten der elterlichen Fürsorge klarzukommen und um diese Frustrationen abzuwehren, bewahren sich Kinder gern ihren urprünglichen Eindruck von einer perfekten und wundervollen Welt, indem sie sich ein großartiges und exhibitionistisches Bild ihrer selbst und ein allmächtiges, idealisiertes Bild ihrer Eltern schaffen (welche in die Rolle der Retter und Beschützer schlüpfen). In der Psychoanalyse werden diese beiden narzißtischen Gestalten das »grandiose Selbst« und das »idealisierte Elternbild« genannt. Mit der Zeit und wenn Kinder das erhalten, was wir »ausreichende« Fürsorge nennen, werden diese Gestalten, die das bipolare Selbst ausmachen, von der Realität gezähmt. Eltern, Geschwister und andere Bezugspersonen modifizieren das exhibitionistische Zurschaustellen des Kindes und kanalisieren die grandiosen Phantasien von Macht und Ruhm in die richtige Richtung, legen somit das Fundament für realistische Ambitionen, stabile Werte, klare Berufsinteressen und ein sicheres Selbstwertgefühl sowie eine eindeutige Identität. Doch nicht jeder Mensch hat das Glück einer soliden Elternbindung, in der die Eltern die Individualität des Kindes anerkennen und in welcher das Kind altersgerechten Frustrationen ausgesetzt wird. Beim Heranwachsen kann vieles schiefgehen. Andauernde Enttäuschung über elterliche Über- oder Unterforderung oder Inkonsequenz und Willkür beeinträchtigt die narzißtische Natur. Und wenn noch Gewalt und Mißhandlung dazukommen, ist die Bühne für ein böses inneres Theater bereitet. Menschen, die im Rampenlicht stehen, werden dieses innere Theater später auf der Weltbühne ausleben.

Der Cartoonist *Matt Groening* zeichnete einmal ein sehr treffendes, aber leider auch sehr trauriges Cartoon. Es stellt ein sehr unglückliches, monströses Kind dar, das angebunden in einer Zelle sitzt. Die Augen sind auf das Fenster in der Zellentür gerichtet, und darunter steht: »Ich hoffe, ihr merkt, daß ihr uns das Herz brecht.« Diese Zeichnung, die die widersprüchlichen Signale darstellt, die von Eltern ausgehen können, zeigt, welche Art von Erziehung eine kranke Persönlichkeit hervorbringt.

Wenn eine ausreichende Fürsorge fehlt, wenn das Kind unangemessenen Frustrationen ausgesetzt ist, dann erlebt es diese wichtige Lebensphase als Entbehrung. Die enge Bindung zur Mutter kann auch einen hohen Preis haben. Manche Mütter – wie wir es bereits im Fall eines arbeitssüchtigen Menschen gesehen haben – überschwemmen das Kind mit einer Woge schlechten Gewissens, mit dem Ergebnis, daß das Kind (und später der Erwachsene) nie das Gefühl hat, gut genug zu sein. Andere Mütter verlangen Unmögliches von ihren Kindern, indem sie davon ausgehen, daß das Kind sich für alles, was ihnen angetan wurde, rächen werde. Wieder andere übertreten die Grenze zwischen Unterstützung und Ersticken und versäumen es, dem Kind genügend Freiraum zu lassen.

Kinder, die so aufwachsen, glauben schließlich, daß sie sich auf die Liebe oder Loyalität eines Menschen nicht wirklich verlassen können. Entsprechend verhalten sie sich als Erwachsene. Diese Menschen leiden trotz ihrer Beteuerung, selbständig zu sein, innerlich an Liebesentzug, Zorn und Leere. Um mit diesen Gefühlen fertig zu werden und um ihre Unsicherheit zu verstecken, verwandeln sie ihre narzißtischen Bedürfnisse und Obsessionen. Solche Menschen sind fixiert auf Macht, Schönheit, Prestige, gesellschaftlichen Status und Überlegenheit. Ständig sind sie darum bemüht, andere dazu zu bringen, ihr wackliges Selbstwertgefühl zu stärken. Andere wiederum geben sich ihrer Rache hin für die Verletzungen, die sie (real oder eingebildet) als Kind erfuhren.

Meine klinische Arbeit mit Führungskräften hat gezeigt, daß ein hoher Prozentsatz von ihnen aus negativen Motiven heraus zu dem geworden ist, was sie sind. Ihr Leid als Kind läßt sie jetzt ausziehen, um es der Welt zu zeigen. Viele von ihnen leiden am sogenannten »Graf-von-Monte-Christo-Komplex« (nach dem gleichnamigen Roman von *Alexandre Dumas*) und gehen sogar noch weiter: Ihr Bedürfnis nach Wiedergutmachung bezieht sich auf die Fehler, die man in früher Kindheit an ihnen begangen hat. Der französische Modeschöpfer *Pierre Cardin* gleicht dieser Figur. Als Italiener, der in Frankreich aufwuchs, wurde er von den Kindern gehänselt und »Makkaroni« gerufen. *Cardins* Familie hatte im Krieg ihren ganzen Besitz verloren, was für den Vater sehr schlimm war. Er wechselte von einer Arbeit in die andere, was zur instabilen Situation der Familie beitrug. Der junge *Cardin* wurde trotz der Unruhe um ihn herum von der starken Unterstützung seiner Mutter in der Bahn gehalten. Doch es läßt sich annehmen, daß diese Erfahrung bei *Cardin* den Wunsch weckte, es seinen Quälern heimzuzahlen und der Rächer der Familie zu werden. Was ihm zweifelsohne gelang. Vielleicht weil die Menschen ihn und seine Familie verachtet hatten, wurde er ein Experte für das Gleichmachen. Er demokratisierte die Mode und machte die Haute Couture der allgemeinen Öffentlichkeit zugänglich. Zur Zeit belaufen sich seine Umsatzzahlen auf über eine Milliarde Dollar. Fast 200 000 Menschen arbeiten für den Namen *Pierre Cardin* in mehr als 840 Lizenzunternehmen in 125 Ländern. Er hat sein Etikett auf alles mögliche geklebt. Sogar der französischen Aristokratie erteilte er einen Rüffel, indem er das berühmte Restaurant *Maxim* kaufte, ihre einstige »Lieblingstränke«.[29] Jetzt ist das *Maxim* demokratisiert, und man kann dort mit Verkäufern aus Cleveland essen gehen.

Wie das Beispiel *Pierre Cardins* zeigt, ist Narzißmus nicht unbedingt etwas Schlechtes, im Gegenteil: Er kann zu großem Erfolg führen. Für Menschen in Führungspositionen ist eine gesunde Portion Narzißmus wichtig. Narzißmus ist ein Motor, der zur Teilnahme am öffentlichen und politischen Leben motiviert. Diese konstruktive Form von Narzißmus, die auf einem gesunden Selbstwertgefühl, einer sicheren Identität und einem klaren Selbstverständnis basiert, macht einen großen Teil einer Führungsperson aus.

Diese Menschen haben außerdem die Gabe, in sich zu gehen. Zudem strahlen sie gesunde Vitalität aus und zeigen Empathie. Das ist das genaue Gegenteil vom gestörten oder »reaktiven« Narziß, der beständig damit beschäftigt ist, sein mangelndes Selbstwertgefühl aufzubessern und mit Neid, Verachtung und Rachegefühlen schale Triumphe zu erringen versucht. Diese Menschen hatten mit hoher Wahrscheinlichkeit inkonsequente und sich sehr widersprüchlich verhaltende Eltern. Doch an dieser Stelle muß in bezug auf reaktiven Narzißmus darauf verwiesen werden, daß es Menschen solcher Prägung gibt, die sehr wohl in der Lage sind, diesen Drang nach Wiedergutmachung zu überwinden. Sie lassen sich auch als »konstruktive Narzißten« bezeichnen. Weil sie anderen ihre eigenen schlechten Erfahrungen ersparen möchten, verzichten sie auf Rache und heilen ihre alten Wunden durch Hilfsbereitschaft.

Wie können wir also den dysfunktionalen reaktiven Narzißten erkennen? Sehen wir uns einige Indikatoren an. Zuerst einmal fühlen sich solche Menschen in der Regel überaus wichtig. Sie nutzen andere gewohnheitsmäßig aus, um ihre Ziele zu erreichen, und leben in der Illusion, daß sie etwas Besonderes und ihre Probleme einmalig sind. Außerdem meinen sie, daß sie besondere Behandlung verdienen und die allgemeinen Spielregeln für sie nicht gelten. Sie sind süchtig nach Komplimenten, wovon sie nie genug bekommen können. Ihr fehlendes Mitgefühl macht sie unfähig nachzuempfinden, wie andere sich fühlen. Und schließlich sind sie neidisch; und ihre Wut, wenn sie nicht bekommen, was sie wollen, kann furchtbar sein.

Die Ausformung zur Führungspersönlichkeit erfordert oft eine längere Zeit der Unterordnung und erzwungener Anpassung. Hier muß der Mensch lernen, seinen ansonsten blinden Ehrgeiz zu zügeln und zielgerichtet einzusetzen. Das ist für Menschen mit dysfunktionalem narzißtischen Verhalten sehr schwierig. Wenn sie Erfolg haben wollen, müssen sie ihre wahre Natur unter Umständen längere Zeit verstecken und gekonnt schauspielern können.

Nehmen wir an, solcherart echter oder gespielter Charme zahle sich aus und die Führungskraft erreicht schließlich die Unternehmensspitze. Was dann?

Die meisten erkennen dann zu ihrem Leidwesen, daß an der Spitze kein Bett aus Rosen auf sie wartet. Mit den Annehmlichkeiten und Vergünstigungen geht auch jede Menge Druck und die Einsamkeit des Oberkommandierenden einher. In dem Augenblick, in dem man so ein Leithammel wird, geht das Netz alter Beziehungen in die Brüche.

Alles, was man jetzt tut, hat auch Symbolkraft. Führungskräfte treffen Entscheidungen, die in das Leben anderer Menschen eingreifen. Folglich können sie mit alten Kollegen nicht mehr die gleiche Beziehung pflegen wie früher. Ob es einer neuen Führungskraft gefällt oder nicht, nun muß eine gewisse Distanz gewahrt werden. Doch das ist nicht immer leicht, denn schließlich haben auch Führungskräfte das Bedürfnis nach Abhängigkeit. Doch wer kümmert sich hierum? Diese Frage kann zu beträchtlicher Spannung und Frustration führen.

Dann gibt es noch das Problem mit dem Neid. Viele Menschen schauen sich die Macht- und Statussymbole an, die mit Führung Hand in Hand gehen, und werden neidisch. Der Neid anderer kann dabei in einer Führungskraft schlummernde Paranoia wecken. Bei

Paranoia gehen eingebildete Größe und Verfolgungswahn Hand in Hand. Es besteht die – zuweilen nicht unbegründete – Angst, daß die anderen versuchen, der Führungskraft das so hart Erarbeitete wegzunehmen. Angst vor Machtverlust führt zu Schwäche, und die Führungskraft bekommt Angst vor dem Erfolg. Auch Depression und Lähmung angesichts der Anforderungen, Entscheidungen zu treffen, können die Folge sein.

Andere narzißtische Probleme von Führungskräften haben mit den Mitarbeitern auf den unteren Hierarchieebenen zu tun. Dabei geht es vor allem um Übertragung. Was ich damit meine, möchte ich im folgenden erläutern.

Gehen wir zurück zu dem »grandiosen Selbst« und dem »idealisierten Elternbild« in der Entwicklung der kindlichen Selbstachtung. Da wir alle Erfahrung mit diesen narzißtischen Gestalten haben, tragen wir noch Reste von Gefühlen, die sie erzeugten, mit uns herum. Diese Gefühle werden in der Auseinandersetzung mit einer Autoritätsperson wieder zum Leben erweckt.

Gegenüber einer Autoritätsfigur kann ein Mensch emotional sehr verwirrt werden, was Zeit und Ort angeht. *Freud* nannte dieses Phänomen »falsche Verbindung«. Das bedeutet, daß Untergebene auf die Führungspersönlichkeit nicht der aktuellen Situation angemessen reagieren, sondern sich so verhalten, als sei der Vorgesetzte eine wichtige Figur aus der Vergangenheit (wie etwa ein Elternteil oder eine andere Autoritätsperson). Mit solcher Übertragung verarbeiten wir Informationen und organisieren unsere Erfahrung.

Der Mechanismus ist seltsam, aber dennoch sehr real: Das emotionale Erbe der Vergangenheit veranlaßt Untergebene, ihre ehemaligen Hoffnungen und Phantasien auf die gegenwärtige Führungsperson zu übertragen. Ein sicheres Zeichen dafür, daß eine Übertragung stattfindet, ist eine unangemessene oder überemotionale Reaktion.

Ein typisches Verhaltensmuster bei Untergebenen ist zum Beispiel das Bestreben und die Bereitschaft, der Führungskraft gefallen zu wollen und alles dafür zu tun. Das Bedürfnis zu idealisieren trifft wahrscheinlich auf ein bereitwilliges Objekt, vor allem wenn dieser Mensch eine narzißtische Persönlichkeit hat. Solche Führungsmenschen genießen den Applaus und die Bewunderung. In der Tat kann es so weit führen, daß sie ohne eine solche Fixierung gar nicht mehr funktionieren können. Natürlich kann solche Bewunderung auch viel Energie freisetzen; Idealisieren kann Mitarbeiter auf ein Ziel einschwören und anfeuern. Doch diese Möglichkeit, aus Phantasievorstellungen Realität zu erzeugen, ist eine weitere berauschende Erfahrung an der Spitze. Das Gefühl, etwas Besonderes zu sein, kann einer Führungskraft das Gefühl für die Grenzen adäquaten Verhaltens rauben. So geht sie schließlich davon aus, daß die Regeln zwar für die anderen, jedoch nicht für sie selbst gelten.

Die Geschichte *Jacques Attalis*, dem ehemaligen Präsidenten und Begründer der *European Bank for Reconstruction and Development* (EBRD), zeigt deutlich, was passiert, wenn Narzißmus einem Menschen zu Kopf steigt. Es ist das Beispiel eines Menschen, den die Sirenen des Narzißmus verführten und der alle Regeln des menschlichen Miteinanders mißachtete. So wurde er vom Nobelpreisträger *Elie Wiesel* nicht nur des Plagiats beschuldigt (*Attali* hatte in seinem neuesten Buch eine Reihe von *Wiesels* Gesprächen mit dem französischen Präsidenten *Mitterrand* übernommen und behauptet, diese seien von ihm), er wurde schließlich Opfer seines eigenen Führungsstils.

Attalis Ernennung zum Präsidenten der Bank war von Anfang an umstritten, denn er besaß weder Erfahrung im Bankgewerbe, noch hatte er Ahnung von Verwaltungsabläufen. Doch er galt allgemein als sehr intelligent und politikerfahren. Seine Begeisterungsfähigkeit und die Überzeugungskraft, die es ermöglichten, daß die Bank ins Leben gerufen wurde, legten es nahe, daß er auch ihr Präsident werden sollte. Und laut eines *Economist*-Artikels vom 18. April 1992 war ihm der Auftakt seiner Amtszeit auch durchaus gelungen.

»Die EBRD gibt einen vorsichtigen Einstand, während ihr Chef gute Noten erhält . . . So ließen sich einige Kritiker vom Profil des Präsidenten Jacques Attali überzeugen . . . Weiterhin schmiedete Attali eine unerwartete Zusammenarbeit mit den Eigentümern der Bank, mit 54 Nationen und 2 europäischen Institutionen.«

Doch bald schon war Attali wegen seiner herrischen, arroganten Art in der Bank sehr umstritten. In seiner Aprilausgabe von 1992 schrieb das Journal *Euromoney* zum Beispiel über ihn:

»Trotz Attalis Vision und seiner geistigen Fähigkeiten bestehen doch Zweifel an seiner Tauglichkeit zum Chef einer großen internationalen Bank und seiner Fähigkeit, Menschen zu führen und zu motivieren. Sein Führungsstil besteht darin, soviel wie möglich in seinen Händen zu behalten. Bei der European Bank for Reconstruction and Development bedeuten Verwaltungsstrukturen wenig. Das wahre Machtzentrum ist Attalis Kabinett.«

Sein Name stand bald für extravagante Führung. Das Mandat der *European Bank for Reconstruction and Development,* in den ehemals kommunistischen Ländern Europas die Demokratie und Privatwirtschaft zu fördern, schien bei *Attalis* Suche nach Ruhm nur noch einen Nebenrolle zu spielen. Er pflegte seine Beziehungen zu den Reichen und Schönen und prahlte damit, daß er sich mit zweiundvierzig Staatsoberhäuptern duzte. Er benahm sich so, als gehöre ihm die Bank; und sein protziges Verhalten schlug sich in seinem Führungsstil nieder, der autokratisch und geheimniskrämerisch war. Das führte bald zu politischen Kämpfen unter seinen Mitarbeitern und schuf ein Klima von Angst und Jasagertum. Mit der Zeit wurde mehr Energie auf interne Intrigen verwandt als auf die eigentliche Aufgabe.

Das Drama erreichte seinen Höhepunkt, als die *Financial Times* am 24. Juli 1993 enthüllte, daß die Bank doppelt soviel für die Umgestaltung ihrer Zentrale aufgewendet hatte als für Darlehen für Osteuropa.

Von *Attalis* Büro-Suite wurde gesagt, daß sie einem griechischen Reeder ebenbürtig sei, mit drei Vorzimmern, einem privaten Bad, Spiegeln an den Decken, einem dicken weißen Teppich und einer spektakulären Aussicht über die Stadt. Zudem tauchten Enthüllungen über finanzielle Unregelmäßigkeiten *Attalis* auf, wie etwa doppelte Abrechnungen seiner Reisekosten. Nach Darstellung der *Times* schrieb das Magazin *France-Soir:*

»*Attali, Jacques. Absolvent der École Polytechnique, der School of Mines, Sciences Politiques, der National School of Administration (ENA), Dr. der Volkswirtschaft. Die schönste Sammlung akademischer Titel in der französischen Republik. Ein Kopf, ein Gehirn, eine Denkmaschine ... Jacques Attali. Delirium. Größenwahn.*«

Schließlich hatte der Gouverneursrat der Bank, dem die ständige schlechte Presse peinlich war, es satt und zwang *Attali* zum Rücktritt. Am 16. Juli 1993 veröffentlichte die Bank einen Bericht, in dem Attalis verschwenderische Ausgaben und seine fragwürdige Benutzung von Kreditkarten und Privatflugzeugen verurteilt wurden. An diesem Tag verließ *Attali* die Bank, ohne, wie er ursprünglich vorgehabt hatte, auf seinen Nachfolger zu warten. Außerdem verzichtete er auf mehr als 220 000 Dollar Abfindung gegen das Versprechen, daß in Zukunft keine Schadensersatzforderungen an ihn gestellt würden.

Doch gemessen an den Äußerungen *Attalis* der Presse gegenüber, scheint er aus dieser kurzen Amtszeit bei der *EBRD* nicht viel gelernt zu haben. Er zeigte wenig Reue, wie dies oft bei narzißtischen Menschen der Fall ist. Doch es ist offensichtlich, daß es sein arrogantes und herrisches Verhalten war, das zu seinem Sturz führte.

Wie dieser Fall zeigt, sind Führungskräfte sehr empfänglich dafür, sich in ihrem eigenen Spiegelsaal zu betrachten und nur das zu sehen und zu hören, was ihnen genehm ist. Noch schlimmer, wenn die anderen nicht das tun, was sie sagen – wenn die »Untertanen« nicht bereit sind, ihre verzerrte Sicht von der Welt zu übernehmen –, dann bekommen sie schlechte Laune und wiederholen kindliche Verhaltensmuster. Aufgrund ihres schwachen Selbstwertgefühls verstehen solche narzißtischen Führungspersonen Nichtbefolgung ihrer Anordnungen als direkten Angriff auf ihre Person. Ehemalige Hilflosigkeit und Erniedrigung leben wieder auf und münden in blinde Wut. Doch *jetzt* hat ihre schlechte Laune angesichts ihrer Macht eine ganz andere Wirkung.

Diese kann auf die unmittelbare Umgebung verheerende Auswirkungen besitzen. Die meisten ihrer Mitarbeiter, die zwischen Zuneigung und Angst hin- und hergerissen werden, geben den Forderungen in der Regel nach. Sie werden praktische Sündenböcke, auf die man die Gruppenrache richten kann, wenn es nicht so läuft, wie der Führer sich das vorstellt – schnellgreifbare Opfer, auf die sich alles projezieren läßt, was angst macht und was für eine Systembedrohung gehalten wird.

Solch eine Entwicklung kann ein erschreckendes Ende nehmen. Im Falle eines Unternehmenschefs wie *Robert Maxwell* kann es zur totalen Zerstörung des Unternehmens führen, bei Staatsoberhäuptern wie *Saddam Hussein* ein ganzes Land ruinieren. *Maxwell* und *Hussein* lassen uns über die Worte *George Bernard Shaws* nachdenklich werden, nämlich daß jeder Despot einen unloyalen Untertanen brauche, um nicht gänzlich verrückt zu werden.

Zu guter Letzt

Ein Lob auf ein wenig Verrücktheit

Jeder Mensch ist irgendwo auch geistig gesund.
Robert Louis Stevenson

Wir werden alle verrückt geboren. Einige bleiben es.
Samuel Beckett

Besser mit dem Rest der Welt verrückt als allein weise.
Balthasar Gracian

In allen Aufsätzen dieses Buches ging es immer wieder darum, daß Führungskräfte und Mitarbeiter allzuoft irrational und unlogisch handeln. Was ich hier über Führungsverhalten, dysfunktionale Führung und Unternehmenspathologie – und sogar über alltägliche Dinge wie Schrumpfungsprozeß und kulturübergreifendes Management – dargelegt habe, wirkt teilweise sicherlich sehr entmutigend und deprimierend. Uneffektives und irrationales Verhalten bei sich oder seinem Unternehmen zu erkennen kann schon sehr schmerzen. Es gibt mit Sicherheit Zeiten, in denen auch ich lieber eine rosarote Brille trage.
Eine mir in diesem Zusammenhang häufig gestellte Frage lautet: »Wie sieht denn dann der ›normale‹ Mensch aus?« Hier beziehe ich mich dann immer gerne auf *Freud*, dem ein Reporter einmal eine ähnliche Frage stellte. Angeblich soll der Reporter, der eine lange und komplizierte Antwort erwartet hatte, über *Freuds* Antwort sehr überrascht gewesen sein: »Ein gesunder Mensch ist jemand, der zu Liebe und Arbeit fähig ist.« (Da *Freud* selbst ein Workaholic

war, war ihm der Begriff des *Homo ludens* fremd, und er sprach nicht von der Fähigkeit des Menschen zu spielen.)

Seine Antwort war zwar knapp, aber sehr aussagekräftig. Seine Worte beziehen sich darauf, was für den Menschen angemessen ist, wie leicht oder wie schwierig es ihm fällt, Beziehungen aufzubauen und mit anderen mitzufühlen. Und natürlich geht es vor allem um Liebesbeziehungen (im weitesten Sinne des Wortes) und um Arbeit. Wie fähig sind wir zu Nähe und Austausch, für den Aufbau und die Pflege langfristiger Beziehungen im privaten und beruflichen Bereich? Und inwieweit erfahren wir Gruppenzugehörigkeit und Befriedigung aus unserem sozialen Umfeld? Gibt es jemanden, an den wir uns um Rat und Hilfe wenden können? Haben wir das Gefühl, gebraucht zu werden?

Obwohl die Fähigkeit zu Nähe und Austausch und ein Zugehörigkeitsgefühl die Hauptgrundlagen für geistige Gesundheit sind – gibt es *Freuds* Antwort noch irgend etwas hinzuzufügen? Was sind die anderen Indikatoren für geistige Gesundheit?

Die Antwort darauf ist auch für ein Buch über das Leben im Unternehmen von einiger Bedeutung. Schließlich verbringen wir dort einen Großteil unseres Lebens. Und wenn unser Unternehmen effektiv arbeiten soll, dann ist es wichtig, hierfür geistig gesunde Menschen zu finden. Außerdem sollten wir in der Lage sein, Streßsymptome zu erkennen. Wir sollten nach dysfunktionalem Führungsverhalten Ausschau halten und erkennen, wann Führungskräfte Probleme haben. (Natürlich sollten wir auch in der Lage sein, Streßsymptome an uns selbst wahrzunehmen.) Dazu ist es unabdingbar, die Elemente, die geistige Gesundheit ausmachen, zu kennen. Zuerst einmal ist da eine stabile Identität, ein sicheres Selbstwertgefühl. Auch wenn man sich das schlecht vorstellen kann, so gibt es Menschen, die sich nicht sicher sind, ob sie *Jesus Christus*, *Napoleon* oder *Marilyn Monroe* sind!

Wie steht es mit unserer Fähigkeit, die Realität einzuschätzen? Haben wir eine klare Vorstellung von dem, was um uns herum abläuft, oder neigen wir dazu, Informationen zu verbiegen? Zensieren wir das, was wir nicht gern sehen möchten? Ignorieren wir unerfreuliche Realitäten? Versuchen wir, Geschichte umzuschreiben?

Unser psychologischer Verteidigungsmechanismus kann ebenfalls ein klares Zeichen für den Zustand unserer geistigen Gesundheit sein. Wie gehen wir mit Konflikten um? Sind unsere Impulse und Emotionen unter Kontrolle? Ist unser Verteidigungsverhalten primitiv oder differenziert?

Natürlich braucht der Mensch Verteidigungsstrategien, ohne sie wären wir alle psychotisch. Doch man kann sich in der eigenen Verteidigungsstrategie verstricken und sich selbst schachmatt setzen. Wie ich am Beispiel *Saddam Husseins* und *Robert Maxwells* aufzeigte, steht die strenge Einteilung in Gut und Böse stellvertretend für eine primitive Verteidigungsstrategie. Solche Menschen können keine Nuancen sehen; sie teilen die Welt immer in Gut und Böse ein – in Räuber und Gendarmen, Madonnen und Prostituierte. Diesen Menschen mangelt es an der Fähigkeit, Ambivalenzen zu ertragen. Es ist ihnen unmöglich zu akzeptieren, daß Menschen gleichzeitig gut *und* böse sein können. (Wenn wir hier noch etwas tiefer eindringen, entdecken wir, daß solche Menschen das Böse in sich selbst zwanghaft verleugnen und gleichzeitig sehr bereitwillig anderen Menschen Böses unterschieben.)

Andere primitive Verteidigungsstrategien sind Verleugnung und Projektion. Diese Menschen haben einige ihrer kindlichen Verhaltensmuster nie überwunden und wiederholen sie zwanghaft im Erwachsenenleben. Zum Beispiel kommt ein Elternteil nach Hause, findet ein Chaos in der Wohnung vor und schreit: »Wer hat das gemacht?« Das schuldige Kind sagt dann meistens: »Ich nicht. Er war's!« Das ist ein typisches Beispiel für Verleugnung und Projektion. Bei Kindern mag es verständlich sein, doch als Erwachsene sollten wir an unsere geistigen Fähigkeiten höhere Anforderungen haben. Es sollte Erwachsenen möglich sein, für ihr Tun Verantwortung zu übernehmen.

Leider gehen sehr viele Erwachsene mit diesen primitiven Verteidigungsstrategien durchs Leben. Solche Leute leugnen *immer* jedwede Verantwortung für das, was sie tun. Immer hat jemand anders die Schuld. Andere Menschen wiederum gehorchen jedem Befehl einer Autoritätsperson (erinnern Sie sich an diejenigen, die den Aggressor besänftigen?), wobei das Ergebnis mitunter furchterregend ist. Man denke nur an die Greueltaten, die in Kriegen begangen werden. An dieser Stelle sollte das Thema Selbstschutz erwähnt werden. Ich predige hier keinesfalls die Tugenden des Negativismus oder stelle passive oder aggressive Menschen als Vorbilder hin. Doch es ist wichtig für uns zu wissen, wann wir nein sagen müssen, wo die Grenze ist. Extremer Gehorsam ist kein Zeichen für geistige Gesundheit. Ein Säugling oder ein Kleinkind hat kaum eine andere Wahl, doch wenn wir ein bestimmtes Maß an Persönlichkeitsentwicklung erreicht haben, ist es unsere Pflicht, uns selbst zu schützen; dann müssen wir wissen, wo die Grenzen sind. Natürlich sollten lebensgefährliche Anweisungen nicht befolgt werden; und wenn von uns etwas verlangt wird, das anderen Menschen oder uns selbst schadet, sollten wir zumindest in der Lage sein, nach der Begründung zu fragen.

Ein anderes Kriterium für geistige Gesundheit ist, wie wir mit Kontrolle umgehen. Wie kontrollierend sind wir? Können wir mit unserem Bedürfnis nach Kontrolle konstruktiv umgehen, oder ist unser Wunsch, Macht auszuüben und alle Lebensaspekte zu kontrollieren, so überwältigend groß, daß alle Mitmenschen in ihrer Entwicklung erstickt und nur noch herumkommandiert werden? Weiterhin ist es wichtig, ob wir die ganze Palette der menschlichen Gefühle erfahren können. Empfinden wir wirklich Zorn, Trauer, Freude, und sind uns diese Gefühle bewußt, wenn wir sie empfinden? So überraschend es klingen mag, es gibt Menschen, bei denen das nicht der Fall ist. Erinnern Sie sich an die Alexithymiker, die ihren Gefühlen gegenüber »farbenblind« sind. In meinen Seminaren gab es Führungskräfte, die ernsthaft sagten, daß sie ihre Frauen brauchten, damit sie ihnen sagten, wie sie sich fühlten!

Weiterhin gehört die Fähigkeit, die eigenen Impulse unter Kontrolle zu halten, zu einer geistigen Gesundheit. Wie sehr können wir Frustrationen tolerieren? Können wir mit Ärger und Angst umgehen, oder verlieren wir darüber die Kontrolle? Können wir unsere Sexualität kontrollieren? Gehören wir zu den Menschen, die andere mißhandeln könnten? Und wie gehen wir mit Depression um? Wir alle wissen, daß das Leben sehr schwer sein kann. Wie kommen wir mit Rückschlägen zurecht?

Können wir trauern? Drohen wir bei schweren Rückschlägen den Boden unter den Füßen zu verlieren, zusammenzubrechen? Wie reif sind wir im Umgang mit Trennung? Sind wir zu abhängig? Fangen wir in schwierigen Situationen an zu klammern, oder können wir loslassen? Können wir mit Verlusten umgehen und sie psychologisch verarbeiten?

Und wie sieht es mit dem Sublimieren aus? Inwieweit können wir instinktive Impulse (wie Aggression) in konstruktive Aktivitäten umwandeln (beispielsweise künstlerisches Schaffen, Arbeit, Sport und Humor etc.)? Können wir im Dienste des Ego regredieren und uns spielerisch und kreativ in vergnüglichen Phantasien und Wünschen ausdrücken?

Weiterhin prägt auch unsere Einstellung zu unserem Körper und seinen Funktionen unsere geistige Gesundheit. Wie sehr sind wir mit unserem Äußeren beschäftigt? Sind wir mit unserem Aussehen zufrieden? Oder bereitet es uns endlose Sorgen? Eine extreme Form körperlichen Fehlverhaltens ist Anorexia nervosa. Diese Menschen nehmen ihren Körper völlig verzerrt wahr. Sie merken nicht, wie sie sich selbst hungern lassen. Was anderen Menschen wie ein ausgemergelter Mensch erscheint, bedeutet für sie noch extreme Übergewichtigkeit.

Ein anderes Kriterium für geistige Gesundheit ist der Stellenwert, den die Körperfunktionen im täglichen Leben haben. Wird der Körper und seine Funktionen zur Hauptbeschäftigung, zum Hauptthema? Beherrschen der Verdauungsapparat, die Lunge, das Herz, die Stirnhöhle jede Unterhaltung? Verständlicherweise findet sich dieses Verhalten zunehmend bei alternden Menschen.

Auch die Sexualfunktion und körperliche Befriedigung sollten bei der Physiologie und ihrer Rolle bei der menschlichen Gesundheit beachtet werden. Haben wir Probleme mit unserer Sexualität? Wie sieht es mit sexueller Befriedigung aus? Sind wir gehemmt, ängstlich, unfähig? Genießen wir unser Sexualleben? Das sind sehr intime Fragen, die weit vom Unternehmensalltag entfernt sind – solche Fragen werden in einer höflichen Unterhaltung nicht angesprochen –, aber sie sind wichtig.

Neben diesen Kriterien für eine geistige Gesundheit sollten auch noch ein paar Warnzeichen genannt werden. Zum Beispiel können Selbstablehnung und Selbsthaß auf ein tief gestörtes Selbstwertgefühl deuten und sollten Anlaß zu Sorge sein. Gleiches gilt für das

Gefühl der Wertlosigkeit. Dieses Problem verschlimmert sich noch durch die Überzeugung, die eigene Wertlosigkeit falle den anderen auf. Für solche Menschen ist *Sartres* Satz, daß »die Hölle die anderen Leute sind«, traurig, aber wahr.

Andere Menschen sehnen sich verzweifelt nach Liebe und sind doch gleichzeitig überzeugt davon, nicht liebenswert zu sein. Sie leiden unter Umständen unter der ständigen Angst vor Zurückweisung. Andere leiden unter Einsamkeit und dem Gefühl, nicht dazuzugehören. Solche Leute haben wahrscheinlich chronische Probleme mit Nähe.

Und schließlich bedeutet Angst, geisteskrank zu sein, daß etwas falsch läuft, daß Zorn, Groll, Schuld, Feindseligkeit und Depression unterdrückt werden und unterbewußt ihr Unwesen treiben. Sehr besorgniserregend ist das Gefühl, daß etwas im Menschen gestorben ist – einige Menschen tragen es das ganze Leben mit sich herum.

Theoretisch kann ein gesunder Mensch die oben genannten Anzeichen seiner Psyche erkennen und sie aktiv beeinflussen. Mit anderen Worten, die Fähigkeit zur Selbstbeobachtung und Selbstanalyse ist von allergrößter Bedeutung. Doch realistischer ist, daß die meisten Menschen (Führungskräfte vor allem) pausenlos in Bewegung sind. Dieses Verhalten wird als »manische Verteidigung« beschrieben. Menschen, die nicht stillsitzen können, egal ob psychisch oder physisch, haben nur sehr geringe Fähigkeiten, Abstand zu nehmen und über ihr Tun zu reflektieren. Als hätten sie Angst, ihre eigene Pandora-Büchse zu öffnen.

Was fangen wir jetzt mit all den Betrachtungen über den »normalen« geistig gesunden Menschen an? Anhand meiner Checkliste kann *jede* Führungskraft leicht herausfinden, ob nicht alles in Ordnung ist. Das bedeutet jedoch nicht, daß wir alle sofort zum Psychiater oder Psychoanalytiker laufen sollten.

Ist es wirklich erstrebenswert, ein völlig »normaler« Mensch zu sein? Ich hoffe nicht. Wir haben alle unsere Macken und sollten lernen, mit ihnen zu leben. Es gibt Kulturen, wie die britische, die ihre Exzentriker sogar liebevoll fördern. Tatsächlich könnte man argumentieren, daß jemand, der erklärtermaßen eine normale Persönlichkeit besitzt, vielleicht am verrücktesten von uns allen ist!

Nichts ist furchtbarer, als es mit einem »Normopathen« zu tun zu haben. Ich habe Normopathen kennengelernt, in denen kein Funke Leben steckte. Sie sind unfähig zu Nonkonformismus. Diesen Leuten fehlt jegliche Fähigkeit, zu überraschen und sich zu wundern (was so wichtig ist, wollen wir uns lebendig fühlen). Außerdem fehlt der kreative Funke. Der spanische Nobelpreisträger *Camilo José Cela* schrieb einmal, daß ein gesunder Mensch keine Ideen habe, und er zuweilen glaube, daß religiöse, moralische, soziale und politische Ideen lediglich Manifestationen einer nervlichen Störung seien.

Ich hoffe, inzwischen ist klargeworden, daß der Unterschied zwischen Gesundheit und Krankheit davon abhängt, wo wir Gesundheit und Krankheit einordnen. Ich will darauf hinaus, daß es eine Skala gibt und nur die extremen Punkte besorgniserregend sind und zu dysfunktionalem Verhalten führen, von »ineffektiver« Führung bis zu »verrückter« Führung. Wahres dysfunktionales Verhalten bei uns selbst zu erkennen kann schwierig und unbequem sein. Doch abgesehen von den Extremen, hoffe ich, daß wir alle ein bißchen Verrücktheit im Leben brauchen können. Eigentlich sind diejenigen, die Verrücktheit bei sich selbst akzeptieren, die gesündesten Menschen von allen. Doch wie der Familientherapeut *Carl Whittaker* einmal treffend sagte: »Die meisten von uns haben nicht den Mut zur Verrücktheit, außer mitten in der Nacht, wenn wir tief schlafen – und wir versuchen es zu vergessen, bevor wir aufwachen.«

Anmerkungen

1 A. Jardim: The First Henry Ford: A Study in Personality and Business Leadership (Cambridge, Mass.: MIT Press, 1970); and R. Lacey, Ford: The Men and the Machine (Boston, Mass.: Little, Brown, 1986).
2 »Lou Gerstner's First 30 Days,« *Fortune*, 31. Mai 1993, S. 56–60.
3 R. F. Vancil: Passing the Baton (Boston, Mass.: Harvard Business School Press, 1987).
4 »Case Zeiss Jena: Managing Catastrophe.« INSEAD-Fallstudie 12/95 – 258. 1992 Kets de Vries.
5 N. M. Tichy und S. Sherman: Control your Destiny or Someone Else will (New York: Doubleday, 1993); und R. Slater, The New GE (Homewood, Ill.: Business One Irwn, 1993).
6 M. L. Marks und P. Mirvis: »Merger Syndrome: Stress and Uncertainty,« Mergers and Acquisitions, Sommer 1985, S. 50–55; C. D. Siehl, D. Smith u. A. Omura: »After the Merger: Should Executives Stay or Go?« Academy of Management Executive 4, Nr. 1 (1990): 50–60; und P. Haspeslagh und D. B. Jamieson, Managing Acquisitions (New York: Free Press 1991).
7 A. Zaleznik, M. F. R. Kets de Vries, und J. Howard: »Stress Reactions in Organizations: Syndromes, Causes, and Consequences,« Behavioral Science 22, Nr. 3 (1977): 151–162.
8 N. Adler, International Dimension of Organizational Behavior (Boston, Mass.: Ken Publishing, 1986); and R. Tung: »Selection and Training of Personnel for Overseas Assignments,« Columbia Journal of World Business 16, no. 1 (1981): 68–78.
9 N. Adler, International Dimension of Organizational Behavior (Boston, Mass.: Ken Publishing, 1986); und M. Mendenhall, E. Dunbar und G. R. Oddou: »Expatriate Selection, Training, and Carreer Pathing: A Review and Critique,« Human Resource Management 26, Nr. 3 (1987): 331–345.
10 J. Bowlby: Attachment and Loss, Bd. 1 (New York: Basic Books, 1969).
11 J. Fierman: »Do Women Manage Differently?« *Fortune*, 17. 12. 1990, S. 71.
12 T. J. Watson Jr. und P. Petre: Der Vater, der Sohn und die Firma: Wie ein Weltkonzern entstand (Heyne, 1993).

13 M. F. R. Kets de Vries: »The Dynamics of Family-Controlled Firms,« Organizational Dynamics, Winter 1993, S. 59–71; und M. F. R. Kets de Vries, Human Dilemmas in Family Firms: A Case Book (London: Routledge, in Arbeit).

14 M. Zeitlin: »Corporate Ownership and Control,« *American Journal of Sociology* 79 (1976): 1073–1119; und R. Donckels und E. Fröhlich: »Are Family Businesses Really Different? European Experiences from Stratos,« *Family Business Review* 4, Nr. 2 (1991): 149–160.

15 R. Beckhard und W. G. Dyer: »Managing Change in Family Firms: Issues and Strategies,« Sloan Management Review 24 (1983): 54–65; und W. G. Dyer: »Cultural Change in Family Firms: Anticipating and Managing Business and Family Transitions (San Francisco: Jossey-Bass, 1986).

16 R. Poe: »The SOB's,« Across the Board, May 1980, S. 23–33.

17 G. Wallas: The Art of Thought (Orlando, Fla.: Harcourt, Brace, Jovanovich, 1926).

18 W. Niederland and S. Bahman: The Creative Process: A Psychoanalytic Discussion (New York: Concourse Press, 1982).

19 R. F. Vancil: Passing the Baton (Boston, Mass.: Harvard Business School Press, 1987).

20 J. Howard, D. Cunningham und P. Rechnitzer: Rusting Out, Burning Out, Bowing Out: Stress and Survival on the Job (Toronto: Macmillan of Canada, 1978).

21 C. Cordes: »Type A Children: Anxious, Insecure,« APA Monitor 16, Nr. 11 (1985): 20.

22 P. E. Sifneos: »The Prevalence of Alexithymic Characteristics in Psychosomatic Patients,« Psychotherapy and Psychosomatics 22, Nr. 6 (1973): 255–262.

23 J. McDougall: Theaters of the Body (New York: Norton, 1989).

24 T. Bower, Maxwell: The Outsider (London: Mandarin Paperbacks, 1992, S. 511).

25 Informationen für die Robert-Maxwell-Fallstudie stammen aus dem oben zitierten Werk Bowers und von P. Thompson und A. Delano, Maxwell: A Portrait of Power (London: Corgi, 1988).

26 R. Cohen: »Robert Maxwell's Last, Isolated Days,« *International Herald Tribune*, 21.–22. Dez. 1991, S. 11.

27 Ibidem, S. 13.

28 A. Darwish und G. Alexander: Unholy Babylon (London: Victor Gollancz, 1991), S. 93.

29 R. Morais: Pierre Cardin: The Man Who Became a Label (London: Bankim Press, 1991).

Personen- und Sachregister